권대옥의
로스팅
커피

권대옥의 로스팅 커피

권대옥 지음

El café:
Negro como la noche, Caliente como el infierno, Puro como un angel y fuerte como el amor.

커피는:
밤처럼 까맣고, 지옥처럼 뜨겁고, 천사처럼 순수하고, 사랑처럼 강렬하다.

책을 내며

많은 사람들은 로스팅을 잘하고 싶어 하고 맛과 향을 구분하고 싶어 한다. 그러기 위해서는 생두를 알아야 한다. 생두의 다양한 변화, 가공처리 과정, 조밀도, 수분함량, 고도 등 다양한 정보를 알수록 유리하다.

이 책은 1장(chapter 1), 2장(chapter 2), 3장(chapter 3)으로 구성되어 있다.
1장에서는 생두의 다양한 변화와 각 지역별 생두의 향미 특징을 설명해 놓았다. 또한 재배 수확, 가공처리 과정, 결점두에 의한 영향 또한 기술해 놓았다.
향과 맛을 구분하는 방법, 커핑하는 방법, 커핑에 의해 평가하는 방법도 정리해 두었다.
2장에서는 직화식 로스터기의 화력 조절과 댐퍼 조절 방법, 반열풍식 로스터기의 화력 조절과 댐퍼 조절 방법에 대해서 설명했다. 또한 조밀도, 고도, 종자, 수분함량 정도에 따라서의 로스팅 변화를 표현했다.
3장에서는 각 산지별 정보와 직화식으로 로스팅하는 방법, 반열풍식으로 로스팅하는 방법을 소개했으며 약볶음 볶는 포인트, 중볶음 볶는 포인트, 강볶음 볶는 포인트도 설명했다. 또한 약볶음, 중볶음, 강볶음의 볶음도를 칼리타kalita 기구와 고노kono 기구를 통해 추출하는 추출방법과 향미평가를 설명해서 각 볶음도별 다양한 향미의 변화를 구분할 수 있도록 하였다.

아무쪼록 이 책을 통해서 생두의 정보와 로스팅하는 방법, 추출하는 방법을 익히고 터득해서 각 볶음도별 다양한 향미의 변화를 이해하는 데 도움이 되길 바란다.

올바른 커피문화의 발전을 바라며
2014. 4. 1 권대옥

Roasting

목차

로스팅 … 008

추출 … 012

좋은 커피와 나쁜 커피를 구별하는 방법 … 015

1 Chapter
그린빈의 이해

01 아라비카 종의 계보도와 특징 … 024
02 아라비카 생산지의 종자별 향미 특징 … 029
03 재배, 수확, 가공처리 건조, 숙성, 탈곡 … 037
04 등급 분류 및 선별 포장 … 043
05 결점두 및 결점두 분류법 … 046
06 SCAA 커핑 – 향의 변화 … 052
07 SCAA 커피의 향미 결점 … 059
08 SCAA 커핑 시스템 … 061

Contents

2 Chapter
로스팅이란?

01 로스팅 그래프의 이해 … 068
02 댐퍼(공기흐름)의 활용법 … 079
03 화력(열량) 조절 활용법 … 088

3 Chapter
산지별 로스팅, 향미 평가

01 예멘 … 098
02 에티오피아 … 114
03 케냐 … 143
04 르완다 … 158
05 과테말라 … 172
06 코스타리카 … 188
07 콜롬비아 … 203
08 브라질 … 217
09 인도네시아 … 233

Roasting 로스팅

로스팅roasting을 잘하기 위해서는 생두의 특징을 이해해야 한다.

생두는 산지에 따라 여러 다양한 향미를 표현한다. 고도에 따라, 가공처리 과정에 따라, 그 해의 작황 상태에 따라 달라질 수 있기 때문에 품질평가가 꼭 필요하다.
이런 다양한 변수에 대해 로스터roaster는 품질평가라는 부분을 꼭 해야만 좋은 재료(생두)를 구입할 수 있다.
좋은 재료란 얼마나 깔끔한가에 달려 있는데 이 깔끔함clearness에 대해서 많은 연구와 비교 분석이 필요하다. 또한 신맛acidity과 단맛sweetness에 대한 부분, 향aroma의 다양성에 대한 부분 또한 분석이 필요하다. 이 부분은 고급 커피에 대한 척도이다. 중후함body, 촉감mouth-feel, 여운aftertaste, 균형감balance 등 전체적인 향미flavor 또한 분석해야 한다. 이런 분석력을 키우기 위해 로스터는 커핑cupping과 컵테이스팅cuptesting 능력을 갖추어야 한다. 이런 부분은 약볶음의 로스팅 포인트roasting point에서만 가능하다. 그러므로 로스터는 약볶음에 대한 향미 분석을 분류할 수 있어야 한다.

로스팅에 따라 약볶음을 지향하는 로스터가 있는가 하면 중볶음, 강볶음을 추구하는 로스터가 있다. 이런 성향은 로스터의 개성이라고 말한다. 이런 다양한 로스팅 포인트에 대한 이해와 향미 분석 분류가 필요하다. 여기서 말하는 로스팅 포인트란 그 생두가 가지고 있는 로스팅 범위이다. 다양한 범위를 가지고 있는 생두가 있는가 하면 아주 극단적으로 좁은 포인트의 범위를 가지고 있는 생두도 있다.
이런 다양성 중 가장 최고의 로스팅 포인트를 찾는 것이 로스터의 능력이다. 로스팅을 잘하기 위해서 베스트 포인트best point를 찾는것이다.

싱글 오리진single origin의 베스트 포인트를 찾는 품질 평가 포인트는 중·강볶음을 표현하기 위한 베스트 로스팅 프로파일을 찾는 것과 같다. 여기서 말하는 베스트 로스팅 프로파일이란 향의 다양성과 맛의 완성도이다. 향의 다양성은 생두의 특징을 표현하는 부분이고, 맛의 완성도란 신맛과 단맛의 조율이다. 신맛과 짠맛이 많고 쓴맛이 지나치게 많으면 맛의 완성도가 떨어진다. 여기서 맛의 완성도를 만들 수 있는 유일한 맛은 '단맛'이다. 이런 단맛을 만들 수 있는 방법이 '화력 조절'이다. 즉 로스팅을 잘한다는 것은 단맛을 잘표현하는 것이다. (주의해야 할 화력 조절은 너무 과하면 신맛과 짠맛이 증가하고 너무 약하면 쓴맛과 짠맛이 증가해서 결국 단맛이 부족하게 된다.)

잘익은 생두는 단맛이 많다. 가공처리 과정에서도 깔끔하고 신맛과 단맛이 많게 가공처리 과정을 다양하게 한다. 로스팅에서 단맛과 신맛을 표현하기 위해 로스팅을 한다. 물론 중·강볶음으로 가면 쓴맛이 증가하지만 신맛과 단맛이 많은 종자는 쓴맛을 고급스럽게 표현한다. 추출의 완성도를 높이는 것도 신맛과 단맛을 얼마나 잘 조화있게 추출하느냐가 쓴맛 또한 고급스럽게 만드는 방법이다.

이렇듯 커피의 맛은 단맛의 형성이다.

고유의 단맛을 만들기 위해 로스터마다 각기 다른 로스팅 포인트를 정한다. 약볶음을 하는 로스터는 고소한 단맛을, 중볶음을 하는 로스터는 캐러멜 같은 단맛을, 강볶음을 하는 로스터는 초콜릿 같은 단맛을 추구한다. 커피의 맛이 뭐냐고 물어보면 과거에는 쓴맛이라고 했다. 그 시절은 저급 생두가 들어오는 시기이기 때문이고, 지금은 고급 생두가 들어오는 시기이기 때문에 신맛과 단맛의 조화가 커피의 맛의 기준이다.

로스팅이란
커피 품종에 대한 이해이다.

그 품종에 대한 이해는
화력에 대한 조율이다.

Brewing 추출

추출을 잘하기 위해서는, 즉 컵테이스팅을 잘하기 위해서는 각(약, 중, 강) 로스팅 포인트에 따른 향미flavor 분석 분류가 필요하다. 각 포인트에 따라 다양한 향미의 변화를 이해하고 분석할 수 있는 능력을 키워야 추출이라는 '기술'을 완성할 수 있다. 단지 추출이라는 기술(방식)만 익혀서는 안 된다.

커핑cupping, 로스팅roasting, 추출brewing 등 모든 기술은 기술로서 완성되는 것이 아니라 향미flavor 분석 분류가 가능해야 커핑, 로스팅, 추출의 기술이 완성된다.

추출을 잘한다는 것은 각 볶음도에 따른 추출방법을 잘 알고 있다는 것이다. 또한 각 볶음도에 따른 향미도 잘 알고 있다는 것이다. 그래서 다양한 종자의 다양한 볶음도에 따른 향미를 추출을 통해 감별해서 표현할 수 있는 분석 분류가 필요하며 이런 감별을 컵테이스팅 방법이라 한다.

훌륭한 추출은 입자의 굵기 정도, 물의 양, 추출 시간, 추출 과정상 커피의 맛과 향의 표현 정도까지도 알고 있다는 것이다. 어느 시점에서 좋은 커피의 성분이 추출되고 어느 시점까지만 추출해야 하는지 한계추출 시간까지도 알고 있다는 것이다. 이런 다양한 추출의 이해는 입자와 물과의 성분 추출, 즉 여과력을 활용하여 완벽한 한 잔의 커피를 추출해 낼 수 있는 능력이다.

약볶음의 베스트 포인트란?

그린빈green bean의 고유한 향의 포인트이며 품질이 좋은 생두(재료)를 쓰고 있다는 의미이다. 신맛과 단맛의 조화로움과 다양한 향은 그린빈의 품질 기준이다. 신맛이 너무 과해지면 너무 약하게 포인트를 정한 것이다. 다시 말해 약볶음의 포인트는 산지, 종자, 가공처리 과정에 따라 조금씩 차이가 있기 때문에 로스터는 약볶음의 포인트를 정할 때 반드시 신맛을 조율하는 단맛을 형성할 수 있어야 한다. 여기서 단맛은 그린빈의 품질이 우수할수록 당도가 많게 되고 로스팅을 할 때 화력 조절과 댐퍼damper 조절의 완성도에 의해서 결정된다.

Best Point

산지, 종자마다 약볶음의 포인트가 약간씩 차이가 있는 이유는 바로 신맛과 단맛의 복합적인 퍼즐을 로스터가 찾아야 하기 때문이다. 만일 시큼한 맛, 짠맛, 쓴맛, 떫은맛, 아린맛, 깔끔하지 못한 맛 등이 개입되었다면 그린빈의 품질이 좋지 않거나 로스팅할 때 화력이 너무 부족하거나 너무 과하게 되었기 때문이다. 물론 추출 과정에서도 짠맛과 쓴맛, 떫은맛, 시큼한 맛이 표현된다면 추출 과정상 추출 밸런스의 문제이다.

그래서 스페셜티specialty 커피나 COE^{Cup of Excellence}급 커피들이 신맛과 단맛의 조화가 우수하다. 물론 이런 좋은 그린빈을 가지고 로스팅의 화력과 댐퍼 조절의 완성도가 떨어지거나 정확한 베스트 포인트를 표현하지 못했을 경우 오히려 로스터와 바리스타barista의 로스팅과 추출 기술에 문제가 있음을 명확히 알 수 있다. 이렇게 검증된 재료들을 로스팅하고 추출하는 것이 어찌 보면 최고의 마스터만이 할 수 있는 커피의 세계이다.

중볶음의 베스트 포인트란?

그린빈의 고유의 향이 사라지고 로스터의 개성의 포인트이다. 신맛과 쓴맛의 조화 속에 단맛의 여운의 포인트이다. 향의 부분은 다양하지는 않다. 만일 신맛이 적은 상태라면 중볶음에서 더 진행된 상태인데 단맛 부분 또한 적게 된다. 이런 중강볶음도에서 부드럽게 쓴맛을 표현하기 위한 방법이 신맛과 점성의 표현이다. 신맛은 중볶음에서 점점 감소단계이기 때문에 신맛을 표현한다는 것은 그린빈의 퀄리티와 고도, 종자, 조밀도와 연관이 있다. 물론 중볶음에서 중약볶음도가 중강볶음도보다 신맛을 다소 함유하고 있지만, 만일 중볶음의 베스트 포인트가 중강 포인트라면 신맛을 표현할 수 있는 방법을 찾아야 한다.

신맛을 표현하기 위한 방법으로 첫 번째 로스팅에서는 화력의 완성도이다. 100%의 열량을 준 경우와 90%, 80%로 준 경우의 신맛의 완성도는 차이가 크다. 또한 그린빈의 퀄리티가 스페셜티와 커머셜급의 차이에서도 신맛의 발산 정도가 차이가 있다. 이런 신맛의 정도는 단맛의 차이를 주기 때문에 로스터는 양질의 그린빈을 사용할수록 신맛과 단맛, 쓴맛의 고급스러운 중볶음 베스트 포인트를 만들 수 있다.

중볶음에서 쓴맛만 나고 짠맛까지 느껴지거나 텁텁한 맛과 함께 개운치 않다면 로스팅 프로파일의 화력 조절과 댐퍼 조절의 문제이다. 또한 그린빈의 품질이 떨어지면 단맛과 신맛이 약하기 때문에 상대적으로 쓴맛과 짠맛이 증가하게 된다. 그리고 마지막으로 바리스타의 추출 기술에 의해서도 신맛과 단맛을 추출하지 못했을 경우에 쓴맛과 짠맛이 발생하기 때문에 특히 중볶음을 지향하는 로스터는 그린빈과 로스팅 프로파일, 로스팅 포인트, 바리스타의 추출 기술까지 완벽히 갖추어야 중볶음을 가장 훌륭하게 표현할 수 있다.

강볶음의 베스트 포인트란?

그린빈의 고유의 향이 완전히 사라지고 강볶음 특유의 강렬함이 드러나는 포인트이다. 쓴맛이 쓴맛 같지 않으면서 입안에 부드러운 촉감 속의 점성을 느끼며, 약간의 신맛과 여운 속의 단맛이 오묘하게 조화를 이루는 포인트이다.

즉 강렬한 쓴맛의 조율인데 이 쓴맛을 얼마나 쓴맛 같지 않게 양질의 쓴맛으로 표현하느냐가 관건이다. 쓴맛을 낮추기 위한 것은 감소된 신맛을 얼마나 추출해서 표현하느냐이다. 이것 또한 양질의 그린빈이어야만 깔끔한 쓴맛과 감소된 신맛을 표현할 수 있다.

과거에는 그린빈의 품질이 좋지 않아 중볶음·강볶음으로 볶아서 품질을 감추려 했지만 지금은 그린빈의 품질이 좋으므로 강볶음을 하면 다양한 향은 감소하고 신맛과 단맛 또한 감소해서 쓴맛이 강하지만 그 쓴맛이 깔끔하다.

쓴맛의 매력은 강한 파워이다. 입안에 오래 남는 여운과 상대적으로 신맛을 싫어하는 경우에 더 좋다. 거기에 쓴맛이 깔끔하고 점성까지 느껴진다면 그 쓴맛은 더욱더 부드럽게 느껴진다. 하지만 이런 표현은 마지막에 바리스타의 추출력의 몫이다. 강력한 쓴맛을 양질의 쓴맛으로 표현할 수 있는 바리스타의 추출 기술과 감별력이 있어야만이 양질의 쓴맛이 탄생한다.

각기 다양한 베스트 포인트 중 베스트 베스트 포인트를 찾는 것이 로스터의 능력이며 바리스타의 몫이다. 베스트 포인트가 약볶음이든 중볶음, 강볶음이든 단맛이 있어야 맛있는 커피가 만들어지는 것이다. 약볶음에서 단맛이 없고 향만 있거나 중, 강볶음에서 단맛이 없이 쓴맛만 있으면 최고의 커피로서는 아쉽게 된다.

좋은 커피와 나쁜 커피를 구별하는 방법

1 그린빈(생두) 상태의 구별법

- 좋은 재료: 균일한 색상, 신선한 향, 균일한 크기

  약볶음을 했을 경우: 그린빈(종자)의 본질을 구분할 수 있는 상태
  ① 깔끔하다.
  ② 향의 다양성이 다채롭다.
  ③ 신맛과 단맛의 균형감이 좋다.
  ④ 바디감과 질감의 여운이 길다.

  중볶음·강볶음을 했을 경우
  ① 다양한 향은 감소한다.
  ② 바디감은 상당히 증가한다.
  ③ 촉감과 질감이 더 좋아진다.
  ④ 여운이 상당히 길다.
  ⑤ 쓴맛이 나지만 깔끔하다.
  ⑥ 신맛과 단맛은 감소한다.

- 좋지 않은 재료: 색상이 균일하지 않다. 크기가 균일하지 않다. 결점두가 많다.

  약볶음을 했을 경우: 그린빈(종자)의 본질을 구분할 수 있는 상태
  ① 탁하다.
  ② 향의 다양성이 없고 단조롭다.
  ③ 신맛이 아리고 떫다.
  ④ 단맛이 약하다.
  ⑤ 바디감과 질감의 여운이 짧다.

  중볶음·강볶음을 했을 경우
  ① 향의 다양성은 더 없고 탁하다(스모키한 것과 다르다).
  ② 바디감은 좋으나 거칠다.
  ③ 너무 쓴맛이 강하고 깔끔하지 않다.

② 로스팅 상태에서 구별법

- 훌륭한 로스팅: 밝고 균일한 색상의 로스팅 상태
- 좋지 못한 로스팅: 균일하지 못한 색상과 탄 모양tipped과 그을은 모양scorched의 콩이 발생

> ■ 스코치드scorched: 로스팅 과정에서 너무 많은 열량에 의해 원두 내의 오일 성분이 타는 현상이다.
> ■ 팁드tipped: 로스팅 과정에서 너무 빠른 속도로 과한 열량으로 부분적으로 원두의 조직이 타는 현상이다.

① 중점의 균일성이 중요하다.
ⓐ 중점이 너무 낮으면 1차 크랙의 도달 시점이 늦어진다.
ⓑ 중점이 너무 높으면 1차 크랙의 도달 시점이 너무 빠르다.
ⓒ 중점과 1차 크랙의 도달 시점의 프로파일을 만들어야 한다.

② 1차 크랙의 도달 시점(화력)
ⓐ 1차 크랙이 너무 빠르면 신맛이 증가한다. 신맛이 강한 상태에서 약볶음을 하면 단맛의 형성이 약해 시큼해지고 떫고 아린맛이 증가한다. 짠맛 또한 증가해서 텁텁하다.
ⓑ 1차 크랙이 너무 늦게 오면 쓴맛이 증가한다. 쓴맛이 증가한 상태에서 약볶음을 하면 단맛의 형성이 약해 짠맛과 쓴맛이 표현된다. 내부까지 로스팅되는 열량이 부족한 상태라 떫고 아린 맛이 난다.
ⓒ 1차 크랙의 도달 시점을 균일화해야 약볶음에서 신맛과 단맛의 구성을 만들 수 있다.
즉, 훌륭한 로스팅은 약볶음에서 신맛과 단맛의 구성을 균일화해야 된다.

③ 1차 크랙 도달 시점(댐퍼)
ⓐ 1차 크랙이 너무 빠르게 되는 원인 중 댐퍼를 열지 않았을 때 드럼 내 압력이 증가해서 1차 크랙이 빠르게 올 수 있다.
ⓑ 1차 크랙이 너무 늦게 오는 경우는 댐퍼를 너무 자주 열거나 닫아야 할 시점에 너무 늦게 닫을 경우에 드럼 내 열량 손실에 의해 1차 크랙이 늦게 오게 된다.
ⓒ 안정된 댐퍼 조절은 드럼 내 온도 상승과 로스팅 시간의 안정화에 의한 로스팅 프로파일을 형성하는 것이다. 안정화된 로스팅 프로파일이란 신맛과 단맛의 구성이다.

④ 뜸 시점
ⓐ 뜸 시간이 짧으면 2차 크랙이 빨리 와서 내외부의 색상의 차이가 생겨 시큼한 맛과 떫은맛, 텁텁한 맛을 형성한다. 즉 단맛이 적어진다.
ⓑ 뜸 시간이 길면 2차 크랙이 늦게 오게 돼서 내외부의 색상이 균일하지만 쓴맛이 증가한다. 떫은맛과 아린 맛은 없지만 깔끔하지 못한 여운이 남고 단맛이 감소한다.
ⓒ 뜸 시간의 안정적인 상태에서 내외부의 색상 차이를 두는 이유는 향과 맛을 표현하기 위한 것이다.
   a. 안정적인 뜸 상태에서 내부의 색이 밝은 경우는 향이 다양하고 신맛과 단맛, 질감의 균형과 여운이 좋다.
   b. 안정적인 뜸 상태에서 내부의 색과 외부의 색이 균일한 경우는 다양한 향보다는 맛과 질감, 바디감의 균형이 좋고 여운이 상당히 길다.

⑤ 2차 크랙 시작과 오일이 발생하는 중·강볶음 상태
ⓐ 중볶음부터는 쓴맛이 개입이 되는 시점이기 때문에 신맛과 단맛의 조화로운 시점을 찾는 것이 관건이다. 향

의 다양성은 결여되어 있고 쓴맛의 표현과 무거운 바디감과 여운이 증가하는 시점이므로 쓴맛의 절제가 좋은 커피의 맛을 느낄 수 있는 표현이다.
ⓑ 강볶음에서는 오일이 발생하는 시점으로 오일을 태우지 않도록 화력 조절과 탁하지 않게 댐퍼 조절을 잘해야 한다. 너무 강한 쓴맛이 나지 않고 텁텁하지 않게 볶아야 한다.

3 추출 상태에서의 구별법

• 추출 시 뜸을 주는 시점 : 뜸의 시간을 정할 수 없다.

뜸의 시간을 정할 수 없는 이유는 볶음도에 따라 CO_2 함량과 수분 함량의 차이가 있고 다공질의 조직이 자기 자리로 돌아오는 숙성 시간의 차이가 있기 때문이다.

예) 약볶음의 숙성 시기는 볶은 지 2~3일 이후부터,
중볶음의 숙성 시기는 볶은 지 3~4일 이후부터,
강볶음의 숙성 시기는 볶은 지 6~7일 이후부터 급속도로 산화해서 10일 이내 마셔야 한다.

예)

	뜸의 시간	:	본 추출 시간	=	총 추출 시간
①	30″		1′20″		1′50″
②	20″		1′20″		1′40″
③	1′		1′20″		2′20″
④	10″		1′50″		2′

결과

①에서 뜸 시간이 30″인 경우 뜸의 팽창이 서서히 진행되어 본 추출 시 확산작용을 원활하게 할 수 있다.

②에서 20″의 뜸 시간인 경우 뜸의 팽창 정도가 조금 빠르게 진행되었지만 1차 추출, 2차 추출에서의 진액의 밸런스와 3차, 4차 추출의 추출 밸런스의 조화가 이루어졌다.

③에서 1′ 동안 뜸의 시간인 경우 뜸의 팽창 정도가 상당히 섬세하게 진행된 상태이기 때문에 1차 추출의 성분 추출의 진액이 더욱더 디테일하게 추출되어 농익은 성분과 2차 추출의 단맛의 조화가 균형감을 만들어 3차, 4차의 추출 밸런스의 조화로 ①, ②에 비해 다소 진하지만 강력한 여운을 준다.

④에서 10″동안 뜸의 시간인 경우 뜸의 팽창 정도가 너무 빠르게 진행된 상태이기 때문에 1차, 2차 추출에서 진액의 성분과 추출 여과력이 다소 상실할 수 있어서 가벼운 커피맛과 3차, 4차의 추출 밸런스의 조화로 다소 부드러운 커피를 표현한다. 즉 본 추출에서는 세정화 작용이 발생한다. 추출 여과력 상실이란 주입된 물의 팽창으로 입자가 수분을 흡수하지 못하고 팽창되어 틈이 많이 생기는 현상으로 자연 세정화되는 현상이다.

무엇보다 중요한 뜸의 안정성은 중점 유지이다.

- **안정적인 뜸 방법**
① 상부층의 뜸의 중점 유지
② 중부층의 입자 간 팽창의 균일
③ 하부층의 짙은색의 한 방울씩 떨어지는 상태가 완벽한 뜸의 시점이다. 시간과는 상관없다. 즉 뜸의 시간의 다양성은 뜸의 중점 유지를 의미한다.

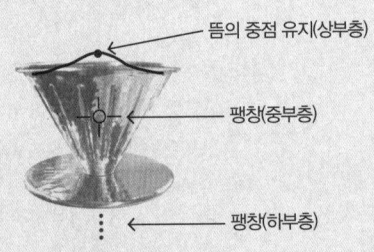

- **본 추출 시간(추출 시간의 밸런스)**

> **약볶음의 경우**

a. 시큼하고 짠맛이 나는 경우: 과소추출(under extraction)
1차 추출에서 확산 작용에 의해 과도한 신맛 추출과 2차 추출에서의 단맛의 밸런스의 조화를 형성하지 못했을 경우 3차, 4차 추출에서 짠맛과 쓴맛이 빠르게 추출되는 경우로 진하면서 과도한 신맛과 짠맛이 형성된다.

b. 신맛이 부드럽지만 짠맛이 나는 경우: 과다추출(over extraction)
1차 추출에서 신맛 추출이 세정화되어 단맛 형성이 약해져서 2차 추출의 여과력 상실이 된 경우인데 전체적인 1차와 2차의 추출 과정의 여과력 상실이 3차, 4차의 짠맛과 쓴맛, 잡미의 개입이 되는 시점이다.

c. 신맛과 단맛의 조화와 점성이 나는 경우: 완벽한 추출(perfecct extraction)
1차 추출과 2차 추출에서의 추출 밸런스가 무엇보다 중요하다. 확산 작용을 통해 신맛과 단맛, 점성을 추출하는 진액 시점이다. 3차와 4차 추출에서는 약간의 단맛과 짠맛이 개입이 되는 추출 밸런스 시점으로 하부층 추출액의 색을 체크해서 마무리해야 한다.

> **중볶음·강볶음인 경우**

a. 과도한 쓴맛과 짠맛이 나는 경우: 과소추출(under extraction)
1차 추출에서 확산 작용에 의해 과도한 쓴맛이 집약적으로 추출됨과 동시에 신맛도 조금 추출이 되는데, 부족한 신맛의 추출이 관건이며 쓴맛이 더 많이 추출이 되면 쓴맛 뒤의 단맛을 덜 느끼게 되고 점성 또한 거칠게 표현되어 짠맛을 느끼게 된다.

b. 부드러운 쓴맛과 짠맛이 나는 경우: 과다추출(over extraction)
1차 추출에서 세정 작용에 의해 쓴맛이 밋밋하게 추출되는 경우인데, 쓴맛이 부드러워 좋은 듯하지만 신맛과 단맛의 형성이 미약하고 점성 또한 추출이 되지 못해 쓴맛의 여운이 길게 된다. 또한 추출 시간이 길어져서 잡미 성분인 짠맛까지 개입될 수 있으므로 주의해야 한다.

Good Coffee

c. 쓴맛과 신맛, 단맛, 점성이 조화로운 경우: 완벽한 추출(perfect extraction)

1차 추출에서 균형잡힌 확산작용으로 감소되어 있는 신맛과 쓴맛의 조화가 뒤이은 단맛의 여운을 느끼게 하고 입안에 촉감의 점성이 확산작용에 의해 표현된다. 2차 추출에서 1차 추출과의 조화로운 진액 성분을 추출한 후 3차와 4차 추출에 추출 밸런스를 완성한다.

과거 10년, 20년 전에 저급 생두가 많이 들어 올 때에 중볶음, 강볶음으로 로스팅해서 고유의 품질 향미를 표현하기 위해 약볶음을 볶지 않았다. 그러나 지금은 고급 생두(specialty, COE급)들이 많이 들어오기 때문에 그린빈의 본질을 그대로 표현하기 위해 약볶음을 하는 시대이다. 약볶음의 화려하고 다양한 향과 깔끔함, 촉감과 여운의 균형감이 무엇보다 우수하기 때문이다.

과거 중볶음, 강볶음은 고유의 향과 맛을 숨기기 위해서 볶았고 깔끔하지 않기 때문에 물로 희석해서 커피를 표현했다. 지금의 커피 시대는 있는 그대로의 커피 고유의 향미를 표현할 수 있는 좋고 나쁜 커피를 구분할 수 있는 시기이다.

좋은 재료를 중볶음, 강볶음하면 고유의 다양한 향은 감소하지만 깔끔한 쓴맛이 있다. 저급의 재료로 중볶음, 강볶음하면 거친 쓴맛과 텁텁한 여운의 쓴맛이 난다.

Bad Coffee

cupping

roasting

brewing

Chapter 1

그린빈의 이해

01 아라비카 종의 계보도와 특징

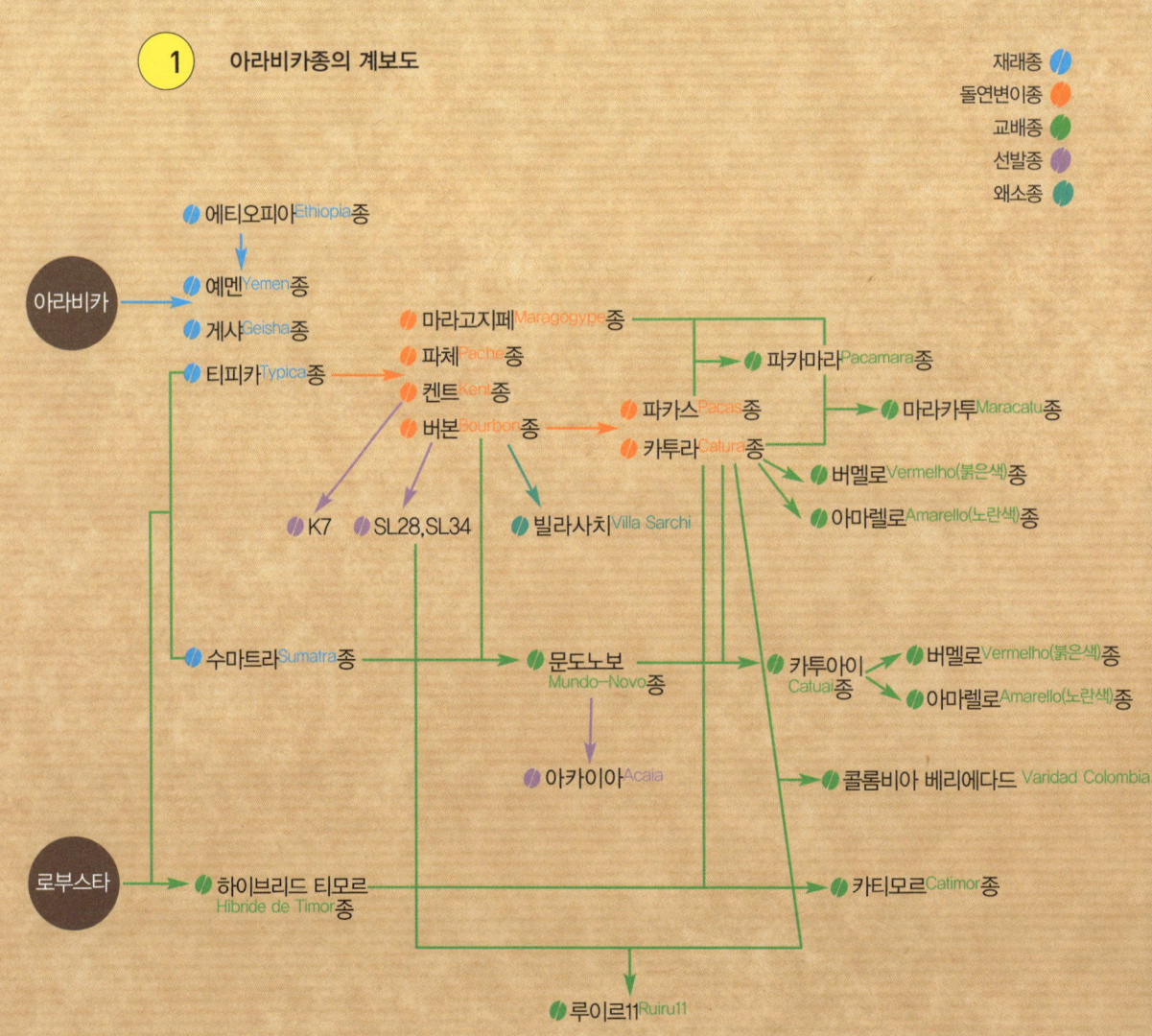

② 아라비카 종의 특징

전 세계 산출량의 70% 이상을 차지하는 아라비카 종은 에티오피아에서 처음 발견되어 예멘으로 옮겨 심어지면서 경작되기 시작했다. 예멘에서 인도, 자바, 수마트라로 옮겨졌으나 1860년대에 커피 녹병(잎 곰팡이병)에 의해 커피나무를 카네포라Canephora종으로 교체하게 되었다.

역사적으로 예멘의 커피는 네덜란드에 의해 1658년 실론에서부터 재배가 시작되었던 것이 티피카Typica종의 기원이 된다. 1695년에는 순례자에 의해 인도의 미소래에서 재배가 시작되었다는 이야기도 전해지고 있다. 네덜란드 인에 의해 1706년에 자바 섬의 커피묘목이 수마트라, 발리, 티모르 지역으로 전해졌고, 그 이후 영국은 1730년경 카리브 해 지역의 마르티니크 섬에서 자메이카로 옮겨 재배하기 시작했고, 쿠바 지역의 카리브 해와 중남미 지역인 멕시코, 과테말라, 엘살바도르, 콜롬비아 등에서 재배하기 시작했다.

버본Bourbon종의 기원은 1715년 프랑스로부터 부르봉 섬(지금의 레이니옹 섬)에서 재배한 것을 마르티니크 섬으로 옮겨지면서 티피카 종의 돌연변이 종으로 버본 종이 탄생되었다. 그 이후 1723년 브라질의 바라나 주에서 포르투갈 식민지 때에 재배되기 시작하여 브라질 전 지역으로 확산되었고 동아프리카, 케냐, 탄자니아 등으로 전파되었다.

아라비카 종은 에티오피아가 원산지이며, 꽃이 피고 열매를 맺을 때까지 9개월 이상 걸린다. 기온은 15~25℃ 이하가 이상적이며 고도는 1,000~2,000m 이하가 적절한 데 서리에 대한 피해를 조심해야 한다. 또한 적정 강수량은 1,500~2,000mm 정도이고 병충해에 약한 것이 단점이다. 맛과 향이 우수하고 신맛이 탁월한 것이 특징이다. 커피 전체 생산량의 70%를 차지한다.

로부스타 종Robustas.카네포라 종은 콩고 지역이 원산지이며, 꽃이 피고 열매를 맺을 때까지 10개월 이상 걸린다. 기온은 24~30℃ 정도이며 고도는 700m 이하에서도 잘 자란다. 강수량은 2,000~3,000mm 정도이고 병충해에 매우 강한 품종이다. 향과 맛은 약하고 쓴맛이 강한 것이 특징이다. 카페인 함량은 아라비카에 비해 2배 이상 많은 1.7~3% 정도이다. 전체 커피 생산량의 30% 정도를 차지한다.

(재래종)

- 에티오피아Ethiopia종은 아라비카Arabica의 재래종으로 현재 생산되는 종류만 3,000종 이상으로 추정되고 있으며, 에티오피아 산지에 따라 다양한 향미를 표현하고 있다. 과일류와 꽃 향기 등은 시다모, 하라르, 카파, 웰레가 등에서 특히 다양한 향미를 표현한다.
- 예멘Yemen종은 과일류의 향과 향신료, 허브 계열의 향이 특징이며 예멘 고유의 품종이다. 생산량이 매우 적어 고급 커피를 구하기가 어려운 것이 현실이다. 마타리, 하라즈, 사나니 지역에서 고급 커피가 생산된다.

- 게샤Geisha종은 에티오피아의 게샤 지역에서 발견되었으며, 1931년도에 케냐로 재배되기 시작하였다. 그때 명명된 품종이 아비시니안Abessinian종과 게샤 종으로 불리게 되었고, 그 후 1936년경 탄자니아에서 재배되었다가 1953년 코스타리카를 거쳐 파나마로 발전하게 되었다.
- 티피카Typica종은 병충해에 약하고 생산성이 낮으며 격년으로 수확된다. 고도가 높은 곳에서 재배되며, 직사광선을 차단할 수 있도록 셰도우트리shadow tree가 필요하다. 나뭇잎은 청록색이며 가지마다 간격이 넓다. 자메이카, 파푸아뉴기니, 하와이, 페루, 도미니카, 동티모르 등에서 생산되며 중남미에서는 생산량이 적다. 콜롬비아 티피카 종은 고가로 거래되고 있다.
- 수마트라Sumatra종은 인도네시아 수마트라 섬에서 발견된 것에서 붙여진 이름이며 나무가 크고 생산량은 적다.

(돌연변이종)

- 마라고지페Maragogype종은 1870년 브라질 바이아 주 마라고지페에서 발견된 티피카의 돌연변이종이다. 나무의 덩치가 크고 티피카 종과 버본 종보다 크다. 생두의 크기가 스크린 19 이상이며 생산량은 적고, 향미가 적다.
- 파체Pache종은 티피카의 돌연변이종으로 나무가 작고 왜소하며 고지대에서 생산되는 품종이다. 버본 종과 비슷한 향미를 가지고 있다.
- 켄트Kent종은 인도에서 로버트 켄트에 의해 발견된 티피카의 돌연변이 종이다. 1911년 발견되었으며 커피나무 녹병Coffee Leaf Rust, CLR에 저항력이 강한 품종이다. 지금도 인도와 탄자니아에서 재배되고 있다.
- 버본Bourbon종은 1864년 부르봉 섬에서 시작된 종자로 티피카 종보다 나무가 크고 튼튼하며 가지마다 간격이 좁고 나뭇잎 가장자리가 둥근 형태의 S자형 모양을 하고 있다. 수확량은 티피카보다 20~30% 많으며, 녹병에 약하고 격년 수확하지만 맛과 향은 뛰어나다. 현재는 중남미와 탄자니아, 케냐에서 선별종으로 생산되며 브룬디와 르완다에서 좋은 품질이 많이 생산된다.
- 파카스Pacas종은 1949년 엘살바도르의 파카스 농장에서 발견된 버본 돌연변이 종이다. 생두의 크기가 작고 가지와 가지 사이의 간격이 좁으며, 커피체리가 빨리 익기 때문에 수확량이 많고 저지대에서 잘 자란다.
- 카투라Catura종은 1951년 브라질에서 발견된 버본 종의 돌연변이다. 커피나무의 키가 작으며 2m 이상 자라지 않고 줄기는 굵고 짧으며 잔가지가 많다. 수확량은 티피카 종의 세 배 가까이 될 만큼 높으며 녹병에 강하기 때문에 품종 개량의 핵심 품종이다. 생두 크기는 작으면서 양쪽 끝이 살짝 올라가 있는 모양이며 격년 수확한다. 카투라 종은 버멜로Ver-

melho(붉은색)종과 아마렐로Amarelo(노란색)종이 있는데 생산량은 아마렐로종이 다소 많다.

(선별종)
- K7종은 켄트Kent종의 선별종으로 케냐에서 개발하였으며, 커피녹병CLR과 커피베리병Coffee Berry Disease, CBD에 강하며 생산량과 수확량은 좋으나 품질은 떨어진다.
- SL28종은 버본 종의 선별종으로 1935년 케냐 스캇 연구소Scott Lab(SL)의 28번째 종자 일련번호이다. CLR, CBD는 저항력이 강하며 가뭄에 강하고 고지대에서 재배하기 좋고 생산성이 좋으며 커피 품질 또한 우수하다.
- SL34종은 버본 종의 선별종으로 1935년 케냐 스캇 연구소(SL)에서 개발한 품종이다. 생산량과 가뭄에 강한 종자이지만 CLR 저항력은 약하다.
- 아카이아Acaia종은 문도노보Mundo Novo종의 선별종으로 브라질에서 개발된 품종으로 나무가지가 짧고 키가 크며 문도노보 종과 비슷한 향미이다.

(왜소종)
- 빌라사치Vila Sarchi종은 버본 종의 왜소종으로 코스타리카에 개발되었으며, 카투라 종과 나무 형태, 수확량, 향미가 비슷하다.

(교배종)
- 파카마라Pacamara종은 파카스 종과 마라고지페 종의 교배종으로 엘살바도르, 니카라과, 과테말라 등에서 생산되며 독특한 향미를 표현하는 매력적인 품종이다. 생산량은 많지 않다.
- 마라카투Mara catu종은 마라고지페 종과 카투라 종의 교배종으로 니카라과에서 주로 생산되는 종자이다. 생산량은 많지 않다.
- 문도노보Mundo Novo종은 1943년 브라질 상파울루에서 만든 버본 종과 수마트라(티피카) 종과의 교배종이다. 병충해에 강하며 생산성이 높다. 카투라 종과 카투아이와 함께 브라질의 주력으로 재배되는 품종이다. 3년에 3m 성장하기 때문에 매년 가지치기를 해야 하는 단점이 있다. 향미는 부드러운 편이고 균형감이 좋다.
- 카투아이Catuai종은 문도노보 종과 카투라 종의 교배종으로 1949년에 개발된 향미가 좋은 품종이다. 문도노보 종의 단점을 보완하기 위해 카투라 종과 교배하여 카투라보다 생산량이 많고 커피나무의 키가 작아 수확이 쉽다. 3년째 부터 수확이 가능하며 체리의 결손력이 강하여 바람과 비가 강한 지역에 주로 심는다. 나무 수명(보통 40년)은 다른 품종에 비해 일반적으로 10년 정도 짧은 것이 단점이다. 매년 수확이 가능하며 품질이 좋지만 문도노보나 카투라보다 밋밋한 경우도 있다. 카투아이 버멜로Catuai Vermelho의 체리는 붉은색이며 카투아이 아마렐로Catuai Amarello의 체리는 노란색이며 생산량은 아마렐로 종이 더 많다.

(아라비카 종과 로부스타 종의 교배종)

CBD(Coffee Berry Disease)와 CLR(Coffee Leaf Rust)의 병충해와 가뭄에 저항력이 강한 종자개량을 위해 아라비카와 로부스타 종의 교배종들이 생산된다.

- 하이브리드 티모르(Hibride De Timor, HDT)종은 아라비카의 티피카 계열종과 로부스타 계열종의 자연 교배종이다. CBD와 CLR에 강하며 생산량이 많게 하기 위한 교배종이다.
- 카티모르(Catimor)종은 카투라 종과 하이브리드 티모르의 교배종이다. 커피나무의 키는 작고 생두의 크기가 크다. 저지대에서도 생산이 가능하며 다량 수확이 가능하다. 고급 커피는 에티오피아와 콜롬비아 커피를 블렌딩한 느낌의 향미를 표현한다.
- 루이르 일레븐(Ruiru11)종은 1985년 케냐에서 15년간 연구 개발된 종으로 카티모르 종과 SL28종의 교배종이다. CBD와 CLR에 대한 저항력이 강하고, 커피나무가 작아 같은 면적에 많이 심을 수 있어 다량 수확이 가능하나 케냐 커피의 품질에 다소 미흡한 맛과 향이 표현된다.
- 콜롬비아 베리에다드(Colombia Variedad)종은 1984년 개량된 카투라 종과 카티모르 종의 교배종이다. CBD와 CLR에 대한 저항력이 강하며 단기간 다수확이 가능하다.

02 아라비카 생산지의 종자별 향미 특징

- **에티오피아**Ethiopia(Arabica Origin)
  - 이르가체페Yirgacheffe 지역: 홍차의 장미향tea-rose, 재스민 꽃향jasmine floral, 스파이시한 생강과 계피향spicy ginger and cinnamon, 달콤한 허브와 딜향sweet herb and dill
  - 하라Harrar 지역: 살구향apricot, 드라이한 복숭아향dry peach, 스파이시한 계피향spicy cinnamon, 초콜릿향chocolate
  - 리무Limu 지역: 파인애플향pine apple, 복숭아peach, 망고mango, 바나나banana, 드라이한 살구향dry apricot
  - 올레가 레 켐프티Wollega Lekempti 지역: 달콤한 레몬향sweet lemon, 감귤계 오렌지citrus orange, 홍차의 장미향tea-rose, 달콤한 꿀과 사탕sweet honey and candy
  - 시다모Sidamo 지역: 감귤계의 레몬향citrus-lemon, 박하향bergamot, 홍차향black tea

- **예멘**Yemen(Arabica Origin)
  - 마타리Matari 지역: 스파이시한 초콜릿spicy-chocolate, 계피향cinnamon, 살구향apricot, 드라이한 과일류dry fruity, 코코아버터의 단맛cocoa butter sweetness, 건포도raisin, 흙냄새earthy, 캐러멜향caramelly
  - 이스마일리Ismaili 지역: 초콜릿chocolate, 드라이한 후추향dry pepper, 바나나향banana, 생강뿌리향ginger root, 캐러멜향caramelly, 흙냄새earthy
  - 샤라시Sharasi 지역: 살구버터향apricot butter, 복숭아차peach tea, 드라이한 과일류dry fruity, 계피향cinnamon, 농익은 바나나overripe banana

- **게샤**Geisha
  - 파나마Panama(Geisha): 딸기향strawberry, 재스민 꽃향jasmine floral, 박하향bergamot, 캐러멜caramelly, 초콜릿향chocolate, 자몽향grapefruity, 자두향plum, 감귤계 오렌지향citrus-orange
  - 코스타리카Costa Rica(Geisha): 달콤한 꽃향sweet floral, 재스민 장미향jasmine rose, 감귤계 오렌지향citrus-orange, 캐러멜caramelly, 초콜릿chocolate
  - 콜롬비아Colombia(Geisha): 석류식물향grave, 바닐라vanilla, 초콜릿향chocolate, 캐러멜caramelly,

감귤계향citrus
- 과테말라Guatemala(Geisha): 라임주스향lime juice, 바닐라vanilla, 재스민 꽃향jasmine floral, 달콤한 자몽향sweet grapefruit, 장미차향tea-rose, 소나무향과 딸기향pine-strawberry

*하와이 코나 예멘(Hawaii Kona Yemen) 종(Moka)의 향미

메이플 시럽(maple syrup), 꿀(honey), 코코아(cocoa), 초콜릿(chocolate), 건포도(raisin)

○ 티피카Typica(Criollo, Arabigo)
- 페루Peru(Typica): 고소한 향nutty, 밀크초콜릿milky chocolate, 허브꽃herbal-floral, 배과일류pear-fruit, 바닐라vanilla, 캐러멜향caramel, 사과 같은 향apple-like, 꿀 같은 향honey-like, 복숭아 차peach tea, 농익은 오렌지ripe orange, 재스민 느낌jasmine hints
- 온두라스Honduras(Typica): 아몬드 껍질almond skins, 실크 촉감silky mouthfeel, 밝은 느낌brightness, 빨간 사과의 산도red apple acidity, 구운 땅콩roasted peanut, 헤이즐럿hazelnut, 오렌지 껍질orange peel, 멜론melon, 달콤한 스파이시의 포도 주스sweet spice grape juice
- 과테말라Guatemala(Typica): 사과apple, 코코아 파우다cocoa powder, 캐러멜caramel, 블랙베리류black berry, 오렌지 페코티orange pekoe tea, 꿀honey
- 콜롬비아Colombia(Typica): 아몬드almond, 빨간 사과red apple, 매운 스파이시warming spice, 건포도raisin, 오렌지 스파이시 티orange spice tea, 시나몬 스틱cinnamon stick, 정향clove, 엿기름 초콜릿malty chocolate, 과일류 헤이즐럿fruited hazelnut, 복숭아 느낌peach notes, 자두plum, 배주스pear juice
- 에콰도르Ecador(Typica): 캐러멜caramel, 바닐라vanilla, 매운 후추향, 후추 허브savory, 딜씨향dill seed, 코코아cocoa, 감귤계향citrus, 레몬lemon, 사과apple, 살구apricot, 달콤한 농익은 오렌지sweet ripe orange
- 멕시코Mexico(Typica): 꽃향기floral, 헤이즐럿hazelnut, 달콤한 망고향mango sweetness, 복숭아 살구peach-apricot, 바닐라향vanila, 덜 익은 사과향malic
- 파나마panama(Typica): 초콜릿chocolate, 사과향apple, 복숭아peach, 자두plum, 꽃향floral, 캐러멜-맥아, 엿기름caramel-malt, 레몬lemon, 버터리한 촉감buttery mouthfeel
- 볼리비아Bolivia(Typica): 피칸pecan, 카카오cacao, 메이플 시럽maple syrup, 자두plum, 사과apple, 매운 생강spice ginger, 아몬드almond, 복숭아peach, 살구apricot, 헤이즐럿hazelnut, 달콤한 엿기름sweet malty, 들국화wild flower, 구운 빵toasted bread, 캐러멜caramel
- 하와이 코나Hawaii Kona(Typica): 정향clove, 다채로운 향의 삼나무(연필향)aromatic cedar, 초콜릿 오레오 과자chocolate oreo cookie, 꿀honey, 토스트toast, 계피cinnamon, 꽃향floral, 달콤한 자두sweet plum, 아몬드almond, 맥아malt

- 니카라과Nicaragua(Typica): 아몬드almond, 살구apricot, 복숭아 느낌peach notes, 견과류nutty, 초콜릿향chocolate, 꿀honey, 브라운 슈가brown sugar
- 코스타리카Costa Rica(Typica): 부드러운 초콜릿soft chocolate, 꿀사탕honey-candy, 사과apple, 약간의 감귤계의 신맛less citrus acidity, 백포도white grape, 텐저린 같은a bit of tangerine, 사과주스apple juice, 꿀꽃향floral honey, 무궁화 꽃향hibiscus floral

○ **블루마운틴**Blue Mountain(Typica-type)
- PNGPapua New Guinea 블루마운틴Typica-type: 캐러멜 같은 설탕향caramelized sugar, 부드러운 초콜릿soft milk chocolate, 꽃향floral, 꿀honey, 자두plum, 오렌지orange, 블랙베리blackberry, 복숭아peach
- 하와이 코나 블루마운틴Hawaii Konoa Blue Mountain(Typica-type): 꽃향floral, 달콤한 엿기름malty sweet, 생강ginger, 체리 같은 과일류 느낌cherry-like fruited hints, 약한 바디light body, 헤이즐럿hazelnut, 파인·소나무향piney
- 자메이카 블루마운틴Jamaica Blue Mountain(mavis Bank)(Typica-type): 허브티herb-tea, 견과류nutty, 꽃향floral, 중간적인 신맛medium acidity
- 과테말라 블루마운틴Guatemala Blue Mountain(Typica-type): 레몬lemon, 밀크 초콜릿milk chocolate, 사과apple, 캐러멜향caramel

○ **수마트라**Sumatura(Typica)=(Ateng, Jember)
- 자바Java(Typica)(Yemen Mocka Type): 드라이한 살구향dry apricot, 계피향cinnamon, 꿀honey, 초콜릿향chocolate, 건포도raisin, 사과apple, 자두plum, 흙냄새earthy, 정향clove, 타바코향tabacco
- 수마트라Sumatra(Typica): 초콜릿chocolate, 버터 스카치 캔디향butter scoch candy, 삼나무향cedar, 쏘는 향pungent, 블랙베리향black berry, 캐러멜향caramelly, 정향clove, 페퍼향pepper, 계피향cinnamon, 자두plum, 메이플 시럽향maple syrup
- 발리Bali(Typica): 스파이시한 후추향spicy pepper, 메론melon, 초콜릿향chocolate, 캐러멜향caramelly, 흙냄새earthy, 복숭아 망고peach-mango, 허브herb, 들국화wild flower
- 술라웨시Sulawesi(Typica): 드라이한 자두dry plum, 후추pepper, 블랙 커런트black current, 브라운 슈가brown sugar, 드라이 오렌지dry orange, 꽃향floral, 캐러멜리향caramelly

○ **버본**Bourbon
- 브라질Brazil(Bourbon): 코코아 파우더cocoa powder, 오렌지orange, 바닐라vanilla, 아몬드almond, 초콜릿chocolate, 캐러멜caramelly, 브라운 슈가brown-sugar, 드라이망고dry mango, 복숭아peach, 스파이 사과spice apple

- 브룬디Brundi(Bourbon): 건포도raisin, 드라이한 살구향dry apricot, 계피cinnamon, 사과apple, 초콜릿 향미chocolate flavor, 캐러멜caramel, 정향clove, 코코아cocoa-like, 꿀honey, 스파이시 티spice tea
- 니카라과Nicaragua(Bourbon): 밀키 초콜릿milky chocolate, 메이플 시럽maple syrup, 호두walnut, 복숭아-살구향peach-apricot, 아몬드almond, 꿀honey, 맥아malty
- 파나마Panama(Bourbon): 꽃향floral, 체리의 과일류cherry-fruited, 바닐라vanilla, 맥아malty, 캐러멜caramel, 초콜릿chocolate
- 탄자니아Tanzania(Bourbon): 캐러멜caramel, 매우 달콤한 과일very sweet fruit, 브라운 슈가brown sugar, 바닐라vanilla, 초콜릿chocolate
- 엘살바도르El Salvador(Bourbon): 맥아malty, 코코아cocoa, 캐러멜caramel, 사과apple, 아몬드almond, 홍차black tea, 레몬lemon, 꿀honey, 버터 스카치 캔디향butter scotch candy, 오렌지 복숭아 감귤계향orange peach citrus, 브라운 슈가brown sugar, 계피cinnamon
- 에콰도르Ecador(Bourbon): 과일 같은 포도grape-like fruited, 꽃향floral, 헤이즐럿hazelnut, 사과apple, 복숭아 과일 향미peach fruited flavor, 초콜릿chocolate
- 온두라스Honduras(Bourbon): 캐러멜caramel, 감귤계citrus, 밀크 초콜릿milk chocolate, 아몬드almond, 바닐라vanilla, 스파이시 계피spicy-cinnamon, 코코아 파우더cocoa powder flavor
- 과테말라Guatemala(Bourbon): 캐러멜caramel, 구운 빵향Toasted bread, 코코아 파우더cocoa powder, 사과apple, 자두plum
- 파푸아뉴기니Papua New Guinea(Bourbon): 꿀honey, 초콜릿chocolate, 드라이한 과일dry fruity, 꽃향기floral scent, 들국화wild flower, 잼jam-like, 사과apple, 배pear
- 페루Peru(Bourbon): 과일류fruity, 자두plum, 자몽grapefruited, 초콜릿chocolate
- 코스타리카Costa Rica(Bourbon): 설탕sugar sweetness, 구운 아몬드roasted almond, 헤이즐럿hazelnut, 땅콩peanut, 블랙베리blackberry, 계피향cinnamon, 엿기름malt, 달콤한 타바코 향미sweet tobaco flavor

- **아루샤**Arusha(Bourbon-type)
  - 파푸아뉴기니Papua New Guinea(Arusha): 오렌지향orange, 계피향cinnamon, 맥주 향미beer flavor, 사과apple, 꽃향floral, 자두plum, 복숭아peach
  - 탄자니아Tanzania(Arusha): 꿀honey, 바닐라vanilla, 사과apple, 초콜릿chocolate, 블랙 후추black-pepper spice, 블랙 베리blackberry

- **파체**Pache
  - 페루Peru(Pache): 다크 초콜릿dark chocolate, 스파이시spicy, 체리cherry, 건포도raisin, 포도grape
  - 과테말라Guatemala(Pache): 재스민 꽃향jasmine floral, 꿀honey, 감귤계향citrus, 바닐라vanilla, 사과

apple, 캐러멜caramel, 복숭아peach

- **마라고지페**Maragogype
  - 니카라과Nicaragua(Maragogype): 레몬향lemon, 계피향cinnamon, 콜라향cola, 꽃향floral, 감귤계향citrus, 멜론향melon
  - 과테말라Guatemala(Maragogype): 딸기향strawberry, 구운 빵toasted bread, 바닐라vanilla, 송진raisin, 꽃floral, 자두plum, 무궁화꽃향hibiscus
  - 하와이 코나Hawaii Kona(Maragogype): 달콤한 복숭아sweet peach, 아몬드almond, 생강ginger, 포도grape, 살구apricot, 꽃향floral, 레몬lemon

- **켄트**Kent
  - 인디아 말라바India Malabar(Kent): 쏘는향pungent spicy, 파이프 타바코pipe tabacco, 캐러멜caramel

- **파카스**Pacas
  - 엘살바도르El Salvador(Pacas): 달콤한 복숭아sweet peach, 바닐라vanilla, 꽃향floral, 재스민jasmine floral, 캐러멜caramel, 오렌지orange, 레몬lemon, 멜론melon
  - 온두라스Honduras(Pacas): 베르가못향bergamot, 삼나무향cedar, 꿀honey, 복숭아peach, 레몬lemon, 포도grape, 수박watermelon, 사과apple, 건포도raisin

- **카투라**Catura
  - 니카라과Nicaragua(Catura): 꽃향floral, 과일류fruited, 캐러멜caramel, 배pear, 살구apricot, 아몬드almond, 너티 코코아nutty-cocoa, 사과apple, 밀크초콜릿milkchocolate
  - 코스타리카Costa Rica(Catura): 캐러멜caramel, 레몬lemon, 바닐라vanilla, 배pear fruit, 사과apple, 자두plum, 건포도raisin, 아몬드almond
  - 과테말라Guatemala(Catura): 버섯mushroom, 복숭아peach, 꿀honey, 홍차black tea, 감귤계citrus, 달콤한 코코아sweet cocoa
  - 콜롬비아Colombia(Catura): 자두plum, 자몽grapefruity, 계피cinnamon, 캐러멜caramel, 꽃향floral, 엿기름malty, 복숭아peach, 달콤한 후추 허브향sweet savory
  - 볼리비아Bolivia(Catura): 꽃향flower, 복숭아peach, 아몬드almond, 밀크초콜릿milkchocolate, 꿀honey, 라즈베리raspberry
  - 온두라스Honduras(Catura): 밀크초콜릿milkchocolate, 캐러멜caramel, 콜라cola, 바닐라vanilla, 계피cinnamon, 아몬드almond, 수박watermelon
  - 파나마Panama(Catura): 캐러멜caramel, 사과apple, 스파이시spicy, 복숭아peach, 계피향cinnamon, 꿀honey, 사탕candy, 살구apricot, 레몬lemon, 꽃향floral

- 에콰도르Ecador(Catura) : 꽃향floral, 헤이즐럿hazelnut, 사과apple, 복숭아peach, 초콜릿chocolate

○ 파카마라Pacamara
- 과테말라Guatemala(Pacamara): 캐러멜caramel, 꿀honey, 바닐라vanilla, 꽃floral, 복숭아peach, 헤이즐럿hazelnut, 재스민jasmine
- 니카라과Nicaragua(Pacamara): 초콜릿chocolate, 캐러멜caramel, 오렌지orange, 메이플 시럽maple syrup, 꿀honey, 라즈베리raspberry, 계피cinnamon, 살구apricot
- 엘살바도르El Salvador(Pacamara): 오렌지orange, 바닐라vanilla, 레몬lemon, 초콜릿chocolate, 살구apricot, 레모네이드lemonade, 라임lime, 꽃floral

○ 마라카투라MaraCatura
- 니카라과Nicaragua(MaraCatura): 레몬향lemon, 포도grape, 초콜릿chocolate, 계피cinnamon, 재스민향jasmine
- 과테말라Guatemala(MaraCatura): 삼나무cedar, 자두plum, 호두walnut, 과일류fruity, 꽃향floral, 감초licorice, 홍차의 장미향tea-rose, 블랙베리blackberry, 메이플 시럽maple syrup

○ K7
- 케냐Kenya(K7): 블랙 커런트black current, 캐러멜caramel, 오렌지orange, 달콤한 캔디향sweet candy

○ SL28
- 케냐Kenya(SL28): 엿기름malty, 캐러멜caramelly, 아몬드almond, 꽃향flower, 바닐라vanilla, 감귤계citrus, 사과·복숭아apple-peach

○ SL34
- 케냐Kenya(SL34): 캐러멜caramel, 버터 스카치 캔디butter scotch candy, 맥주 꽃향hope flower, 오렌지orange, 포도grape, 자두plum

○ 빌라사치Villa Sarchi
- 코스타리카Costa Rica(Villa Sarchi): 레몬lemon, 달콤한 꽃향sweet floral, 코코아cocoa, 오렌지orange, 바닐라vanilla, 밀크 초콜릿milk chocolate, 살구apricot

○ 문도노보Mundo Novo
- 브라질Brazil(Mundo Novo): 고소한nutty, 엿기름malty, 초콜릿chocolate, 바나나 껍질banana skins, 달

콤한 타바코sweet tabacco, 귤/오렌지tangerine/orange
- 파푸아뉴기니Papua New Guinea(Mundo Novo): 오렌지orange, 배pear, 계피cinnamon, 꿀honey, 사과apple, 살구apricot
- 과테말라Guatemala(Mundo Novo): 꽃floral, 사과apple, 달콤한 캐러멜sweet caramel, 체리cherry, 계피향cinnamon

아카이아Acaia
- 브라질Brazil(Acaia): 캐러멜caramel, 꽃향floral, 오렌지orange, 메이플 시럽maple syrup, 감귤계citrus, 파인애플pineapple, 초콜릿chocolate

카투아이Catuai종의 향미 특징
- 파나마Panama(Catuai): 사과apple, 복숭아peach, 초콜릿chocolate, 살구apricot, 망고mango, 아몬드almond
- 니카라과Nicaragua(Catuai): 복숭아-살구peach-apricot, 아몬드almond, 초콜릿chocolate, 계피cinnamon, 녹차greentea
- 과테말라Guatemala(Catuai): 초콜릿chocolate, 계피cinnamon, 자두plum, 꿀honey, 레몬lemon, 사과apple, 포도grape
- 브라질Brazil(Catuai): 꽃향기floral, 수박watermelon, 복숭아peach, 자몽grapefruity
- 온두라스Honduras(Catuai): 바닐라vanilla, 캐러멜caramel, 건포도raisin, 자두plum, 호두walnut, 다크 초콜릿dark chocolate, 블루베리blueberry
- 코스타리카Costa Rica(Catuai): 배pear, 꽃향기floral, 망고mango, 캐러멜caramel, 레몬그라스lemon grass, 초콜릿chocolate, 삼나무cedar

하이브리드 티모르Hibride de Timor(HDT)종의 향미 특징
- 인도네시아 티모르Indonesia Timor(HDT): 캐러멜caramel, 초콜릿chocolate, 쿠키cookie, 코코아cocoa

카티모르Catimor종의 향미 특징
- 인도네시아Indonesia(Catimor): 다크 초콜릿dark chocolate, 망고mango, 복숭아peach, 꽃향기floral, 버터 스카치 캔디butter scoch candy, 메이플 시럽maple syrup
- 파푸아뉴기니Papua New Guinea(Catimor): 자두plum, 오렌지orange, 복숭아peach, 블랙베리blackberry, 사과apple

- 베리에다드 콜롬비아Variedad Colombia종의 향미 특징
  - 콜롬비아Colombia(Variedad Colombia): 꽃향기 느낌floral hints, 복숭아peach, 엿기름malty, 자두plum, 캐러멜caramel, 자몽grapefruit

- 루이르Ruiru11종의 향미 특징
  - 케냐Kenya(Ruiru11): 달콤한 타바코sweet tabacco, 포도grape, 캐러멜caramel, 달콤한 꿀sweet honey, 엿기름malt, 바닐라vanilla, 꽃향기floral

03
재배, 수확, 가공처리
건조, 숙성, 탈곡

① 커피 열매

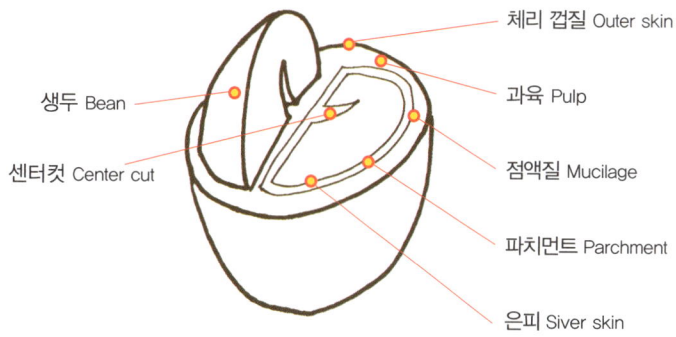

② 재배 조건

고도
아라비카 종은 800~2,000m 높은 지대에서 재배가 되고 밤과 낮의 기온 차이가 심해 체리의 익어가는 정도의 차이가 있다. 밀도 또한 단단해지며 향미flavor가 더 풍부해지고 신맛 또한 강해진다.

기온
연간 평균 기온이 15~22℃ 사이가 아라비카 종에 적합한 기온이고 서리가 내리지 않는 지역이어야 한다. 기온이 너무 높으면 커피녹병(CLR)이 번지며 기온이 너무 낮으면 잎이 누렇게 변질되며 반점이 생겨 시들게 된다.

토양
화산 지역의 토양인 화산재, 응회암, 현무암 토양은 미네랄 성분이 풍부하고 부식이 잘 되어서 경작성과 배수성이 좋고 수분과 양분을 보유할 수 있어서 커피나무 성장에 좋은 영향을 줄 수 있고 ph4.5~6.0 정도의 약산성 토양이 좋다.

강우량

커피 재배에 적당한 강우량은 1,200~1,600mm이며 꽃을 피우기 위한 몇 달은 건기가 있어야 꽃이 진 이후 수확이 원활하다. 아라비카 종은 토양층이 깊어서 4~5개월 정도 건기가 길어져도 물 저장 능력이 좋아 수확기에 햇빛 건조에 유리하다. 아프리카 지역은 기상변화가 심해 커피 생산량이 일정치가 않다.

일조량

직사광선이 직접 닿지 않도록 셰도우트리shadow tree 방식인 키가 큰 나무를 심어서 잎의 온도가 올라가 광합성이 저하되는 것을 막아야 한다. 직사광선이 직접 닿지 않는 지역에 주로 재배를 한다. 또한 천해의 자연조건을 가지고 있는 코스타리카, 브라질 일부 지역, 자메이카 블루마운틴, 하와이안 코나, 콜롬비아 나리뇨 지역같이 오후에 구름이 많아져 지역적인 클라우드 패턴cloud pattern이 형성되는 지역도 있다.

③ 커피나무의 재배와 수확

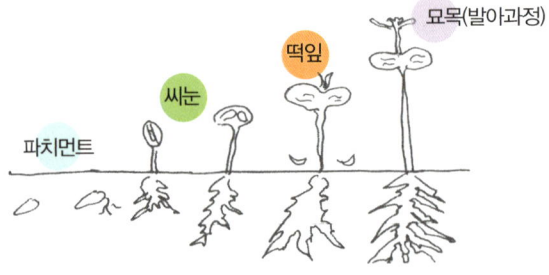

1. 재배

- 파치먼트: 배수가 잘되는 곳에 묘상을 만들어 1~2cm 깊이로 파치먼트를 심는다.
- 씨눈: 1~2일 지나면 씨눈이 나오는데, 이때 플라스틱 화분으로 옮겨 심는다.
- 떡잎: 3~4주 후 발아하면 양쪽으로 떡잎이 나오는데, 이때 알맞은 온도인 28~30℃를 유지하기 위해 그늘막을 막아 주어야 직사광선이나 강풍, 강우에서 보호할 수 있다.
- 묘목: 6~12개월 후 50cm 정도로 성장한 묘목을 농장으로 이식한다. 이때 상품가치가 높은 묘목은 선별해서 이식한다. 심어진 묘목은 3~4년이 지나면 열매수확이 가능하고 커피나무의 수명은 30~40년 정도이다. 커피나무의 완숙기는 5~15년이 가장 수확이 많은 기간이다.

농장으로 이식한 커피나무에 일정한 양의 커피 수확을 위해서는 셰도 트리 방식으로 일조량을 조율하고 바람과 서리로부터 커피나무를 보호할 수 있고 잡초 번식을 억제할 수 있다.

다른 작물도 함께 식용으로 키우면서 농가의 울타리 역할도 하고 식용으로 먹기도 하지만 토양의 커피나무와 다른 작물의 뿌리의 영향이 커피열매의 향미flavor에 영향을 주기도 한다.

주로 심는 작물은 파인애플, 바나나, 채소, 허브 등 다양하다. 우기가 돌아오기 전 건기 때에 가지나 낙엽 등으로 커피나무 밭을 덮어 수분유지 및 지열유지를 해주면 커피나무에 영양공급도 증가되어 수확량이 증가하게 된다.

브라질 같은 생산량이 많은 지역은 관개시설을 만들어 건기가 길어지거나 강우량이 적은 시기에 수분을 공급해 줌으로써 수확량을 조절한다.

수확이 끝난 뒤 가지치기를 해주는 것은 커피나무가 한 번 열매가 열린 자리에는 다시 꽃이 피지 않고 시간이 지남에 따라 열매 열리는 양이 줄어들고 나무 키가 커지기 때문이다. 불필요한 싹을 잘라 주고 영양분을 공급해 주면 더 오랫동안 커피나무의 수확을 늘릴 수가 있으며 잎과 열매 간의 균형을 유지할 수 있고 병충해 관리를 할 수 있다.

2. 수확

수확 시기는 적도 지역인 콜롬비아 지역에서는 연중 내내 수확이 가능하고 북회귀선(25도) 9~3월, 남회귀선(25도) 4~8월 전후에 수확을 한다.

보통 나무 한 그루에 세 번 정도 나누어서 수확을 하고 고도가 낮은 지역에서부터 고도가 높은 지역으로 열매가 익는 시기에 맞게 수확을 한다.

3. 병충해

- 커피 잎 곰팡이 녹병CLR, Coffee Leaf Rust: 녹병균에 발생되는 잎에 황색반점이 생기면서 나무가 말라 죽는 병이다. 이병은 수마트라 섬에서 자바 섬, 아프리카, 브라질, 중미 지역으로 번진 병이다. 주로 아라비카 종자에 많이 발생하며 스리랑카의 실론 지역에서 1869년 발병해서 스리랑카 커피 산업을 차 산업으로 바꾸게 되었다.
- 커피 열매 곰팡이병CBD, Coffee Berry Disease: 열매에서 생기는 곰팡이병으로 커피체리 표면에 둥근반점이 생기는 병으로 습기, 안개, 낮은 기온으로 급속도로 퍼지는 병이다. 한번 감염 시 열매의 50~80%에 피해를 주는 병이다. 최초 발견은 케냐에서 시작했고 과테말라, 브라질에서 발생했다.
- 커피열매 천공벌레CBB, Coffee Berry Borer: 커피 열매에 들어가 부화하여 열매를 파먹는 벌레이며 충식두(insect beans)의 원인이 된다.

4. 수확방법

- 핸드피킹hand picking: 수세식 커피 생산 지역에서 주로 하는 수확방법으로 잘익은 체리만 골라 손으로 수확하는 방법으로 고품질을 수확하지만, 인건비가 많이 든다.

- 스트리핑stripping: 건조식 커피 생산 지역에서 주로 하는 수확방법으로 나무에 달려 있는 체리, 가지 등 익은 체리와 덜익은 체리가 섞일 수 있어 키질을 한 후에 선별해서 처리시설로 보낸다.
- 기계수확machine harvesting: 생산량이 많은 지역에서 주로 하는 수확방법으로 브라질에서 주로 기계수확을 하고 기계에 달려 있는 브러시가 커피나무를 움직여서 체리를 수확하는 방법으로 인건비가 적게 들지만, 익은 체리와 덜익은 체리, 나뭇가지, 나뭇잎 등이 섞일 수 있는 단점이 있다.

④ 가공처리 방법 및 건조방식

수확한 체리에서 생두를 분리해 내는 것을 가공처리 과정이라 한다. 2시간 안에 가공처리 과정을 거쳐야 품질에 영향을 미치지 않기 때문에 빠른 가공처리가 중요한 품질요소이다.

가공처리 방법

① 내추럴 처리방법(natural, dry process)

에티오피아, 예멘, 브라질, 인도네시아에서 주로 사용되는 가공방법으로 수확 전 체리를 콘크리트나 벽돌로 된 넓은 땅 혹은 비닐 시트 위에 펼쳐서 주기적으로 뒤섞어 건조시켜서 과육과 파치먼트를 한꺼번에 탈곡하는 방법이다. 물이 부족한 지역이나 건조할 수 있는 넓은 땅이 있는 곳에서 하며 햇볕에 너무 오래 말리면 생두가 갈라지는 현상이 발생하며 일조량이 과해지면 건조가 불균일해질 수 있어 건조일수를 유지하기 위해 주의해야 한다.

단점으로서는 건조시간이 길어지게 되거나 주변에 흙이나 먼지 같은 것이 스며들 수 있어 흙내음의 원인이 되어 향의 결점에 영향을 줄 수 있고 건조과정에서 수분 불일치 또는 비나 이슬에 의해 곰팡이가 발생할 수 있어 주의해야 한다. 또한 생두의 갈라짐이 조밀도가 약한 종자인 경우 로스팅 과정에서 탈수가 있어 쓴맛과 탄맛의 원인이 되기도 한다.

장점은 복합적인 향미와 단맛, 묵직한 바디감이 표현된다.

② 펄프내추럴 처리방법(pulped-natural process) 또는 허니프로세스 방식(honey process)

브라질에서 시작된 펄프내추럴 방식은 허니커피라고 부르며 펄퍼로 과육을 벗겨내고 점액질이 붙어 있는 파치먼트 상태로 콘크리트나 건조대에 천일건조하는 방식을 말한다. 내추럴 방식에 비해 잘익은 체리만 골라서 정제하기 때문에 고품질 커피를 생산할 수 있다.

허니프로세싱은 그물에서 건조하기 때문에 펄프내추럴보다 좀 더 달다.

장점은 내추럴 방식보다 단맛이 더 강하며 복합적인 향미를 표현한다.

③ 워시드 처리방법(washed process)

콜롬비아나 케냐 등 대다수 많은 산지에서 사용하는 처리방법으로 물을 많이 사용하는 정제방식이다.

체리를 수확 후 가공공장으로 가져가서 수로에 담가 물에 뜨는 덜 익은 커피 체리와 불순물을 걸러내고 바닥에 가라앉은 이물질 등을 제거한다. 과육제거기에서 과육을 제거한 후 점액질이 붙어 있는 파치먼트 상태에서 발효탱크에 12~36시간 정도 발효하면서 점액질을 벗겨 낸다. 물은 3~5회 정도 씻어 저어 주는 과정을 거친다. 이때 ph 농도가 7 정도에서 24시간 정도 경과되면 4.3 정도 떨어지게 되고 발효가 끝나면 점액질이 제거된 파치먼트를 물로 씻어 주기 때문에 워시드 처리방법이라 한다.

장점은 상당히 깔끔하고 복합적인 향미와 신맛을 표현하는 것이다.

④ 세미워시드 처리방법(semi-washed process)

브라질이나 코스타리카에서 환경보호 측면에서 대부분 이 방식을 사용하며 다른 산지에서도 이 방식을 많이 사용하는 추세이다. 세미워시드는 워시드 처리 방법을 간소화한 것으로 점액질이 묻어 있는 파치먼트 상태를 기계로 벗겨 발효공정 없이 건조하는 방식이다.

⑤ 이중 발효 워시드 처리방법(fermentation washed process)

케냐, 엘살바도르 등 중미 지역에서 처리하는 독특한 이중 발효 방식으로 과육을 벗긴 후 발효 탱크에서 20~40시간 이상 물이 없는 상태에서 발효시키면서 점액질이 묻어 있는 파치먼트를 약간씩 씻어 주면서 발효시킨다. 이 과정이 끝나면 물이 담긴 발효탱크에 24시간 이상 점액질을 발효시키며 ph 농도를 4.3 정도로 낮추고 건조시키는 것이 이중 발효 워시드 처리방식이다. 장점은 워시드 방식에 비해 복합적인 향미와 강한 신맛을 표현하며 깔끔한 여운이 특징이다.

⑥ 수마트라식 처리방식(wet-huling process, gilling basha)

인도네시아에서 주로하는 가공처리 방식으로 커피 체리를 수확한 후 과육을 제거하고 펄프내추럴 방식처럼 점액질이 붙어 있는 파치먼트를 하루 정도 말린 후 파치먼트를 탈곡해서 생두 상태에서 건조장에서 천일건조한다.

이 과정이 수마트라 생두가 투명한 초록색을 띠는 이유이고 태양에 의한 건조과정에서 갈라지거나 벌어지는 현상이 발생하는 이유이다.

장점은 신맛이 적고 중후한 바디감과 단맛, 다양한 향미를 표현한다.

단점은 파치먼트를 탈곡해서 생두째 말리는 과정으로 흙과 먼지에 의해 텁텁하고 흙내음이earthy 나는 향의 결점taint aroma의 원인이 된다.

건조방식

(가공 처리된 파치먼트를 수분 수치가 12% 이하가 되도록 건조하는 방식)

천일건조(sun dry)

① 수분 수치 조절이 어려운 파티오(건조장) 건조: 자연환경에 영향을 받기 때문에 산지에 따라 건조일수는 다르게 된다. 수분 방출 및 발효두가 생기지 않도록 뒤집어 주어야 하며 너무 빨리 건조하면 생두의 신선도가 떨어지게 되고 건조일수에 대한 노하우가 있어야 한다. 건조일수는 대략 15일 정도 경과한다.

② 균일한 건조가 가능한 테이블 건조: 테이블 위에서 건조하는 방식으로 파치먼트를 건조하며 10일 정도 건조 시간이 걸리며 흙과 이물질 접촉이 없어서 균일한 건조가 가능하다.

기계건조(machine dry)

주로 대량 생산을 할 때 기계건조를 많이 사용하며 건조장이 적거나 건조할 시간이 적을 경우에 많이 사용하는 방식이다. 기계 내부의 온도는 45℃ 정도의 온도로 천천히 말려야 고품질의 생두를 얻을 수가 있다. 높은 온도로 건조하면 불쾌한 냄새와 품질이 떨어지는 생두를 얻게 되므로 주의해야 하며 건조 시 습도 또한 중요하다. 대부분 천일건조시킨 뒤 기계건조를 병행하는 경우가 많다.

5 최종 가공

1. 숙성

사이로(silo)에 보관해서 숙성 및 수분을 고르게 분포시키는 과정으로 건조과정이 끝난 파치먼트 상태에서 20일 정도 숙성을 시킨다.

2. 탈곡(milling)

워시드 처리된 생두를 감싸고 있는 파치먼트나 껍질을 제거하는 것을 헐링(hulling)이라 하고 내추럴 처리된 생두를 감싸고 있는 껍질을 제거하는 것을 허스킹(husking)이라 한다.

3. 폴리싱(polishing)

상품의 가치와 워시드 처리된 커피에 요구되는 옵션(option) 과정으로 은피를 제거하고 생두에 윤기를 띠게 하는 작업이다.

04 등급 분류 및 선별 포장

건조과정이 끝난 생두는 생두의 품질 상태를 일반적으로 등급분류하는 크기size, 재배고도altitude, 결점두defects 등 선별하는 참고과정과 정확한 품질평가의 기준인 커핑과정 또는 컵테이스팅 과정을 통해 구분된다.

생두의 크기size, 밀도density, 색깔color, 수분함량moisture content 등으로 분류 구분 후 포장한다.

- 크기size 분류는 스크린 분류기나 300g의 샘플을 스크리너screener 위에서 크기를 결정하는 방식이다.

  > 1 스크린 사이즈screen size는 1/64인치 ≒ 약 0.4mm

- 밀도분류density separation는 결점두를 분류하는 유용한 방법으로 밀도분류기에 진동을 주면서 무거운 콩과 가벼운 콩을 분류하는 방식이다.
- 색깔분류color sorting는 밀도분류를 한 후 색깔분류할 때 결점두를 제거하는 방식으로 색깔분류기계 또는 사람의 손으로 분류하는 방식인 핸드소팅hand sorting으로 분류하는 방식이다.
- 수분함량moisture content은 13% 이하로 유지해야 하며 수분함량이 9% 미만이면 맛과 향에 영향을 주게 된다. 상대적으로 너무 높은 수분함량은 곰팡이가 생길 수 있어 주의해야 한다.

 크기size에 의한 분류

스크린 사이즈로 분류하는 대표적인 나라는 콜롬비아Colombia, 케냐Kenya, 탄자니아Tanzania, 하와이Hawaii 등이다.

콜롬비아 분류법

등급	크기
Maragogype	scr size 20
supremo	scr size 17 이상
excelso	scr size 15 이상
usual good qality(USQ)	scr size 14 미만

케냐 분류법

등급	크기
PB	peaberries
AA	scr size 17~18
AB	scr size 15~16
C	scr size 14~15
E	elephant
TT/T/UG	이하 등급

하와이 분류법

등급	크기
kona extra fancy	scr size 19, defect 10 이내
kona fancy	scr size 18 defect 16 이내
kona prime	scr size 무관 defect 25 이내

② 재배고도 altitude에 의한 분류

코스타리카, 과테말라, 멕시코, 온드라스, 니카라구아 등 고도에 따라 등급을 분류하는 나라들은 생두의 조밀도가 강하기 때문에 맛과 향에 영향이 크다. 고도가 높으면 밤과 낮의 일교차가 심하기 때문에 낮에는 이완이 되고 밤에는 수축현상에 의해 서서히 커피 열매가 익어가는 현상에 의해 밀도가 높아지면서 맛과 향에 복합적인 영향을 주게 된다.

코스타리카 분류법

등급	고도
(SHB) Strictly Hard Bean(pacific)	1,200~1,650m
(GHB) Good Hard Bean(pacific)	1,100~1,250m
(HB) Hard Bean(pacific)	800~1,100m

(MHB) Medium Hard Bean(atlantic) (pacific)	500~1,200m
(HGA) High Grown Atlantic East	900~1,200m
(MGA) Medium Grown Atlantic East	600~900m
(LGA) Low Grown Atlantic East	200~600m
(P) Pacific West	400~1,000m

3 포장

분류된 생두의 무게를 측정하여 백bag 단위로 포장한다. 농장마다 단일 품종으로 포장하기도 하고 비슷한 맛과 향이 나는 경우 조합 단위나 단일농장에서 블렌딩blending해서 포장하기도 한다. 일반적으로 1백당 60kg 정도 포장하지만 나라별로 다양하게 포장하고 있다.

4 나라별 포장 단위

콜롬비아는 1백당 70kg이며 코스타리카, 과테말라, 엘살바도르, 온드라스, 페루, 니카라구아, 멕시코 등은 1백당 69kg이고 브라질, 탄자니아, 파푸아뉴기니, 파나마, 케냐, 브룬디, 르완다, 쿠바, 에티오피아, 인도네시아 등은 1백당 60kg이다.

05
결점두 및
결점두 분류법

 결점두defect bean**에 의한 분류**

내추럴natural 처리 과정을 하는 나라들이 주로하는 분류로 결점두에 의해 맛과 향, 외관에 영향을 주기 때문에 사용하는 분류법이다. 주로 브라질, 에티오피아, 예멘, 인도네시아 등에서 분류하는 등급이다.

<u>에티오피아 분류법</u>

등급	결점두 수	
Grade 1	0~3	USQ
Grade 2	4~12	(Usual Good Quality)
Grade 3	13~25	
Grade 4	26~45	UG
Grade 5	46~100	(Usual Good)
Grade 6	101~153	
Grade 7	154~340	수출금지
Grade 8	340 이상	

결점두의 발생 원인은 커피나무를 재배, 수확, 가공, 보관하는 과정에 있으며, 그 원인과 맛의 특징들은 다양하다.

① 재배과정에서 생기는 결점두

종류	특징	발생원인	맛
insect damage bean	해충에 공격받은 콩	재배과정에 해충이 체리에 파고들어가 알을 낳은 상태	soury(시큼함), moldy(곰팡이), rioy(요오드 냄새)
withered bean	표면이 주름진 콩	재배기간 동안 수분공급 부족	straw(볏짚), grassy(풀냄새)
shell bean	내부가 비어 있는 조개 모양의 콩	유전적인 원인	bitter(쓴맛), rubber(고무)

② 수확과정에서 생기는 결점두

종류	특징	발생원인	맛
black bean	검은색의 콩	수확과정에서 너무 늦은 수확과 흙과 접촉에 의해 발효된 상태	ferment(발효), soury(시큼함), moldy(곰팡이), phendic(석탄), dirty(먼지)
sour bean	발효된 콩	수확과정에서 너무 익은 체리나 땅에 떨어져 발효된 상태	ferment(발효), soury(시큼함)
foreign matter	돌, 나무 등 이물질	수확과정에서 분리못해 생기는 결점.	맛에 영향 없음
immature/unripe bean	뾰족한 모양이며 크기가 작은 콩	미성숙 상태의 수확	astrigent(떫은 맛)

③ 가공과정에서 생기는 결점두

종류	특징	발생원인	맛
sour bean	발효된 콩	가공과정에서 오염된 물 사용	ferment(발효), soury(시큼한 맛)
dried cherry/pods	마른 체리	수세식-잘못된 펄핑과정, 자연건조식-잘못된 탈곡 가공과정	ferment(발효), moldy(곰팡이), phenolic(석탄)
foreign matter	돌나무 등 이물질	가공과정에서 선별을 제대로 못한 경우	맛에 영향 없음
parchment	파치먼트	불완전한 탈곡	맛에 영향 없음

broken chipped/cut bean	깨진 콩이나 조각난 콩	과육제거(펄핑) 선별, 탈곡과정에서 발생 및 노후된 기계 상태	dirty(먼지), earthy(흙냄새), soury(시큼한 맛), ferment(발효)
floater bean	가벼워서 물에 뜨는 콩	가공과정에서 부적절한 건조과정	ferment(발효), straw(볏짚), earthy(흙냄새), moldy(곰팡이)
hull/husk	마른 펄프 조각	가공과정에서 부적절한 선별, 탈곡과정	moldy(곰팡이), earthy(흙냄새), dirty(먼지), phenolic(석탄)

④ 보관 과정에서 생기는 결점두

종류	특징	발생원인	맛
fungus demaged bean	곰팡이에 의해 노란색, 갈색의 색을 띠는 콩	보관상에 문제로 곰팡이가 발생한 콩	ferment(발효), moldy(곰팡이), dirty(먼지), earthy(흙냄새), phenolic(석탄)

2 SCAA 분류법: Green Coffee Classification

결점두defect, 사이즈size, 수분함량moisture content, 컵퀄리티cup quality 등을 다양하게 평가하는 분류법이다.

샘플링은 350g의 샘플을 가지고 평가하는 방법이다. 일반적인 샘플링은 300g의 생두로 평가하며, 그린빈의 외관과 사이즈, 결점두수에 평가하는 것에 비해 SCAA 분류법은 디테일한 평가방법이다.

3 SCAA 결점두 분류법: Standard Classification Method

sample weights(샘플 무게)
green coffee(생두): 350grams
roasted coffee(원두): 100grams

green coffee moisture content(생두 수분함량)
washed processed coffees(워시드 처리된 커피 수분함량): 10~12%
natural processed coffees(자연 건조 처리된 커피 수분함량): 10~13%

Table of Defect Equivalents

category I	full defect	category II	full defect
full black bean	1	partial black bean	3
full sour bean	1	partial sour bean	3
dried cherry/pod	1	parchment	5
fungus damaged bean	1	pergamino bean	5
severe insect damaged bean	5	floater bean	5
foreign matter	1	broken/chipped/cut	5
		immature/unripe bean	5
		hull/husk	5
		withered bean	5
		slight insect damage bean	10
		shell	5

　　풀 디펙트full defect 숫자가 작을수록 결점이 강하기 때문에 카테고리category I의 결점은 상대적으로 카테고리category II의 결점에 비해 맛에 영향을 끼치는 부분이 강하게 된다.

　　예를 들어 카테고리 II의 파셜 블랙partial black의 결점수가 3개당 풀 디펙트full defect는 1점으로 계산한다. 그리고 스페셜티 그레이드specialty grade와 프리미엄 그레이드premium grade의 등급 기준은 스페셜티 그레이드는 카테고리 I의 내용들을 허용하지 않으며 풀 디펙트 5점 이하이고 볶은 원두 100g 샘플 중 퀘이커quaker: 로스팅이 잘되지 않아 밝은 색을 띠는 미성숙두의 일종는 1개도 허용되지 않는다. 상대적으로 프리미엄 그레이드는 카테고리 II는 허용되며 풀 디펙트 8점 이하이고 볶은 원두 100g 샘플 중 퀘이커는 3개 이하까지 허용된다. 그 외에는 커머셜 그레이드commercial grade로 구분한다.

　　이런 세 가지의 조건(카테고리 I, 카테고리 II, 퀘이커 개수)을 모두 갖추어야 스페셜티 커피specialty coffee라고 하며 세계 생산 10% 이내 정도의 고급 커피이다.

　　이런 고급 스페셜티 커피를 확보하기 위해서는 직접 산지에서 직거래direct trade 또는 우수 그린빈 딜러green bean diller들을 많이 알고 있어야 최고의 스페셜티 커피를 찾을 수 있다. 하지만 이런 고급 커피 또한 로스터의 기술과 감별능력이 우선시되기 때문에 로스터의 능력 또한 중요하다. 아무리 좋은 재료라도 로스팅 프로파일과 로스팅 포인트가 베스트가 아니면 최고의 스페셜티 커피를 볶을 수가 없기 때문이다. 이 또한 로스터는 커핑cupping이든 드리핑dripping이든 에스프레소espresso든 컵테스팅cuptesting을 통해서 최고의 로스팅 포인트를 만들어야 하고, 블렌딩blending을 전문으로 하는 블렌더blender는 이 다양한 산지와 종자와 고도, 수분함량, 가공처리된 그린빈의 퍼즐을 잘 조화시키거나 개성 있게 만드는 블렌딩 실력 또한 컵테스팅이나 커핑을 통해 만들어 내야 한다. 이렇게 만들어진 커피는 최고의 전문적인 바리스타에 의해 추출되어 한 잔의 완벽한 커피로 탄생된다.

06
SCAA 커핑
– 향의 변화

- SCAA 커피의 향미flavor 평가

  커피의 향미는 후각과 미각, 촉각에 의해 입안에 오래 남는 여운과 중후함의 균형감을 느끼는 단계이다.

후각olfaction

전체 커피 향기bouquet는 네 가지로 분류된다.
- 드라이 아로마dry aroma(fragrance)는 분쇄해서 가루상태에서 나오는 향
- 컵 아로마cup aroma(aroma)는 분쇄된 커피를 물과 접촉해서 커피액으로 표현되는 향
- 노즈 아로마nose aroma(aroma)는 입으로 삼키면서 기체화하여 표현되는 향
- 애프터테이스트aftertaste는 입으로 삼키고 난 뒤 입 천장과 후미에서 증기상태로 느끼는 향

이렇게 다양한 향기 특성들은 다양한 향미flavor를 형성하고 그 후각은 서로 비슷한 품종이나 서로 다른 품종들을 구분하는 관능수단이 되며, 이러한 구분은 후각뿐만 아니라 미각, 촉각, 바디감 등에 의해서 구별할 수 있다.

- 향aroma

  효소작용enzymatic

  1) 효소작용에 의해 생성된 향기로 가장 휘발성이 강하며, 꽃향기flowery, 과일향기fruity, 허브herb로 나뉜다.

  갈변작용sugar browning

  2) 갈변반응에 의해 생성된 향기로 로스팅 과정에서 형성된 휘발성 당 성분의 향이며, 약볶음nutty, 중볶음caramelly, 강볶음chocolaty으로 형성된다.

  건열반응dry distillation

  3) 건열반응에 의해 생성된 향기로 가장 오랫동안 증기상태로 남는 여운이며, 송진향turpeny, 향신료향spicy, 탄 향carbony으로 구분한다.

효소작용enzymatic
효소작용에 의한 향기(가장 휘발성이 강한 향)

A. 꽃향기flowery

ⓐ 꽃floral

① 달콤한 꽃향sweet floral: 재스민jasmine, 아르니카arnica(국화꽃 일종), 라벤더lavander, 커피꽃coffee blossom

② 달콤한 허브향sweet herbal: 윈터그린winter green(상쾌하고 날카로운 파스향), 월계화tea-rose

ⓑ 방향fragrant

① 달콤한 향신료sweet spicy: 카다멈cardamom(달콤하고 짜릿한 레몬향), 계피cinnamon, 샌달우드sandal wood(수목향)

② 방향료carvone-like: 카라웨이caraway(레몬향 향신료), 딜dill, 스피어민트spearmint

③ 달콤한 장뇌향sweet camphoric(약초향): 스위트바질sweet basil, 타라곤tarragon(쑥), 코리안더씨coriander seeds

④ 감초anise-like(파슬리 일종): 아니스anise(파슬리 일종), 회향fennel(미나리과), 바질basil

B. 과일향기fruity

ⓐ 감귤citrus-like

① 달콤한 감귤sweety citrus: 레몬lemon, 오렌지orange, 텐저린tangerine

② 드라이한 감귤dry citrus: 포도grapes, 사과apples, 올리브olives

ⓑ 베리류berry-type

① 달콤한 베리류sweety berry-like: 체리cherry, 살구apricot, 딸기strawberry, 대추date

② 드라이한 베리류dry berry-like: 크렌베리cranberry, 블랙베리blackberry, 보이즌베리boysenberry(검은 딸기)

C. 허브향기herby

ⓐ 파alliaceous

① 양파류onion-like: 양파onion, 차이브chive(양파와 비슷한 줄기)

② 마늘류garlic-like: 마늘garlic, 리크leek(줄기는 파와 비슷)

ⓑ 콩leguminous

① 채소류vegetable-like: 완두콩garden peas, 시금치spinach, 양배추cabbage

② 파슬리parsley-like: 파슬리parsley, 사일러지silage(목초, 볏짚), 오이cucumber

갈변반응sugar browning
갈변반응에 의해 생성된 향기(로스팅 과정에서 형성된 휘발성 당 성분의 향)

A. 고소한 향기nutty

약볶음

① 견과류nutty: 아몬드almond-like, 땅콩peanut-like, 호두walnut-like
② 곡물malty: 발사믹 라이스balsamic rice, 보리barley-like, 옥수수corn-like, 볶은 커피roasted coffee, 토스트toast

B. 캐러멜 향기caramelly

중볶음

① 캔디candy-type: 토피toffee-like(과자), 감초licorice-like, 테피taffy-like(사탕), 프랄린praline-like(설탕에 녹인 아몬드), 헤이즐럿hazelnut-like
② 시럽syrup-type: 당밀molasses(설탕을 제조할 때 부산물로 생선된 자당), 메이플 시럽maple syrup-like, 꿀honey-like

C. 초콜릿 향기chocolaty

강볶음

① 초콜릿chocolate-type: 제과용 초콜릿baker's chocolate-like, 더치 초콜릿dutch chocolate-like, 다크 초콜릿dark chocolate-like
② 바닐라vanilla-type: 스위스 초콜릿swiss chocolate-like, 커스터드custard-like, 버터butter-like

건열반응dry distillation
건열반응에 의해 생성된 향기(가장 오랫동안 증기 상태로 남는 여운)

A. 송진 향기turpeny

ⓐ 수지향resinous

① 소나무piney: 송진pine sap, 테레빈유turpentine, 블랙 커런트black currant
② 발사믹balsamic: 주니퍼juniper(향나무), 치커리chicory

ⓑ 약품향medicinal

① 시원한 약초향cineolic: 오레가노oregano, 로즈메리rosemary, 유칼립투스 잎eucalyptus leaf
② 녹나무 추출향camphoric: 장치camphor, 큐베브cubeb(후추보다 맵고 강한 향)

B. 향신료 향기spicy

ⓐ 매운 향warming
① 넛맥nutmeg-like: 넛맥nutmeg, 히말라야 삼나무cedar(향나무), 샐러리 씨celery seed, 커민cumin(감귤향의 향신료)
② 후추pepper-like: 후추black pepper, 고추capsicum, 생강ginger

ⓑ 톡 쏘는 향pungent
① 정향clove-like: 정향clove, 피망pimento, 월계수 잎bay leaf
② 타임thyme-like: 타임thyme, 세이보리savory(로즈메리와 타임향과 후추향이 섞인 향), 호스민트horsemint
③ 쓴 아몬드bitter almond-like: 비터 아몬드bitter-almond, 복숭아 씨peach kernel

C. 탄 향carbony
ⓐ 연기smokey
① 톡 쏘는 쓴향creosol-like: 기름향oil, 타르향tarry
② 스모키한 향smoky-like: 파이프 타바코향pipe tabacco, 니코틴nicotine

ⓑ 재ashy
① 탄 향burnt-like: 탄 향burnt, 그을린 향scorched
② 숯향charred-like: 숯향charred, 재향ashy

2 미각gustation

맛은 네 가지의 기본맛인 단맛, 짠맛, 신맛, 쓴맛의 구성으로 맛을 구별할 수 있다.

ⓐ 단맛sweet: 혀의 앞쪽에서 당분을 감지한다.
ⓑ 짠맛salt: 혀의 앞쪽 위에서 짠맛(염 성분)을 감지한다.
ⓒ 신맛sour: 혀의 뒤쪽 측면에서 신맛(산 성분)을 감지한다.
ⓓ 쓴맛bitter: 혀의 뒤쪽에서 쓴맛(쓴 성분)을 감지한다.

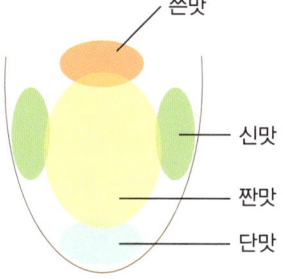

■ 맛의 변화
<u>약볶음에서의 맛의 변화</u>
신맛sour이 단맛sweet을 상승시켜 주는 맛은 (상쾌한 맛) → acidity
　　　acidity가 신맛으로 상승하는 맛은 (톡쏘는 신맛) → piquant

acidity가 단맛으로 상승하는 맛은 (톡쏘는 단맛) → nippy
단맛sweet이 신맛sour을 낮춰 주는 맛은 (와인 같은 신맛) → winey
　　　winey가 신맛으로 상승하는 맛은 (새콤한 신맛) → tart
　　　winey가 단맛으로 상승하는 맛은 (달콤한 신맛) → tangy
단맛sweet이 짠맛salt을 낮추는 맛은 (밋밋한 맛) → bland
　　　bland가 단맛으로 상승하는 맛은 (부드러운 단맛) → soft
　　　bland가 짠맛쪽으로 상승하는 맛은 (약한 짠맛) → neutral
짠맛salt이 단맛sweet을 상승시키는 맛은 (묵직한 단맛) → mellow
　　　mellow가 단맛으로 상승하는 맛은 (묵직하면서 화사한 단맛) → mild
　　　mellow가 짠맛으로 상승하는 맛은 (약한 단맛) → delicate
신맛sour이 짠맛salt을 상승시키는 맛은 (날카로운 맛) → sharp
　　　sharp가 신맛으로 상승하는 맛은 (떫은 맛) → astrigent
　　　sharp가 짠맛으로 상승하는 맛은 (텁텁한 맛) → rough
짠맛salt이 신맛sour을 낮추는 맛은 (시큼한 맛) → soury
　　　soury가 신맛으로 상승하는 맛은 (쏘는 신맛) → hard
　　　soury가 짠맛으로 상승하는 맛은 (아린맛) → acrid

약볶음에서의 신맛, 단맛, 짠맛의 온도 변화에 따른 맛의 변화는 다음과 같다.

　약볶음에서 단맛은 온도가 높은 상태에서는 약하지만 온도가 낮아지면 증가한다. 그래서 커핑을 하거나 컵테스팅을 할 때 테스팅 시간이 20분 이상 지나면 그 커피의 당분을 체크하기가 유리해진다.

　약볶음에서 신맛은 온도의 영향을 받지 않는다. 온도가 낮아지면 다소 강하게 느껴지긴 하지만 신맛이 감소하지는 않는다. 그래서 양질의 커피는 시간이 경과해도 신맛의 변화가 그리 크지 않다.

　약볶음에서 짠맛은 온도가 높은 상태에서는 약하지만 온도가 낮아지면 증가한다. 그래서 품질이 좋은 생두나 로스팅이 잘된(열량이 충분한) 커피는 짠맛이 적다.

　약볶음의 다양한 커피맛의 변화를 감지하고 분석 분류하는 것이 무엇보다 중요하다. 이런 맛의 변화를 구분하기 위해서는 무엇보다 생두의 질이 좋아야 가능하며 로스팅 프로파일과 로스팅 포인트 또한 중요하다. 중볶음, 강볶음에서의 맛의 변화는 다음과 같다.

중볶음, 강볶음에서 맛의 변화
신맛sour이 쓴맛bitter을 낮추는 맛은 (톡 쏘는 쓴맛) → pungent
　　　pungent가 쓴맛으로 상승하는 맛은 (페놀같이 스모키한 쓴맛) → phenolic

pungent가 신맛으로 상승하는 맛은 (자극적인 쓴맛) → creosol
쓴맛bitter이 신맛sour을 상승시키는 맛은 (거친 쓴맛) → harsh
    harsh가 쓴맛으로 상승하는 맛은 (알칼리같이 떫은 쓴맛) → alkaline
    harsh가 신맛으로 상승하는 맛은 (강알칼리의 소다 같은 쓴맛) → caustic
신맛sour이 짠맛salt을 상승시키는 맛은 (날카로운 맛) → sharp
    sharp가 신맛으로 상승하는 맛은 (떫은 맛) → astrigent
    sharp가 짠맛으로 상승하는 맛은 (텁텁한 맛) → rough
짠맛salt이 신맛sour을 낮추는 맛은 (시큼한 맛) → soury
    soury가 신맛으로 상승하는 맛은 (쏘는 신맛) → hard
    soury가 짠맛으로 상승하는 맛은 (아린맛) → acrid

중볶음, 강볶음에서는 쓴맛과 짠맛은 서로 영향을 주지 않는다.
    온도의 변화 또한 적게 느껴지고 신맛과 단맛이 감소하는 볶음도이기 때문에 쓴맛은 농도가 진하게 되면서 쓴맛이 약하게 느껴지고 점성에 의해 부드러운 쓴맛을 느끼게 된다. 또한 진한 진액에서는 감소되어 있는 신맛과 쓴맛 뒤에 오는 점성 속에 달콤한 단맛이 느껴지는 쓴맛을 느낄 수 있다.

③ 촉각(mouthfeel)

입안에 느끼는 촉감 중에서 점성viscose, 오일oily 등을 느끼는 것으로 이 두 가지의 느낌이 바로 바디감body이다.

■ 입안에 느끼는 촉감(지방성분과 고형성분인 불용성 단백질)

A. 지방성분(생두 씨앗의 성분으로 추출액에서 기름 방울의 형태로 부드럽게 느끼게 한다.)

ⓐ 지방분이 많은 촉감
① 크림 같은 촉감creamy mouthfeel: 커피 추출액의 오일 성분의 향미가 느껴지는 지방성분의 촉감
② 버터 같은 촉감buttery mouthfeel: 특히 에스프레소에서 버터 맛이 나는 성분의 향미가 느껴지는 지방성분의 촉감

ⓑ 지방성분이 적은 촉감
① 물 같은 촉감watery mouthfeel: 커피 양을 적게 넣고 추출해서 느껴지는 지방성분의 촉감
② 부드러운 촉감smooth mouthfeel: 추출액이 부드럽게 추출되거나 생두의 지방 성분이 적은 상태에서의 촉감

B. 고형성분(물에 녹지 않는 고형성분은 불용성 단백질이다.)

ⓐ 고형성분이 많은 촉감
① 무거운 촉감heavy mouthfeel: 추출액에서 무겁게 느껴지는 촉감이 불용성 단백질의 촉감, 즉 무거운 중후함heavy body이다.
② 두툼한 촉감thick mouthfeel: 주로 에스프레소에서 느끼는 두툼한 촉감으로 고형성분이 많은 촉감

ⓑ 고형성분이 적은 촉감
① 가벼운 촉감light mouthfeel: 커피 양을 적게 넣고 추출한 커피액에서 느껴지는 고형성분이 가벼운 촉감
② 약한 촉감thin mouthfeel: 커피 양을 적게 넣고 추출한 커피액에서 느껴지는 고형성분이 약한 촉감

07
SCAA 커피의 향미 결점
(flavor taints & faults)

커피에 영향을 미치는 다양한 향미 결점은 외부적, 내부적 요인들에 의해 향미에 영향을 주게된다. 커핑을 하는 커퍼cupper들이나 컵테이스팅을 하는 컵테이스터cup tester들에게는 향의 결점aroma taints과 맛의 결점taste faults에 의해 평가를 하게 된다.

향의 결점은 대중들이나 커퍼 또는 컵 테이스터들에게 개개인의 기호로 표현될 수도 있지만, 맛의 결점은 맛의 영향을 주는 중대한 결함인 화학적 변화의 영향으로 대부분의 사람들이 싫어하는 중대한 결함이 된다.

 외부요인의 변화에 의한 향의 결점external changes aroma taints

① 지질의 나쁜 냄새를 흡수한 경우fats absorbing odors
  ⓐ 흙냄새earthy: 깨끗한 흙fresh earth, 축축한 흙wet soil, 부엽토humus
  ⓑ 땅에서 나는 냄새groundy: 버섯mushroom, 생감자raw potato, 콩erpsig
  ⓒ 땅먼지 냄새dirty: 먼지냄새dusty, 지저분한grady, 축사bramy

② 지질의 나쁜맛을 흡수한 경우fats absorbing tastes
  ⓐ 곰팡이 같은 냄새musty: 콘크리트concrete, 곰팡이가 낀mildewy, 지푸라기mulch-like
  ⓑ 곰팡이 냄새moldy: 이스트yeasty(효모), 전분 같은starchy, 우유 뚜껑 같은cappy
  ⓒ 마포 냄새baggy: 카르바크롤carvacrol(가글 냄새), 지방이 많은 냄새fatty, 미네랄 오일mineral oil

③ 부적절한 로스팅improper roasting
  ⓐ 원두의 조직이 떨어져 나간tipped: 시리얼 같은cereal-like, 비스킷 같은biscuity, 악취같은skunky
  ⓑ 원두의 조직이 홈집이 난 것처럼 탄 모양scorched: 가열조리된cooked, 탄화된charred, 숯 같은empyreumatic
  ⓒ 화덕에 구운baked: 빵같이 구워진bakey, 납작한flat, 맥 빠진dull

내부요인의 변화에 의한 맛의 결점internal changes taste faults

① 지질의 화학반응fats changing chemically

ⓐ 땀 냄새 같은sweaty: 쉰내 같은butyric acid, 비누 같은soapy, 유제품 같은lactic
ⓑ 짐승의 가죽 같은hidy: 동물기름 냄새tallowy, 가죽 같은leather-like, 젖은 양모wet wool
ⓒ 말 같은horsey: 염소 냄새hircine, 조리한 소고기cooked beef, 응고한 우유의 발효냄새gamey

② 산의 화학 반응acids changing chemicaliy

ⓐ 발효취fermented: 커피 펄프 같은coffee pulp, 신acerbic, 앙금leesy
ⓑ 요오드 냄새rioy: 요오드 냄새Iodine, 페놀 같은carbolic, 아린 맛acrid
ⓒ 고무 냄새rubbery: 고무 타이어 같은butyl phenol, 등유kerosene, 에탄올ethanol

③ 유기성분의 결핍loss of organic material

ⓐ 풀 같은grassy: 풋내green, 건초hay, 볏짚 같은strawy
ⓑ 오래된aged: 충분히 숙성된full, 둥글둥글한rounded, 부드러운smooth
ⓒ 나무 냄새woody: 젖은 종이wet paper, 젖은 판지wet cardboard, 두꺼운 종이filter pad

08
SCAA 커핑 시스템

 커핑이란?

커핑은 그린빈의 품질을 평가하기 위한 방법이다.

그린빈의 평가방법은 그린빈이 가지고 있는 그대로의 본질을 평가하는 방법으로 쓴맛이 개입이 되면 안 된다. 쓴맛의 개입은 다양한 향의 결핍과 맛의 단조로움을 보이기 때문에 올바른 품질평가를 할 수 없게 된다. 다시 말해 2차 크랙이 시작이 되면 쓴맛이 개입이 되기 때문에 품질평가를 할 수 없다는 것이다. 그래서 약볶음의 포인트에서 그린빈의 품질평가를 하는 것이다. 또한 그린빈의 본질(종자)과 가공처리과정, 재배방식, 고도, 강우량 등 산지의 작황상태에 따라서도 맛과 향이 다양하기 때문에 쓴맛이 개입되면 그 다양성이 감춰지는 것이다. 로스터가 숍에서 다양한 포인트(약, 중, 강)로 로스팅을 하는 것은 그 로스터의 개성이다. 그러나 그린빈의 품질평가는 약볶음으로만 가능하다. 이런 품질평가는 꼭 커핑으로만 해야 하는 것은 아니다. 드리핑이나 에스프레소, 프렌치프레스, 사이폰 등 다양한 추출기구로도 컵테이스팅이 가능하다.

그린빈의 품질이 좋을수록 speciality coffee 약볶음을 하는 이유도 여기에 있다. 생두가 가지고 있는 단맛과 신맛, 다양한 향과 여운, 질감과 바디감이 우수하기 때문이다. 불과 몇십 년 전 우리나라에 질 좋은 생두가 없었을 때는 모두가 중, 강볶음을 했었다. 이유는 약하게 볶으면 그저 시큼하고 단맛이 없었기 때문이다. 또한 다양한 향도 없었다. 그러나 지금은 COE급 커피나 스페셜티 specialty 커피가 들어오는 시대이기 때문에 많은 로스터들에게는 행복한 시기이다. 그래서 싱글오리진 자체가 복합적이기 때문에 블렌딩을 하지 않아도 되는 것이다. 그러나 블렌딩을 하는 이유는 더 나은 복합적인 맛과 향을 만들려고 하는 것이다. 이런 우수한 생두를 블렌딩을 하는 것은 어찌 보면 아쉬울 수도 있지만 더 우수한 커피를 만들어 내는 창조의 작업이다. 우리가 블렌딩을 하든 싱글오리진을 볶든 이 모든 것은 좋은 그린빈을 사용하기 위해 커핑과 컵테이스팅을 하는 것이기 때문이다. 그렇다면 고급 그린빈과 저급 그린빈의 구분방법은 무엇일까? 바로 '깔끔함'이다.

깔끔한 그린빈을 선택하는 것이 커핑과 컵테이스팅에 무엇보다 중요하다. 신맛과 단맛의 선호도는 각 로스터의 몫이다.

② 커핑 평가기준 및 준비

- 기준: 스페셜티 커피specialty coffee는 83점 이상(COE 커피는 85점 이상)이고 결점두 점수는 5점 이하이다.
- 커핑준비: 로스팅 시간은 8분에서 12분 이내이다. 팁드tipped 현상이나 그을은scorched 현상은 없어야 하고 분쇄도(에그트론agtron) 약볶음(#65) 이어야 한다. 로스팅 후 8시간에서 24시간 이내에 커핑을 한다.

  물과 커피 = 1ml당 0.055g(12.1g/220ml=0.055g/ml)이므로
  분쇄입자 U.S standard size 20 sieve 70~75% 통과해야 한다.
  분쇄 후 15분 이내 물을 부어야 한다.
  추출방식은 고온(92~97℃)의 물에 4분간 두는 방식이다.

③ 커핑순서 및 커핑 테스트 방법

- SCAA 커핑 시트지

ⓐ 기구 준비

커핑용 컵 5개(5컵이 한 세트), 커핑스푼 2개

커핑용 스푼을 씻을 수 있는(린싱rinsing) 컵 1개, 커핑 후 뱉을 수 있는 보조컵 1개

시간을 체크할 타이머, 커핑용 생두와 원두

ⓑ 커핑 순서

① 분쇄 커피향 맡기fragrance: 시트지에 샘플명과 로스팅 레벨, 색 등을 체크

② 4분 동안 93℃ 이상의 물을 붓고 향aroma 체크

③ 4~6분 브레이킹 아로마breaking aroma 체크

④ 6~8분 스키밍 아로마skimming aroma 체크

⑤ 12~17분(73~69℃) 1차 슬러핑 플레이버slurping flavor, 애프터테이스트aftertaste 체크

⑥ 17~22분(62~58℃) 2차 슬러핑 플레이버, 애프터테이스트, 신맛acidity, 바디body, 밸런스balance 체크

⑦ 22~27분(37℃) 3차 슬러핑 플레이버, 애프터테이스트, 신맛, 바디, 밸런스, 균일성uniformity, 클린 컵clean cup, 단맛sweetness, 종합적overall 체크

⑧ 점수 계산(overall, total)

ⓒ 분쇄된 커피향 맡기 및 시트 작성

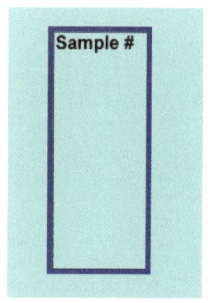

① 커핑 샘플 이름 적기

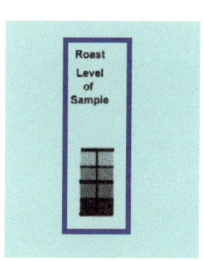

② 로스팅 레벨 샘플 적기
③ 샘플의 색깔agtron과 비슷한 컬러에 체크한다.

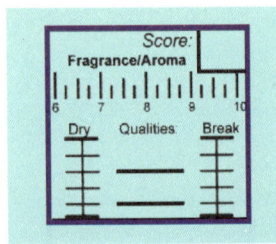

④ 프레이그런스fragrance와 아로마aroma 체크
- 프레이그런스: 분쇄된 커피향 체크
- 아로마aroma: 93℃ 이상의 온도의 물을 붓고 향 체크
- 드라이dry: 프레이그런스에서 느끼는 향의 강도 표시
- 퀄리티스qualities: 샘플 특성의 향 체크

93℃ ↓ { 0~4분 : 물 붓고 아로마 체크
4~6분 : 브레이킹 아로마 체크
6~8분 : 스키밍 아로마 체크

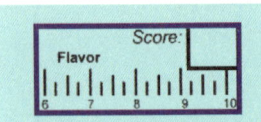

⑤ 1차 슬러핑 12~17분(73~69℃)
- 플레이버flavor: 입안에서 느끼는 향미의 특징을 눈금에 표시하고 최종 결정된 점수를 박스 안에 체크

⑥ 1차 슬러핑 12~17분(73~69℃)
- 애프터테이스트aftertaste: 플레이버의 좋은 향미의 지속성을 체크

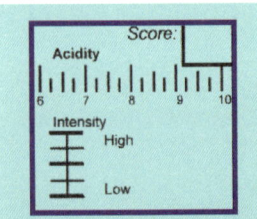

⑦ 2차 슬러핑 17~22분(62~58℃)
- 신맛acidity: 신맛이 입안에서 밝은(bright) 느낌의 신맛과 중후한 단맛이 느껴지는지를 체크
- 강도intensity: 신맛의 강도의 표시로 레몬같이 신맛이 나면 high, 그렇지 않으면 low로 표시

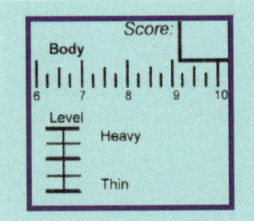

⑧ 2차 슬러핑 17~22분(62~58℃)
- 바디body: 입안에 느껴지는 무게감과 질감을 체크
- 레벨level: 무게감이 강하면 heavy, 약하면 thin으로 표시

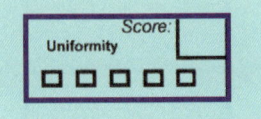

⑨ 3차 슬러핑 22~27분(37℃)
- 균일성uniformity: 5개의 컵 중 다른 컵들과 균일성이 떨어지는 컵이 있을 경우 체크
- 5개의 컵이 각가 2점이며 체크된 합산 5×2=10점

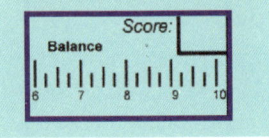

⑩ 2차 슬러핑 17~22분(62~58℃)
- 밸런스balance: 커피의 전체적인 조화로움인 플레이버flavor, 애프터테이스트aftertaste, 신맛acidity, 바디body의 균형감을 체크

⑪ 3차 슬러핑 22~27분(37℃)
- 클린 컵clean up: 5개의 컵 중 균일성과 좋지 않은 향미가 나는 컵에 체크
- 5개의 컵이 각각 2점이며 체크된 합산 5×2=10점

⑫ 3차 슬러핑 22~27분(37℃)
- 단맛sweetness: 각 컵마다 단맛이 골고루 느껴지는지를 평가해서 점수를 체크

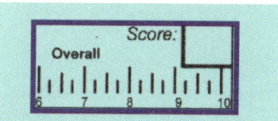

⑬ 종합overall(커피의 개인적인 견해)
- 종합: 커퍼의 선호도가 반영되며 좋은 커피라고 생각되면 0.25~0.5 정도 더 가산하고 좋지 않다고 생각되면 0.25~0.5 정도 더 가감

*스페셜티 커피일 경우 기본 점수 7.25부터 시작

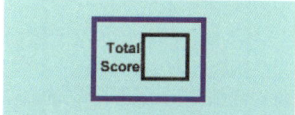

⑭ 합계total

위의 전 10개 항목을 총합산한 점수: 프레이그런스fragrance, 플레이버flavor, 애프터테이스트aftertaste, 신맛acidity, 바디body, 균일성uniformity, 밸런스balance, 클린업clean-cup, 단맛sweetness, 종합적체크overall

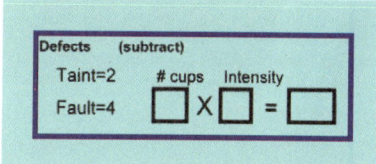

⑮ 결점두 체크defects(subtract)
- 결점두 체크: 향에 좋지 않은 점이 발견되면 컵의 수에 2점을 곱해서 체크, 맛에 좋지 않은 점이 발견되면 컵의 수에 4점을 곱해서 체크
* 결점두에 향과 맛에 대한 부분을 기록

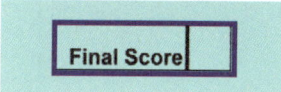

⑯ 최종 점수final score

합계total score에서 결점두 체크 감점 점수defect subtract를 뺀 최종 점수

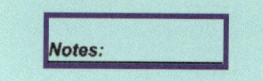

⑰ 기록notes

커핑 샘플에 대한 재배고도, 향미 가공처리 과정, 종자, 농장 등의 정보를 기록

■ SCAA 커피 등급 기준

6.00-good	7.00-very good	8.00-excellent	9.00-outstanding
6.25	7.25	8.25	9.25
6.5	7.5	8.5	9.5
6.75	7.75	8.75	9.75

Chapter 2

로스팅이란?

01 로스팅 그래프의 이해

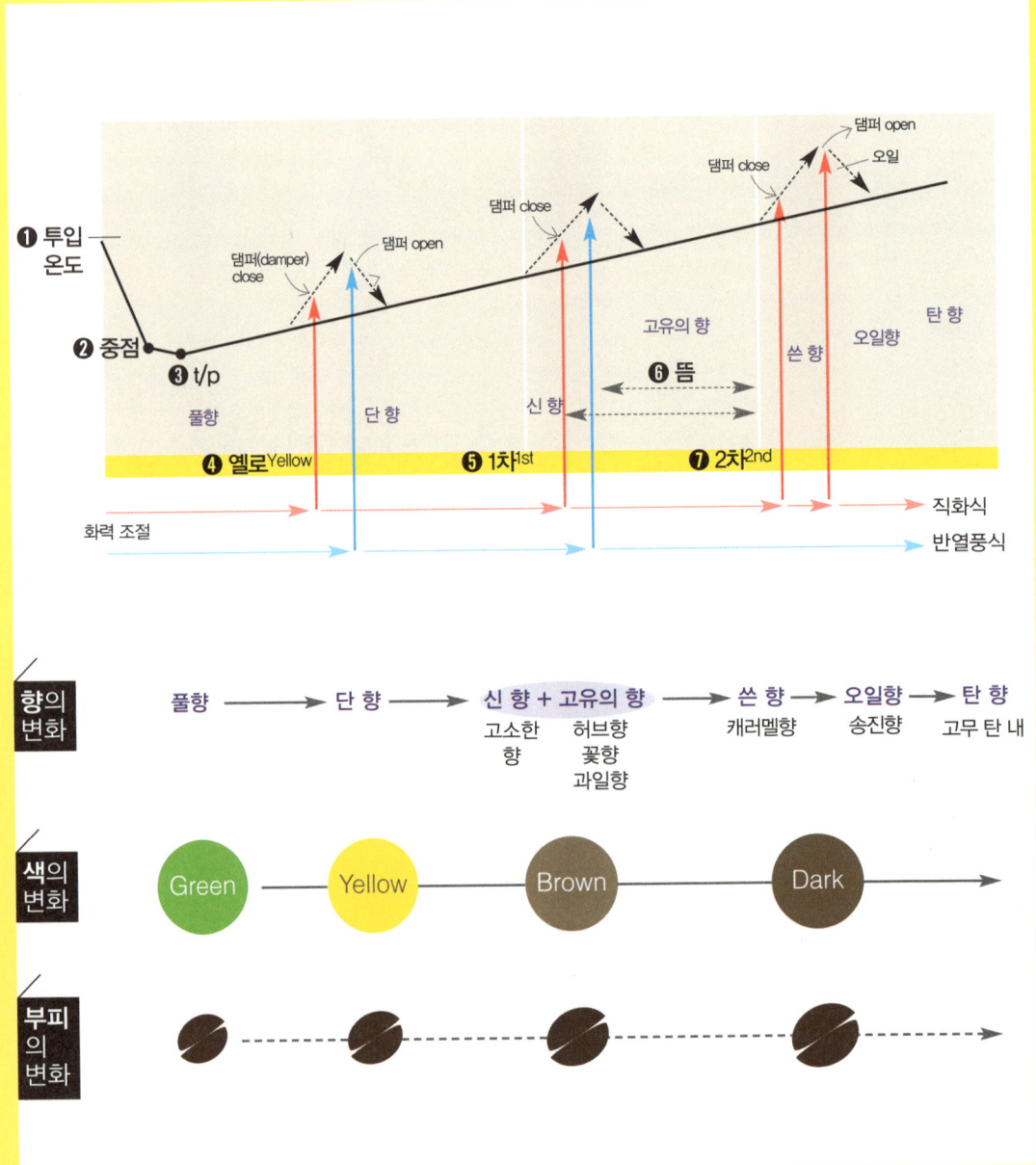

① 투입온도

투입온도를 정하는 이유는 그린빈의 밀도나 수분함량, 수확년수, 그린빈의 투입량을 고려해서 투입하는 온도를 달리하기 위해서이다.

예를 들어 종자에 따라 조밀도가 약한 빈과 강한 빈, 수분함량이 많은 빈과 적은 빈, 올해 수확된new-crop, 한 해가 지난past-crop, 3년 이상 묵은old-crop에 따라서 투입온도가 달라지며, 투입량이 많고 적음에 따라서도 투입온도가 달라진다.

그 이유는 로스팅의 중점을 일정하게 맞추기 위해서인데 이 중점을 맞추어야 1차 크랙의 로스팅 프로파일을 일률적으로 맞출 수 있고 이로 인해서 화력을 주는 부분의 일률성도 맞출 수 있다.

이것이 바로 자기만의 로스팅 프로파일이다.

<u>투입온도 설정방법</u>
- 투입온도 200℃ ↑ 조밀도 강, 수분함량 13% 이하, 수확년수 new-crop
- 투입온도 195℃ ↑ 조밀도 중, 수분함량 10% 이하, 수확년수 past-crop
- 투입온도 190℃ ↑ 조밀도 약, 수분함량 9% 이하, 수확년수 old-crop

② 중점
③ 터닝(turning) 포인트

로스팅에서의 중점은 로스팅 프로파일의 안정성을 유지하기 위한 방법 중 하나이다. 너무 높거나 낮게 되면 로스팅 시간이 빨라지거나 느려지게 된다.

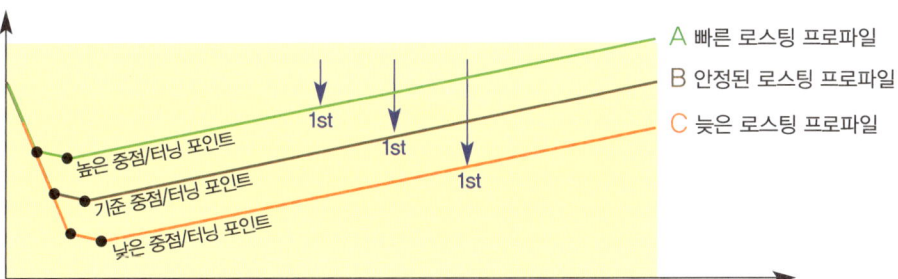

A의 경우는 로스팅 중점과 터닝 포인트가 너무 높아 1차 크랙 도달 시점이 너무 빠르게 진행이 되는 시점이다. 1차 크랙이 너무 빠르게 진행되면 신맛과 날카로운 맛, 떫은맛이 증가하게 된다.

B의 경우는 안정화된 로스팅 중점과 터닝 포인트가 1차 크랙 도달 시점이 안정적으로 균일하게 도달하게 된다. 안정화된 중점의 맛은 신맛과 단맛, 쓴맛의 조화된 맛을 표현하게 된다.

C의 경우는 로스팅 중점과 터닝 포인트가 너무 낮아 1차 크랙 도달 시점이 너무 늦어지게 되는 시점이다. 너무 늦어지게 진행되면 쓴맛과 텁텁한 맛, 떫은맛이 증가하게 된다.

④ 옐로Yellow 시점: 단 향이 나는 시점

단 향의 정도에 따라 화력을 높여 주거나 댐퍼damper를 미리 닫아 주는 포인트를 찾아야 하는 시점이다.

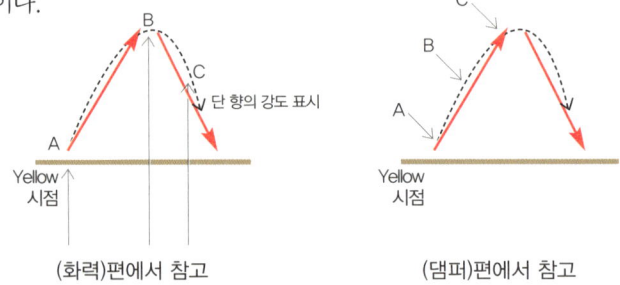

단 향의 증가와 감소에 대한 표시를 상승곡선과 하강곡선으로 나타낸다.

조밀도와 종자에 따라 화력을 높여 주거나 댐퍼를 닫는 시점을 로스터가 찾아야 좋은 결과물을 얻을 수 있는 중요한 포인트이다. 즉, 전체 로스팅 과정 중 1차 크랙까지의 도달 시점에서의 화력의 극대화를 찾는 것이 가장 중요한 핵심 포인트이다.

<u>* 화력(흡열)의 극대화란 종자와 조밀도, 수분, 가공처리에 따른 상황 등을 로스터가 충분히 이해하고 그린빈에 열량(화력) 공급을 최대한 공급해 주어야만 단맛과 신맛의 균형감을 찾을 수 있으며 불필요한 잡미인 떫은맛, 시큼한 맛, 아린 맛, 텁텁한 맛, 짠맛, 날카로운 맛 등을 배제할 수 있는 아주 중요한 시점이다.</u>

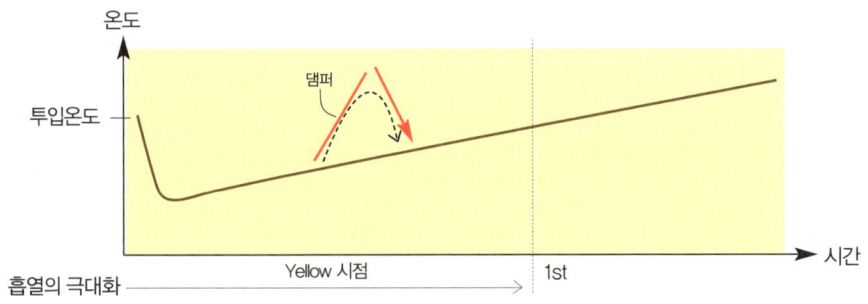

⑤ 1차 크랙(흡열과 발열의 시점): 신 향이 발산되는 시점

1차 크랙 시점은 빈이 모든 열을 받아들인 만큼 발산하는 발열의 시점이다. 이 시점에서 간과해서는 안 되는 것은 바로 흡열시간을 얼마나 주느냐이다.

다시 말해 불을 줄이는(뜸의 시점) 시점이 언제일 것이냐가 핵심인데 빈의 밀도와 수분함량의 정도와 종자의 특성에 따라 불을 줄이는 시점을 결정해야 하며 로스팅 포인트에 따라서도 달리해야 한다. 약볶음일 경우는 불 줄임 없이 진행하는 경우도 있지만 되도록이면 불을 줄여 원두의 내부까지 균일하게 익을 수 있도록 뜸(불 줄임)의 시점을 얼마나 늘려 주느냐가 중요하다. 또한 불을 줄이기 위한 시점은 빈의 주름 상태를 파악하여야 하는데 빈의 표면의 주름이 깊은 주름이 아닌 실주름 정도나 신 향 속에서 고유의 향들인 베리류, 너티류, 플러럴한 꽃향, 허브 계열 향의 발산 강도 정도에 따라 불 줄임 시점을 결정한다. 이 시점을 잘 파악했는지 못 했는지의 유무는 커핑이나 드리핑, 에소프레소의 추출 테스팅 방식을 통해 신맛과 단맛의 정도를 체크하면 어느 정도 알 수 있다.

1차 크랙은 흡열에 의한 발열의 시점이지만 또 다른 크랙인 2차 크랙의 준비과정이므로 흡열 시 얼마만큼 불줄임(뜸)을 하면서 흡열을 할 수 있느냐가 관건이다. 불 줄임(뜸)의 시점에서 온도의 상승곡선과 상승폭은 조밀도와 수분함량, 종자의 특성상 차이가 나지만 완만한 온도 상승곡선이 필요하다. 정체하거나, 떨어지는 온도변화는 흡열의 시점에서 커피 맛에 좋지 않은 영향(떫은 맛, 아린 맛, 시큼한 맛, 텁텁한 맛, 쏘는 맛, 짠맛)을 미치기 때문에 주의해야 한다.

즉 1차 크랙에서 불 줄이는 시점이 얼마나 중요한 시점인지를 알려 주는 상황이다. 한순간도 열량을 주는 시점을 놓쳐서는 안 된다. 이처럼 로스터기의 안정화는 로스팅 프로파일을 일관성 있게 만드는 데 있어 매우 중요한 역할을 한다. 특히 댐퍼가 있는 로스터기는 이러한 흡열과 발열의 시점에서 댐퍼 조작이 전체 로스팅 과정의 열량을 주는 시점에서 중요한 요소이기 때문에 로스터는 주의를 기울여 완벽한 로스팅을 할 수 있는 흡열의 시점을 완성해야 한다.

그래서 스페셜급들의 커피는 수확과 가공처리 과정에서 가장 당도가 높은 시기에 수확처리하며 그런 그린빈을 로스터가 가장 당도가 높은 로스팅 포인트에서 볶아 내면 커퍼cupper는 그 로스팅 포인트와 단맛의 정도를 평가하면서 품질의 등급을 책정하고, 숙련된 바리스타는 에스프레소나 드리핑을 통해 최고의 단맛이 나도록 추출하여 손님에게 제공하면 된다.

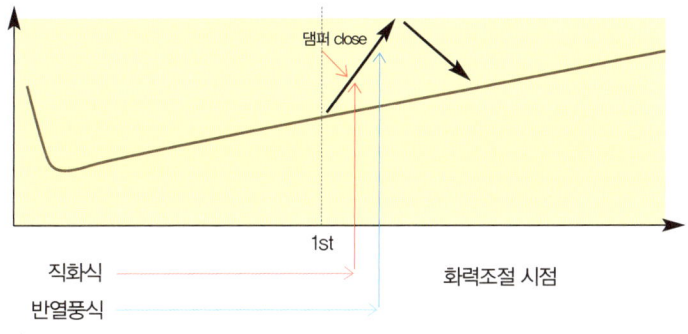

"완벽한 흡열의 결과는 커피의 단맛이다"

"테스팅이 없는 로스팅 프로파일은
　　　　　로스팅의 완성도를 만들 수 없다"

6 뜸(불 줄이는 시점): 고유의 향이 발산되는 품질평가 시점

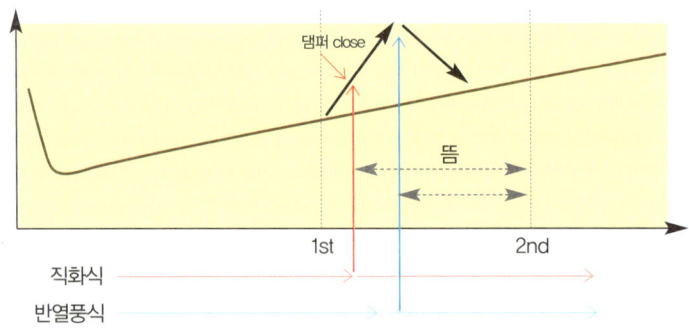

1차 크랙과 2차 크랙 사이에 뜸을 들이는 이유는 빈의 내부까지 고르게 볶고자 하는 의미이다. 외부와 내부의 편차가 적을수록 향보다는 맛이, 외부와 내부의 편차가 많을수록 맛보다는 다양한 향이 표출된다.

뜸(불 줄임)을 주는 시점은 불을 줄이는 시점이다.

빈의 종자나 조밀도, 수분함량에 따라 다소 차이가 있지만 무엇보다 빈의 외부 표면의 주름과 확인봉을 통한 향의 변화를 체크해서 불 줄이는(뜸) 시점을 찾아야 한다.

너무 빨리 불을 줄이면 화력 공급이 부족하게 되어 흡열이 약해지는 현상이 발생한다. 그렇게 되면 지금까지 충분히 열량을 주었던 흡열상태에 떫고 아린 맛, 텁텁한 쓴맛, 짠맛 등이 증가한다.

또한 너무 늦게 불을 줄이면 화력이 너무 강해져서 전체적인 로스팅 프로파일이 빨라져 신맛이 증가하거나 날카로운 맛, 시큼해지는 맛, 아린 맛으로 바뀔 수 있으니 불을 줄이는 시점이 아주 중요하다.

그러면 완벽하게 불을 줄이는 시점은 언제인가? 빈의 주름 상태를 파악해야 된다.

만일 기존 로스팅 프로파일의 시간보다 주름이 잘 안 펴진다면 불을 줄이는 시점을 조금 늦게 가져가 다소 부족한 열량을 보완해 주어야 하며 조밀도와 수분함량, 종자의 특징에 대한 경험을 바탕으로 미리미리 화력조절에 대한 대처방법을 숙지해 두어야 한다.

⑦ 2차 크랙: 쓴 향이 발산되는 시점

2차 크랙부터는 흡열 이후 2번째 발열하는 시점이기 때문에 쓴 향과 초콜릿향, 스모키향, 송진향 등 다양하면서 강한 향이 발산되므로 댐퍼를 이용해서 향의 발산 정도를 미리 체크하는 것이 유리하다. 또한 1차 크랙보다 아주 빨리 로스팅이 진행되기 때문에 중볶음 이후 강볶음 포인트로 볶고자 한다면 로스팅 시간과 온도상승폭에 주의하여 오일이 발생하는 시점에 강한 열에 의해 오일이 타지 않도록 화력조절을 해야 한다.

로스팅 시간이 너무 늦어지면 중볶음이나 강볶음에서 단맛이 감소하며 2차 크랙 시작부터 발생되는 쓴맛의 상승에 의해 신맛 또한 감소하고 텁텁한 맛과 짠맛이 상승한다.

또한 2차 크랙 이후 많은 향을 위해 댐퍼를 너무 많이, 오래 닫아 배기가 원활하지 못하면 텁텁하고 탁한 향이 빈에 배게 되어 깔끔하거나 스모키한 향과는 반대되는 향이 발생한다.

온도상승폭 또한 너무 늦어지면 2차 크랙 이후 열량 부족으로 인해 신맛과 단맛이 감소하고 짠맛과 쓴맛이 과도하게 증가한다. 즉 2차 크랙 이후부터는 흡열에 의한 2차 발열부분인 동시에 지속적인 흡열 시점이기도 하므로 열량공급이 늦어진다는 것은 흡열이 부족하다는 것을 나타낸다.

"흡열의 부족이란 로스팅 시간이 너무 길거나, 온도 상승폭이 너무 늦어지는 현상이다."
흡열 부족으로 인해 중볶음 이후 강볶음된 커피의 맛에서는 짠맛과 쓴맛이 과도해진다.

반대로, 2차 크랙 이후 로스팅 시간이 너무 빠르거나 온도상승이 너무 급격한 경우 신맛은 어느 정도 살아 있으나 날카로운 쓴맛과 짠맛, 떫은맛, 탁한 맛, 텁텁한 맛이 증가하며 캐러멜향, 스윗 스파이시한 향 등 다양성이 감소하고 오일 발생 이후 강볶음 특유의 오일리oily하며 크리미creamy한 촉감 또한 감소해서 쓴맛이 날카롭고, 짠맛이 증가하여 기분 나쁜 오일의 탄 맛과 탄 향인 고무 탄 내rubber, 재향ashy 등이 발생할 수 있으니 주의해야 한다.

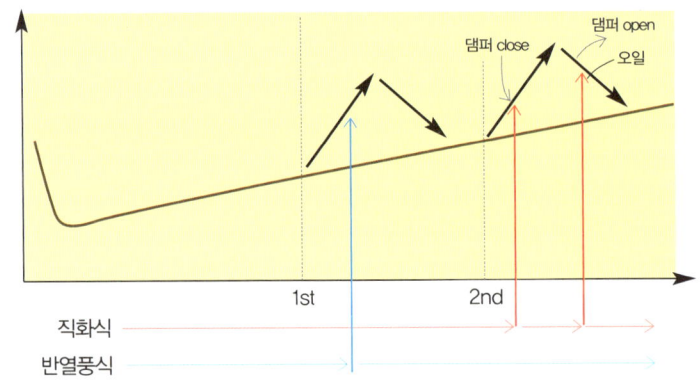

　　강하게 볶은 커피는 초콜릿향, 송진향, 스파이시한 향, 정향, 후추향, 민트향, 연필향 등이 발산되며 파워 있는 무게감, 마시고 난 다음의 긴 여운과 점성, 쓴듯하면서 쓰지 않은 듯한 묘한 맛 등이 매력적이다. 이런 강볶음의 매력은 오일이 발생되는 시점에 나타나므로 오일이 타지 않게 화력을 조절해야 한다. 즉 너무 강하지 않게 화력을 조절해야 한다는 것이다. 이런 점 때문에 강볶음 커피가 볶기 어렵다는 것이며, 수분과 CO_2가 적기 때문에 추출하기도 어렵다.

02 댐퍼(공기흐름)의 활용법

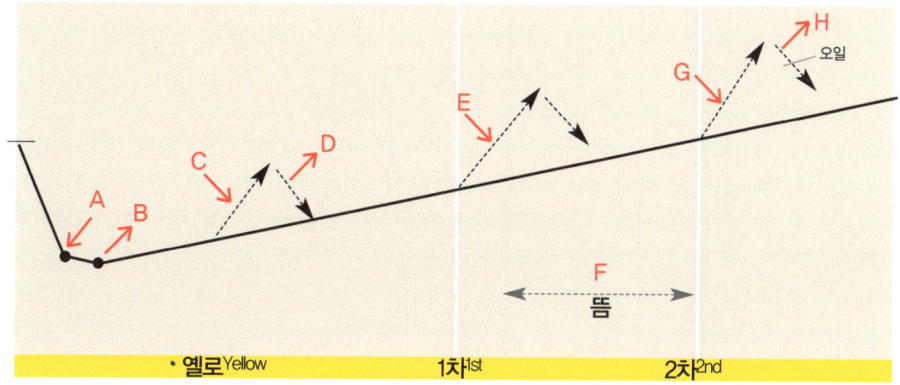

댐퍼 사용은 장점보다 단점이 많으나 잘만 사용한다면 충분히 깔끔하고 깊이 있는 커피를 만들 수 있다. 댐퍼의 가장 큰 단점은 열량손실과 잡향의 포함이다. 어느 시점에서 적절하게 열량을 공급하며 향을 미리 잡을 것인가가 가장 큰 숙제이며 이는 로스터가 해결해야 될 과제이다.

따라서 향후 댐퍼 없이 화력에 의한 공기흐름으로만 로스팅을 할 수 있도록 제작된 로스터기가 많이 출시될 것으로 예상할 수 있다.

댐퍼가 있는 로스터기가 국내에 많이 사용되고 있기 때문에 댐퍼 사용 시 아주 중요한 주의사항을 단계별로 표현하면 다음과 같다.

A시점

A시점은 로스터기 최대용량의 50% 이상을 투입할 경우 댐퍼를 1/3 정도 열어 주는 것이 열량손실과 투입온도의 하강속도를 적절하게 조절할 수 있다. 직화식 로스터기라면 댐퍼를 거의 다 닫아 주는 것이 로스팅 시에 도움이 된다.

B시점

중점에 의한 터닝 포인트(t/p)의 온도 상승 시점으로 댐퍼를 열어 줌으로써 잡향(비린내, 수분 배출, 은피 분리)을 분리할 수 있는 시점인데 이때가 전체 로스팅 과정 중 가장 많은 실수를 하는 때이다. 바로 전체 흡열 중 화력 손실이 가장 많기 때문에 댐퍼를 어느 정도 열어 주느냐에 따라 1차 크랙 도달 시점이 결정된다. 로스터가 자기가 가지고 있는 전체 로스팅 프로파일 중 가장 핵심인 1차 크랙의 프로파일을 어떤 빈을 볶더라도 화력을 주는 시점과 온도 상승폭, 댐퍼 활용도를 조율할 수 있어야 한다.

C시점

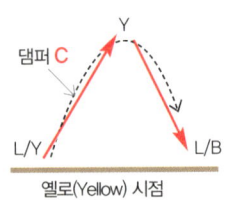

옐로Yellow 시점의 시작 지점인 라이트 옐로Light Yellow와 중간 정점인 미디엄 옐로Medium Yellow, 마지막 단 향의 감소지점인 라이트 브라운Light Brown 지점이 단 향이 발산되는 지점이다.

전체 로스팅의 흡열에 가장 많은 영향을 주는 시점으로 단 향의 초기 시점에서 미리 댐퍼를 활용해야 단 향의 최고점인 옐로 시점에서 더 좋은 향을 확보할 수 있다. 조밀도와 종자에 따라 단 향의 발산이 다소 차이가 있다.

종자에 따라 단 향 발산 정도 차이에 따른 댐퍼 활용법

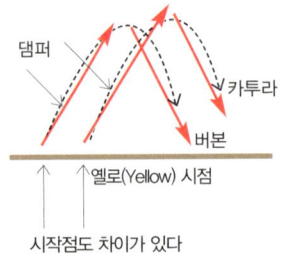

조밀도에 따라 단 향 발산 정도 차이에 따른 댐퍼 활용법

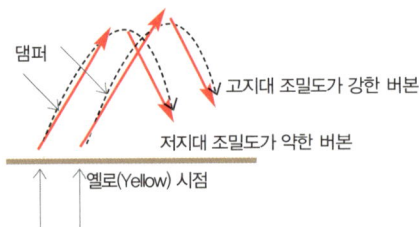

수분함량에 따라 단 향 발산 정도 차이에 따른 댐퍼 활용법

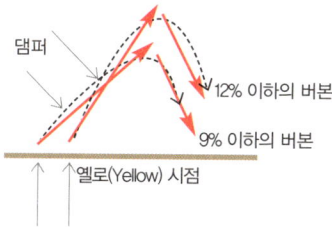

수확년수에 따라 단 향 발산 정도 차이에 따른 댐퍼 활용법

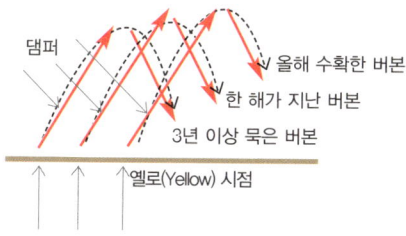

D시점

옐로의 정점을 지나 다소 단 향이 감소하는 시점이므로 잡향을 날려 버리기 위해 댐퍼를 열어 주어야 하는데, 이때 열량손실이 발생할 수 있으므로 온도상승폭을 일정하게 만들어야 한다. 그 기준은 온도의 상승속도와 옐로 시점을 지나 1차 크랙에 도달하는 예정 시점을 예측하여 열량이 부족한지 또는 열량이 너무 과한지 파악해야 한다.

E시점

흡열에 의한 발열이 이뤄지는 1차 크랙 시점이므로 신 향의 발산에 의한 댐퍼조절을 다소 빠르게 진행하면 로스터가 원하는 강한 신 향을 잡을 수 있다. 만약 신 향을 원하지 않는다면 댐퍼를 열어 신 향을 날려 버릴 수도 있다.

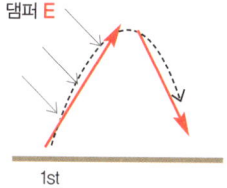

하지만 1차 크랙의 발열 시점에서 댐퍼를 열어 주는 것이 열량 손실에 영향을 주므로 화력을 올려 주거나 댐퍼를 너무 오래, 너무 많이 열지 않도록 한다.

만일 댐퍼가 없는 로스터를 사용한다면 화력조절 시점, 즉 불 줄임 시점을 늦춰 줌으로써 신 향을 날려 버릴 수도 있다. 하지만 주의해야 할 점은 열량이 너무 강해서 신 향을 배제할 수도 있지만 로스팅 프로파일이 전체적으로 빨라질 수도 있으니 화력조절 시점에서 너무 과하지 않게 주의해서 신 향을 조율해야 한다.

F시점
흔히 뜸을 들인다는 시점으로 빈 고유의 향과 품질을 평가하는 지점이다. 향이 발산되기 전에 미리 댐퍼를 닫아 주며 화력 또한 주름의 상태를 보면서 줄여 주어야 빈의 내부까지 골고루 익게 할 수 있다. 고유의 향이 발산되는 시점까지 댐퍼조절을 유지하며 온도상승폭과 2차 크랙 도달 시점을 찾아야 한다.

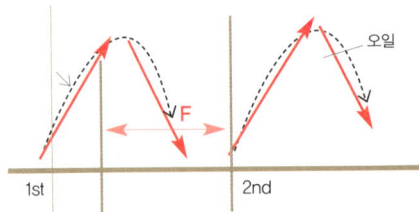

G시점
2차 크랙이 시작되는 곳으로 쓴 향이 증가하고 스모키한 향, 송진향, 초콜릿 같은 향이 증가하는 시점이다. 댐퍼의 개방 시점을 빨리 찾아야 텁텁한 향이 빈에 배지 않는다. 또한 2차 크랙이 진행되면 직화식 로스터기의 경우 열량 부분을 체크해서 댐퍼를 여는 시점을 결정하며 온도상승폭과 오일발생 시점을 체크하여 열량이 부족하지 않도록 해야한다.

H시점
2차 크랙 이후 오일이 발생하는 시점의 볶음도로 진행할 경우 특별히 주의해야 할 점은 오일을 태우면 안 된다는 것이다. 만일 강한 화력으로 인해 오일이 타게 되면 쓴 향이 너무 강해 고무 탄 내가 증가하고 오일 성분의 감소로 인해 추출 시 크리미하거나 버터리한 오일의 촉감을 추출할 수가 없어 강볶음 특유의 점성이 감소하며 쓴 맛이나 탄 맛, 재향 등이 증가하는 결과물이 된다.

따라서 강볶음 시 외부 조직이 너무 강한 열로 떨어져 나가는 팁드tipped 현상이나 너무 과한 높은 온도로 오일 성분이 타버리는 스코치드scorched 현상이 발생되지 않도록 열량조절과 댐퍼를 열어 줌으로써 드럼 내 압력을 맞춰 주면서 너무 강한 향의 증가를 조율해야 한다.

만약 댐퍼를 열어 주지 않고 중점에 맞추어 놓고 로스팅을 할 경우 너무 강하게 볶지 않는 것이 텁텁한 향이 빈에 배지 않게 하는 방법이다. 즉, 강볶음의 경우 댐퍼를 열어 주는 시점과 연기 배출 시점을 고려해서 댐퍼의 개폐 여부를 결정해야 한다는 것이다. 이는 댐퍼와 화력(열량)의 상대성을 이해해야 하는데 드럼 내 압력과 빈의 압력 상태, 화력의 공급과 댐퍼의 개폐 상태에 따라 원하는 향의 깔끔함과 원하지 않는 텁텁함을 배제해서 강볶음에서 매끈한 향미 프로파일을 만들 수 있다.

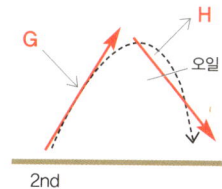

강볶음 커피를 잘 볶는다는 것은
화력조절을 잘한다는 의미이다

"훌륭한 로스터는 훌륭한 감별사여야 한다"

03 화력(열량) 조절 활용법

화력조절은 로스팅에서 무엇보다 중요한 시점이며 가장 핵심적인 부분이다.

즉 로스팅을 잘한다는 것은 종합적인 상황인 그린빈의 평가(종자의 특징적인 맛과 향, 고도에 따른 조밀도 정도, 가공처리 과정, 수분함량 정도, 수확년수)를 이해하고 그에 따른 화력(열량)을 조율할 수 있다는 것이다.

그것의 결과물은 신맛의 강도에 따라 다양해지는 향과 단맛의 지속성과 강도, 중후함 정도와 촉감적인 느낌의 균형감 속의 향미flavor이다. 또한 그린빈의 퀄리티에 대한 깔끔함과 균일함 정도이다.

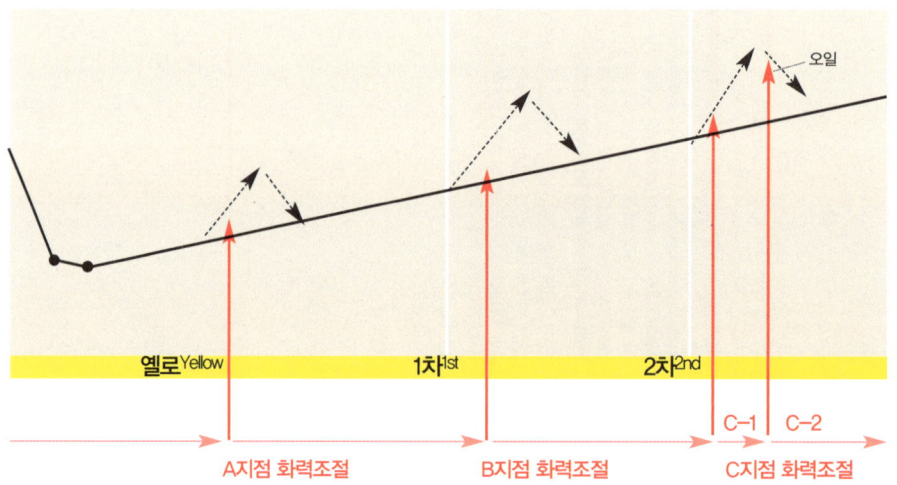

① A시점 화력조절 방법

옐로Yellow 시점은 단 향이 시작되는 시점이다.

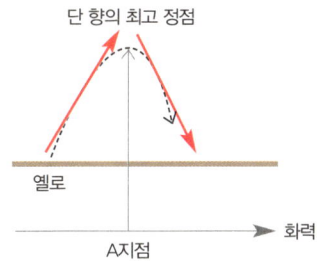

언제 화력을 더 줄 것인지, 아니면 기존 화력으로 그대로 갈 것인지에 대한 판단이 필요한 시점이다.

   종자나 조밀도, 수분함량에 따라 진행되는 시점이 차이가 있지만 이런 차이점을 색과 향의 강도의 차이와 지속성의 차이를 찾아 화력(열량)을 보강하기 위한 시점을 찾아야 완벽한 1차 크랙의 프로파일을 만들 수 있는 것이다.

1. 종자에 따른 화력조절 방법

티피카Typica종, 버본Bourbon종, 카투라Catura종의 옐로 시점에서는 향의 지속성과 최고점의 차이가 있기 때문에 화력조절 시점의 차이가 있다. 또한 전체적인 로스팅 프로파일 중 옐로 시점의 최고 정점에서 화력을 보강하는 것이 로스터가 가장 **빠른** 화력을 조절하는 시점이며 1차 크랙 도달시점을 자유자재로 조정할 수 있는 시점이다. 만약 화력을 더 이상 줄 수 없는 상황이라면 처음부터 투입온도 조절과 중점에 의한 t/p의 시점을 조정하는 것이 화력공급에 유리하다.

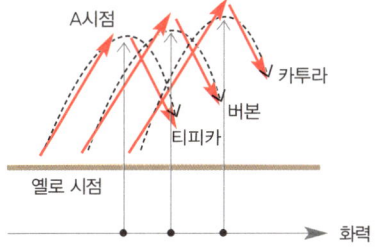

2. 조밀도에 따른 화력조절 방법

같은 종자라 하더라도 고지대와 저지대에 따라 단 향의 발산 정도의 차이가 있는데, 예를 들어 저지대의 버본 종과 고지대의 버본 종은 옐로 시점에서의 단 향이 지속성에서 차이가 나며 화력을 더 올려 주는 시점이라면 같은 종자라 하더라도 고도에 따라 최고점(정점)을 주는 시점이 다소 차이가 있다.

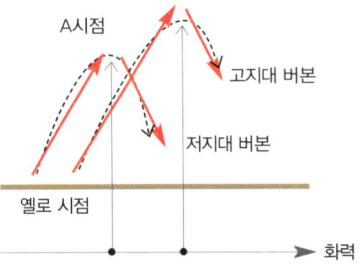

3. 수분함량에 따른 화력조절 방법

수분함량에 따라 단 향의 발산 정도와 지속성의 차이가 발생하게 되는데 화력을 공급해 주는 시점 또한 차이가 발생하며 수분함량도 전체적으로 아로마에 대해 지대한 영향을 미치는 결과를 갖게 된다. 다시 말해 수분과 화력은 향의 다양성을 표현하는 산물이다.

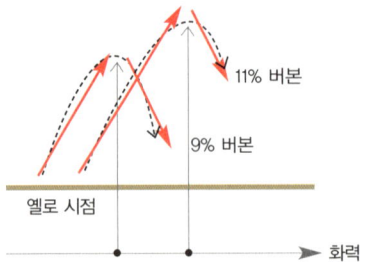

이렇듯 종자나 조밀도, 수분함량에 따라 옐로 시점에서 다양한 상황이 발생되는 것을 알수 있는데 만약 믹싱 블렌딩Mixing Blending을 하거나 산지에서 조합단위로 종자가 섞여서 포장되는 경우 균일한 로스팅 프로파일을 만들기 위해서는 직화식 로스터기보다는 반열풍식 로스터기가 더 유리하며 이런 여러 가지가 섞여 있거나 크기와 수분의 차이, 조밀도의 차이가 있는 생두를 로스팅을 할 때 로스터는 확인봉sampler을 통해 빈의 색과 향의 변화를 찾아서 감각과 경험(맛보기)을 통해서 균일한 열량(화력)을 공급할 수 있어야 한다.

> **로스팅에서의 수분활용**
>
> 수분이 많은 13% 이하의 생두는 로스팅 과정에서 수분조율이 필요하다. 다시 말해 수분함량 정도에 따라 그린빈의 내부의 로스팅되는 정도와 색의 균형을 유지할 수 있다. 수분을 유지하면서 로스팅을 한다는 것은 내부와 외부의 조직의 색도계(Agrton)을 어느 정도 유지할 수 있다는 것이다.
> 수분이 너무 적게 되면 투입온도 조절과 화력조절, 댐퍼조절이 병행되어야 한다.
> 수분이 많은 생두(13% 이하)인 경우는 투입온도를 200℃ 이상에서 화력과 댐퍼조절을 조율해야 한다. 1차 크랙의 프로파일 도달 시점과 내외부의 균일한 로스팅 상태를 체크하면서 로스팅 포인트를 찾아야 한다.

외부에 비해 내부의 색이 다소 밝게 되면 맛(단맛)에 비해 향의 변화(복합적인 아로마)가 다양해지고 외부에 비해 내부의 색이 다소 균일하게 되면 맛(단맛)의 안정감과 바디감, 점성, 여운의 지속성이 길게 된다. 여기서 주의해야 할 점은 향의 다양성을 표현하기 위해 내부의 색이 다소 밝게 되면 맛에서 떫은맛, 아린 맛, 볏짚 냄새, 풋내음이 혼형된 맛과 향이 날수 있어 주의해야 한다.

수분이 적은 생두(9% 이하)인 경우는 투입온도 190℃ 이하에서 화력과 댐퍼조절을 조율해야 한다. 만일 화력과 댐퍼조절이 너무 강한 화력과 댐퍼의 개폐 여부가 늦을 경우 1차 크랙이 너무 빨리 진행되어 떫고 시큼하고 볏짚 냄새, 풋내음이 날 수 있고 단맛 또한 무미건조해진다. 또한 화력조절을 너무 약하게 하게되면 1차 크랙이 너무 늦게 오게 되며 쓴맛과 짠맛, 텁텁한 금속맛 등 좋지않은 맛과 향이 발생한다.

그래서 생두는 뉴크롭(New-Crop)의 생두를 사용하는 것이 향과 맛이 우수하며 그린빈의 품질까지 깔끔한 스페셜티를 사용하는 것이 맛있는 커피의 척도이다.

② B시점의 화력조절 방법(내부까지 깊게 볶기 위한 뜸 방법)

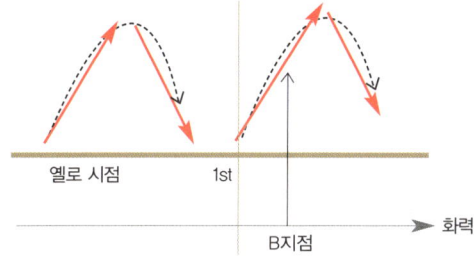

1차 크랙 시점은 흡열에 의한 발열이 이뤄지는 시점이며 또 다른 흡열을 준비하는 시점이기도 하다. 만약 2차 크랙 이상 볶고자 한다면 불 줄이는 시점(B시점)의 화력조절을 얼마나 안정적으로 조율하느냐가 중요하다. 불을 줄일 때 무엇보다 중요한 것은 온도이다. 드럼 내부온도가 멈춰 있는 시점이 너무 길거나 오히려 떨어진다면 로스팅의 실패와 직결되는데 신맛의 정도와 단맛의 여운과 강도가 감소하게 되며 밋밋해진다. 다시 말해 열량(화력) 부족으로 인해 로스팅 시간이 길어져서 쓴맛과 짠맛이 증가하며 뒤이은 떫은맛과 텁텁한 맛이 표현된다. 볶음도의 포인트에 따라 다소 차이는 있지만 시큼한 맛soury, 쏘는 신맛hard, 아린 맛acrid, 날카로운 맛sharp, 떫은맛astrigent, 텁텁한 짠맛rough, salt이 증가되어 좋은 느낌의 커피를 만들 수 없게 된다.

3. B시점 종자나 조밀도 수분함량에 따라 화력조절 방법

1. 종자에 따라 1차 크랙 이후 불 줄임(뜸) 시점의 차이

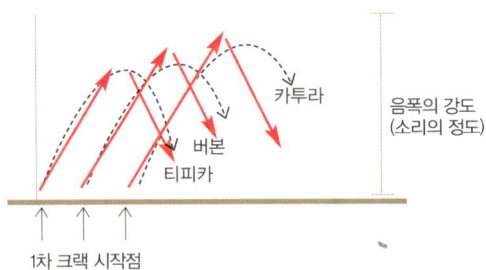

이렇듯 종자에 따라서 1차 크랙이 시작되는 시점과 화력(열량)을 줄이는 뜸의 시점도 다소 차이가 생기는 것을 알수 있다.

여기서 화력(열량)을 줄이는 뜸 시점에 가장 중요한 것은 온도의 상승폭으로, 지나치게 빠르게 상승하는 온도변화(내부와 외부의 볶음 정도가 일정치 않게 되어 건초향과 떫은맛의 원인)와 너무 정체되어 있는 온도(단맛의 상승 정도가 밋밋해지며 향의 다향성도 감소)이다. 또한 온도의 변화가 상승하다가 떨어지는 상황(내외부의 온도 차이가 심하게 발생하는 시점으로 외부조직이 내부조직의 흡열과 발열의 시점에서 불일치되는 시점)에서는 조직이 떨어지게 되는 현상(tipped)이 발생된다. 참고로 오일이 발생할 경우 너무 과한 열량(화력)으로 인한 외부 표면의 오일이 타는 현상scorched이 발생되는 것은 2차 크랙 이후 체크하면 된다.

2. 조밀도에 따라 1차 크랙 이후 불 줄임(뜸) 시점

같은 종자라도 고지대와 저지대에 따라 조밀도 차이가 있기 때문에 고지대에서 자란 버본 종자가 더 많은 열량과 1차 크랙의 발열의 음폭이 더 강하게 발산됨을 알 수 있다.

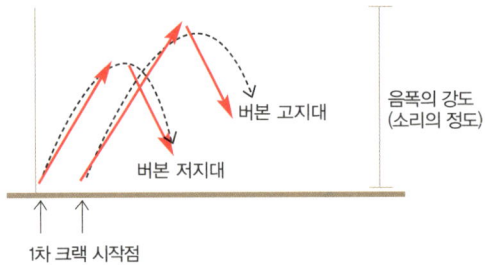

3. 수분함량 차이에 따라 1차 크랙 불줄임(뜸) 시점

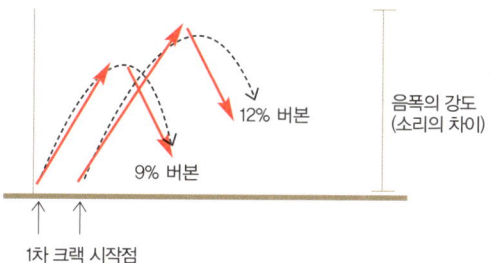

같은 종자라도 수분함량의 차이에 따라, 열량에 따라(흡열) 1차 크랙(발열)이 발산되는 시점 또한 차이가 있음을 알 수 있다. 음폭의 차이 또한 발생된다.

그렇다면 불을 줄이는 (뜸) 시점은 어떻게 판단해야 할까?

그것은 빈의 외부 표면의 주름 상태를 체크해야 하는데 그 주름의 퍼짐 정도에 따라 확인봉-sampler을 통해 향의 변화와 색의 변화를 같이 체크해야 한다.

주름은 빈의 외부 조직의 주름 정도를 나타내는 깊은 주름에서 실주름으로 변해 가는 정도를 보면 알 수 있다. 단 조밀도와 종자, 수분함량에 따라 차이가 크기 때문에 로스터는 자칫 불 줄이는 (뜸) 시점을 빨리 할 수도 늦게 할 수도 있지만, 이것은 많은 경험과 결과물의 맛보기 속에서 훈련을 해야 되는 부분이지 결과물의 겉모습만 보고 판단할 수 있는 부분이 아니다. 그래서 로스터는 결과물에 대한 테스팅(센서리) 기술이 아주 중요한다.

주름의 정도와 색의 변화, 향의 다양성에 따른 불 줄임(뜸)의 시점 중 색의 변화는 다소 미디움 브라운 색을 띠더라도 약볶음으로써 베스트 포인트일 수도 있지만 향의 변화에서는 풋내나 건초향, 허브 계열의 풋내임이 난다. 또한 주름의 퍼짐 정도도 다소 굵은 주름이 살짝 비친다면 조금 더 뜸을 들여 내부까지 더 볶아 줌으로써 것이 고소한 견과류, 베리류, 꽃향기 등을 표현할 수 있다.

4 C시점 화력조절 방법

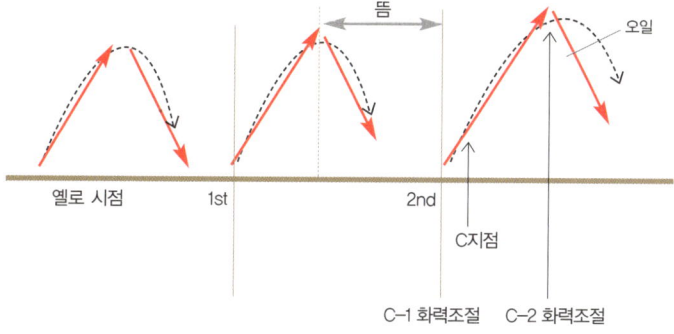

2차 크랙이 시작되는 시점(C)으로 화력을 더 줄 것인가, 줄일 것인가를 판단해야 한다.

1. C-1 시점에서 화력을 상승시키는 경우(대부분 직화식 로스터기에 통용되는 방식으로) 너무 많은 화력을 주는 것은 오히려 날카로운 쓴맛을 증가시키고 오일리oily한 촉감을 감소시킬 수 있어서 주의를 요하지만, 만일 종자나 조밀도가 강하다면 오일이 타지 않는 범위까지 화력을 주고 오일이 발생 되기 전에 화력을 줄이는 방법도 가능하다. 여기서 댐퍼를 1/2 정도 열어 줌으로써 텁텁한 향이 빈에 배지 않도록 해야 한다.

2. C-1 시점에서 화력을 줄일 경우(전체적으로 2차 크랙이 진행되는 동안 화력을 줄일 경우) 온도가 떨어지지 않게 해야 하며 온도 상승곡선이 완만하게 상승하도록 유지한다면 부드러운 강볶음을 표현할 수 있다.

3. C-2 시점의 가장 중요한 점은 강볶음의 가장 큰 매력인 오일리하고 크리미creamy하며 버터리buttery한 오일의 촉감을 만들어 주는 것이다. 따라서 오일을 태워서는 안 되는데, 오일이 탄다는 것은 전체 화력이 너무 강하다는 것을 의미하므로 화력조절이 필요하다.

C-2 시점에서는 화력을 미리 줄여 오일이 타지 않게 하든가, 기존 화력을 유지하더라도 온도 상승폭과 로스팅 시간을 적절히 안배해야 한다.

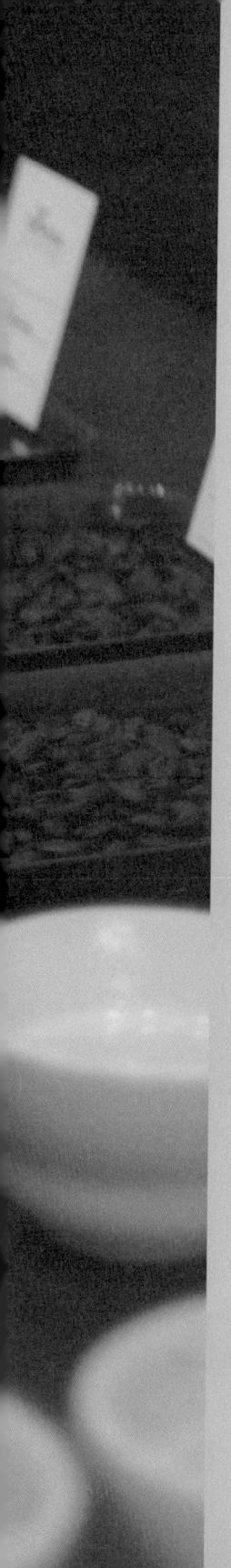

Chapter 3

산지별 로스팅, 향미 평가

Yemen Mattari

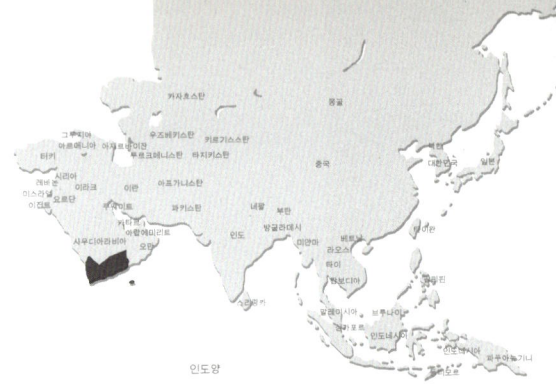

예멘의 커피 재배지역은 고도가 1,000~1,800m 이상으로 매우 높으며 건조한 토양과 강우량이 적은 관계로 종자들은 작고 비교적 단단하다. 가공방식은 커피 재배지역이 대부분 건조하기 때문에 자연건조방식을 이용한다. 건조된 체리를 맷돌에 갈아서 탈곡하는데 맷돌에 의해 커피의 모양이 깨지거나 일정치 않은 모양을 이루고 있다. 종자는 아라비카 원종과 티피카, 버본 종이 주종이다. 10월에서 12월이 주요 수확기이다.

조밀도	약함(라이트)
종자	아라비카 오리진 Arabica Origin(원종), 티피카 Typica, 버본 Bourbon
수확	10~12월
가공처리	자연건조 Dry-processing(Natural)
산지 향미 특징	

- 마타리 Mattari(Bani Mattari): 내추럴(Natural)

잘익은 과일류(mature fruit), 자몽(grapefruit), 다크 초콜릿(dark chocolate), 메이플 시럽(maple syrup), 망고(mango), 중후한(body), 두툼한(thick), 야생적(wild)

- 사나니 sanani: 내추럴

향신료 자극적인 향(spice), 토바코(bobacco), 계피향(cinnamon), 정향(clove), 복숭아(peach), 살구(Apricot)

- 하라시 Harasi: 내추럴

균형감(balanced), 깔끔함(clear), 캐러멜(caramel), 당밀(molasses), 카카오(cacao), 살구(apricot), 복숭아(peach)

- 이스마일리 Ismaili: 내추럴

밀크초콜릿(milk chocolate), 딸기(strawberry), 바나나(banana), 정향(clove), 계피(cinnamon), 자두(plum), 살구(apricot), 감초(licorice)

- 샤라시 Sharasi: 내추럴

흙냄새(earthy), 농익은 바나나(overripe banana), 연필향(cedar), 캐러멜(caramel), 자두(plum), 송진향(raisin), 살구(apricot), 복숭아(peach)

로스팅 그래프

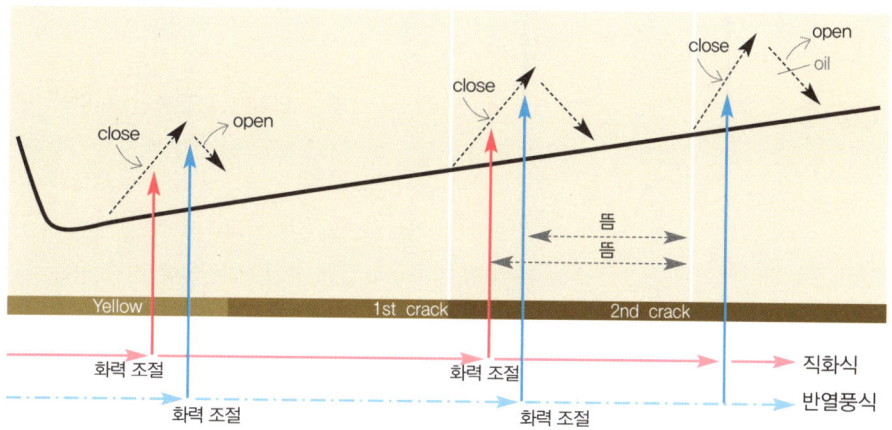

예멘 마타리Yemen Mattari 커피는 조밀도가 약한 커피이므로 투입온도를 너무 높지 않게 해야 안정적인 로스팅 프로파일을 일정하게 유지할 수 있다.

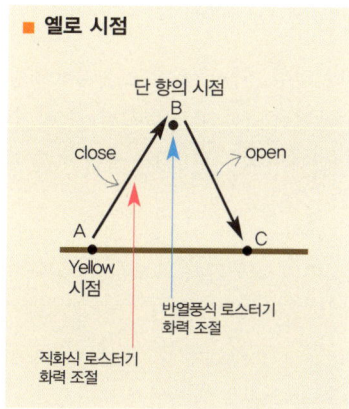

■ 옐로 시점

조밀도가 약한 빈이므로 190℃ 이상에서 투입하는 것이 전체적인 로스팅 프로파일을 만드는 데 안정적이다.

옐로yellow 시점에서 직화식 로스터기의 화력과 댐퍼의 조작을 미리 체크하는 것이 흡열을 보완해 주는 지름길인데 단 향이 발산되는 초기(A시점) 이후에서 화력을 조절해 주는 것이 좋다. 이 방법으로 직화식 로스터기의 단점인 열량 부족을 보완해 줄 수 있으며 또 다른 방법으로 댐퍼를 미리 닫아 줌으로써 단 향의 발산 시점을 체크할 수 있다. 직화식 로스터기는 반열풍식 로스터기보다 미리 조작을 통해 향과 열량을 보완해야 한다. 반열풍식 로스터기의 단 향 최고 지점인 B 시점에서 화력 조절을 해 줌으로써 열량을 보완할 수 있으며, 이 화력 조절은 1차 크랙까지의 흡열반응에 중요한 역할을 한다. 또한 댐퍼도 직화식과 같이 미리 닫아 두는 것이 단 향의 시점을 체크할 수 있고 열량도 드럼 내에 유지할 수 있다.

항상 강조하지만 댐퍼 사용은 장점보다는 단점이 많기 때문에 주의해야 한다. 댐퍼 사용 시 필요한 향을 체크할 수 있는 점과 불필요한 향을 배제할 수 있다는 장점이 있지만, 단점으로는 열량손실과 향 발산의 정점 시점을 놓칠 수도 있다는 점에 주의해야 한다.

옐로 시점에서 정점을 지난 이후는 댐퍼를 열어 불필요한 향이 배지 않게 해야 하는데 온도의 상승폭을 따라 댐퍼의 여는 정도를 체크해야 한다. 즉 댐퍼 개방은 열량 손실을 가져

올 수 있으므로 흡열반응에 영향을 주게 된다. 따라서 로스터는 화력을 더 공급하거나 댐퍼의 개방 정도를 드럼 내 압력과 온도상승 여부에 따른 로스팅 시간대를 체크해서 로스팅 프로파일을 만들어야 한다.

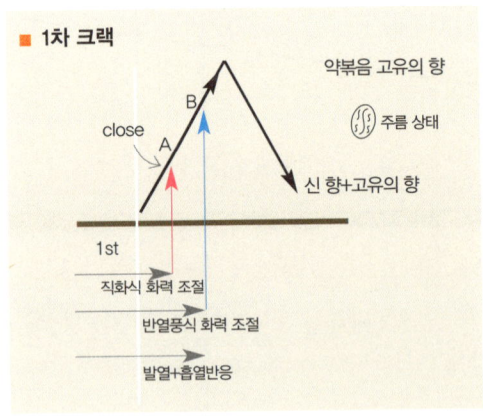

1차 크랙점에 도달하면 흡열에 의한 발열반응의 시작이므로 로스터는 빈의 주름 상태와 향의 변화를 체크하면서 화력 조절 시점을 찾아야 한다. 직화식 로스터기는 1차 크랙 시작 후 댐퍼를 미리 닫는 것이 신 향 표현에 유리하다. 열량 또한 미리 A 시점에서 화력을 조절하여 빈의 내부까지 충분히 로스팅될 수 있도록 뜸을 들이는 준비를 해야 한다.

반열풍식 로스터기는 내부부터 익어가므로 B시점에서 화력을 조절함으로써 내외부의 로스팅되는 시점을 균일하게 만들 수 있다. 댐퍼 또한 직화식, 반열풍식 로스터기 모두 동일하게 미리 닫아 주어야 신 향과 그린빈 고유의 향을 표현할 수 있다.

조밀도가 약하므로 주름 상태가 그리 깊지 않고 잘펴지며 다양한 향이 발산되는 약볶음 시점에서는 댐퍼를 활용하여 미리 향을 잡아 주고 화력은 주름의 상태와 향의 변화 시점을 보고 조절해야 한다.

항상 강조하지만 화력 조절 시 절대 온도가 떨어지거나 너무 머물러 있어도 흡열에 영향을 미치므로 주의해야 한다. 왜냐하면 1차 크랙 시점은 흡열에 의한 발열의 시점이지만 또 다른 2차 크랙 시 발열을 하기 위한 흡열의 시점이기 때문이다. 따라서 이때의 화력 조절 시점이 빈 내외부의 균일한 로스팅을 위한 뜸의 시작점이다.

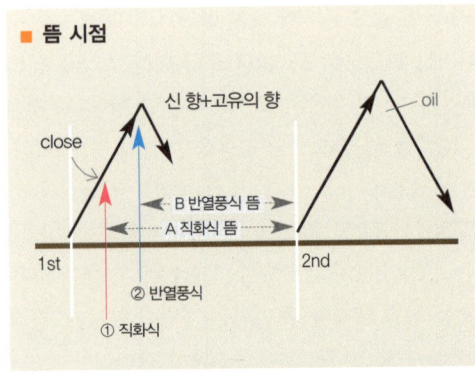

뜸을 주는 이유는 빈의 내부까지 고르게 볶고자 하기 위함으로 직화식인 경우 외부부터 로스팅이 시작되기 때문에 뜸을 다소 길게 주는 것이 좋다. ① 시점에서 화력 조절을 해서 A시점에 뜸을 들이면 전체적으로 안정된 로스팅 프로파일을 만들 수 있다. 이때 댐퍼는 미리 닫아 직화식 특유의 드럼 내 열량 부족 현상을 보완할 수 있다. 1차 크랙 시점은 예멘 마타리 고유의 향을 표현하는 약볶음 포인트이므로 주름의 펴짐과 향의 변화를 체크해야 한다.

반열풍식 로스터기는 내외부가 균일하게 로스팅되기 때문에 ②에서 화력을 조절하면서 B시점에서 뜸을 들이고 댐퍼는 미리 닫아 준다.

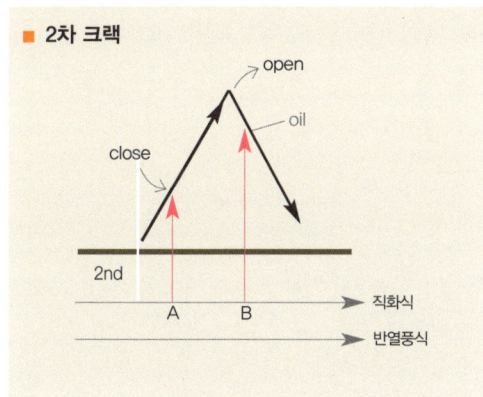

2차 크랙 시작 시점은 중볶음 포인트이므로 직화식 로스터기는 대체적으로 화력을 다시 보완해 줘야 하는 경우가 많은데 조밀도가 약한 빈(Yemen Mattari)은 2차 크랙 시점에서 향 변화와 온도의 상승폭, 로스팅 시간 등을 참고로 A 화력 조절 여부를 체크해야 하는데 조밀도가 약한 빈인 경우 기존 화력을 그대로 유지하는 것이 좋다. 댐퍼 또한 1/2 이상 닫은 상태로 2차 크랙 이후 중볶음 상태의 향을 체크해야 한다.

반열풍식 로스터기는 2차 크랙 이후 화력 조절을 하지 않아도 드럼 내 온도 유지가 직화식보다 안정적이기 때문에 온도 상승폭과 로스팅 시간을 유지하며 중볶음의 베스트 포인트를 찾아야 한다. 댐퍼 또한 1/2 이상 닫는다.

오일이 발생하는 강볶음 시점에서 댐퍼를 미리 열어 텁텁한 향이 빈에 배지 않도록 주의해야 하며 직화식 로스터기인 경우 댐퍼를 여는 시점에서 열량이 감소할 수 있기 때문에 B시점에서 다소 약간의 화력 조절을 해줘야 하는데 주의해야 할 점은 오일이 타지 않도록 균일한 화력을 주어야 한다. 오일이 발생하는 강볶음에서 특유의 스파이시한 향과 송진향, 약품향, 연필향, 블랙베리향, 후추향 같은 스파이시 계열의 향을 표출하지만 오일이 타게 되면 쓴맛과 탄 맛이 증가하게 되므로 화력 조절 시 주의한다.

반열풍식 로스터기인 경우 댐퍼를 미리 열어 오일이 발생하는 시점에 텁텁한 향이 배지 않도록 하며 화력 또한 보강하지 않아도 드럼 내 열량이 안정적으로 유지된다.

칼리타
핸드드립 평가

Yemen Mattari

❶ 뜸

예멘 마타리Yemen Mattari 약볶음 커피는 뜸의 온도를 90℃ 이상 높게 해야 수분이 많고 조직이 단단한 입자들의 성분을 뽑아 내기가 수월하다.

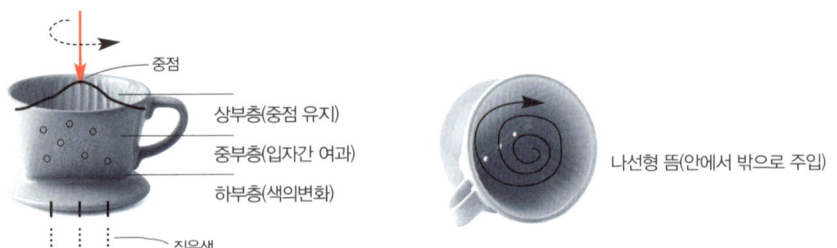

뜸의 중점을 너무 높지 않게 끌어내리듯 유지해야 하며 나선형 주입 시 상부층에서는 뜸의 중점을 유지하면서 중부층의 입자 간 간격이 너무 많이 팽창이 되지 않도록 주입양을 적절히 안배해야 한다. 1차 추출 시 추출 여과력이 극대화될 수 있으므로 주입양과 물줄기, 입자 굵기를 고려해서 주입 속도를 조율해야 안정적인 뜸을 들일 수 있다. 그 결과 떨어지는 추출액의 색이 짙을수록 완벽한 뜸에 가깝다. 만일 수로현상이 발생할 경우 본(1차) 추출에서 추출 여과력이 떨어지게 되므로 신중을 기해야 한다.

❷ 1차 추출

1차 추출 시 추출 중점을 유지하며 나선형(안에서 밖으로, 밖에서 안으로 추출 방법) 추

출 주입 방법으로 주입을 해야 3개의 추출구가 균일하게 추출이 될 수 있다.

이때 추출 중점이 약볶음된 커피에서는 높아질 수 있는데 이 경우 입자 간 간격이 너무 팽창이 되어 1차 추출의 진액인 신맛과 단맛, 점성이 떨어지게 된다.

추출구가 3개인 칼리타kalita 기구의 나선형 추출 방법은 물질이동의 원리(진한 곳에서 연한 곳으로 이동의 원리)와 입자 간 주입되는 물이 입자를 스쳐 지나가는 세정washing작용을 활용하는 것으로 1차 추출부터 부드러운 신맛과 단맛을 추출하게 된다.

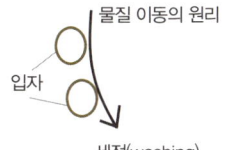

❸ 2차 추출

1차 추출에서 신맛과 단맛을 추출했다면 2차 추출에서는 신맛은 감소되지만 부드러운 단맛의 성분을 추출해 내야 한다. 역시 상부층의 중점을 유지하며 중부층에서는 물질 이동의 원리를 이용한 세정작용으로 하부층의 추출액 색이 너무 흐리지 않도록 추출하는 주입 속도를 너무 빠르지 않게 해야 한다.

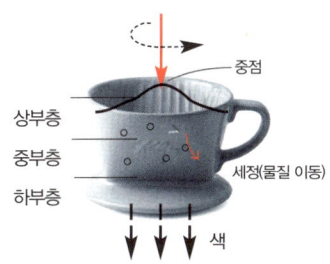

❹ 3차, 4차 추출

전체적인 균형감을 이루도록 무엇보다도 추출시간 안배와 주입속도, 주입양을 균일하게 맞추어야 한다. 너무 과하지도 너무 부족하지도 않게 추출해야 추출 여과력을 극대화시킬 수 있다. 추출액의 색이 흐려지기 시작하면 추출을 마무리한다.

❺ 평가 결과

- 아로마aroma : 초콜릿향chocolate, 바나나향banana, 생강향ginger, 후추향pepper, 자몽향grapefruit
- 테이스트taste : 와인맛winey
- 애프터테이스트aftertaste : 내추럴 처리된 드라이한 여운
- 신맛acidity : 신맛의 강도가 있는 맛. 칼리타kalita 추출로 다소 부드럽다.
- 바디body : 두툼한thick
- 촉감mouthfeel : 비단 같은silky, 벨벳처럼 부드러운velvety
- 단맛sweetness : 단맛의 정도가 깊다.
- 클리어니스clearness : 내추럴 처리된 가공과정으로 깔끔한 부분은 떨어진다.
- 밸런스balance : 신맛과 단맛의 균형과 중후함의 여운이 좋다.

❶ 뜸

칼리타kalita 드리퍼에 중볶음된 예멘Yemen 커피를 뜸을 들일 때 뜸의 온도는 85℃ 이상에서 뜸을 들여야 중점의 높이도 안정화시킬 수 있고 쓴맛이 개입되는 볶음도이므로 쓴맛의 성분을 부드럽게 표현할 수 있다.

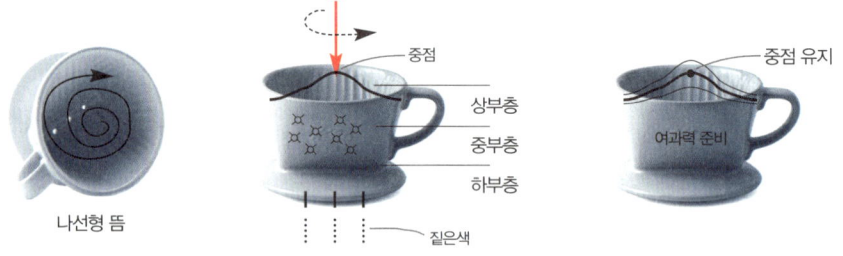

뜸의 중점을 유지하면서 상부층, 중부층, 하부층에 균일하게 뜸을 들여야 하며 너무 과하게 물을 주입하면 상부층의 중점의 상승과 중부층에서 수로현상이 발생할 수 있으므로 주입양의 안배가 중요하다.

가장 이상적인 뜸 방식은 볶음도에 따라 중점이 달라지는 현상의 변화를 중점을 유지하면서 중부층에서의 여과력을 위한 준비단계를 만들면서 하부층에서는 한방울씩 짙은 색이 떨어지게 만드는 것이다. 이 방법이 본(1차)추출의 추출 여과력을 완성할 수 있는 방법이다.

❷ 1차 추출

1차 추출이 시작될 때 주의해야 할 점은 중볶음이기 때문에 쓴맛이 개입이 되어 있는 상태

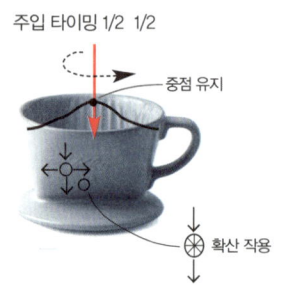

이다. 이런 쓴맛을 단맛으로 느낄 수 있게 추출하는 방법이 주입 타이밍을 양분화하는 양분법이다. 양분법은 주입양을 1/2씩 나눠 주거나 볶음도나 숙성(CO_2의 함유량) 정도에 따라 주입 타이밍을 나누는 방법이 있는데 이는 입자 간 확산 작용을 활용한다. 양분법을 활용하면 나선형으로 주입하면서 쓴맛이 개입이 되어 있는 중볶음의 커피에서 신맛의 성분을 추출할 수 있다. 양분법은 신맛의 성분이 마시고 난 여운에서 단맛의 성분으로 표현할 수 있게 만드는 방법이다. 즉 쓴맛의 성분을 낮추는 신맛 성분을 추출하므로 뒤이은 단맛을 표현하는 추출 타이밍을 활용하는 방법이다.

❸ 2차 추출

2차 추출부터는 쓴맛이 더 진해지기 때문에 1차 추출에서의 진액과 균형을 맞추기 위해

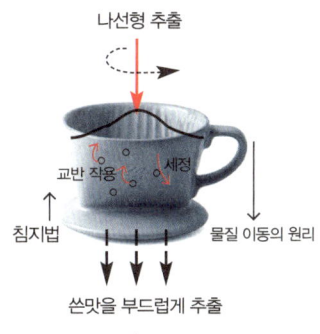

부드럽게 추출하여야 한다. 쓴맛을 완화시키기 위해서는 나선형으로 주입하면서 추출 중점을 유지하고 물 주입 시 물의 양을 늘려 물질 이동의 원리와 입자 간 성분 추출인 세정 작용을 활용하게 된다. 이때 주의해야 할 점은 칼리타는 반침지법으로 물과 입자 간의 접촉이 투과식(고노kono, 하리오hario, 융, 원추형 동드리퍼)보다 많기 때문에 잡미성분이 추출될 수 있고 주입량이 조금 많다 보면 추출 중점이 높아질 수도 있으므로 주의해야 한다. 물과 입자 간 접촉이 많게 되면 교반 작용도 발생할 수 있다.

❹ 3차, 4차 추출

더욱더 쓴맛이 강하게 추출되는 시점으로 이 쓴맛의 성분이 1차 추출에서의 진액 성분과 조화를 이루면서 2차 추출 성분을 부드럽게 조절해 준다. 즉 농도를 조율하는 시점이다.

쓴맛을 낮추면서 다양한 향을 표현하기 위해 중볶음 포인트를 너무 강하게 하지 말아야 한다. 쓴맛을 낮추기 위한 추출 방법으로 나선형 추출 주입 시 추출 중점을 유지하면서 주입 타이밍을 물질 이동의 원리를 이용한 입자 간 세정작용을 활용하는 방법이다.

즉, 3차, 4차 추출은 1차, 2차 추출과 밸런스를 유지하여 성분추출을 마무리하는 시점이다.

❺ 평가 결과

- 아로마aroma : 캐러멜 같은 향caramelly, 후추향pepper, 정향clove, 농익은 자몽향grapefruity, 다크 초콜릿 dark chocolate
- 테이스트taste : 부드러운 쓴맛 속의 와인맛과 드라이한 거친 맛winey and dry harsy
- 애프터테이스트aftertaste : 드라이한 여운이 길다.
- 신맛acidity : 신맛의 정도가 감소된다.
- 바디body : 다소 무거운 느낌
- 촉감mouthfeel : 촉감이 오일리oily하다.
- 단맛sweetness : 단맛이 깊어졌다.
- 클리어니스clearness : 깔끔한 부분은 더 감소하고 상당히 떨어진다.
- 밸런스balance : 전체적인 균형감이 무거우면서 조화롭다.

❶ 뜸

강볶음한 커피는 뜸의 중점이 다소 낮기 때문에 중점을 끌어올려 주어야 본(1차) 추출 때 추출 여과력을 최대화시킬 수 있다.

뜸에서 중점이 낮은 강볶음 예멘 커피를 나선형으로 뜸을 들일 때 너무 과하지 않게 뜸을 들여야 안정된 중점의 높이를 유지할 수 있다. 너무 과한 주입양으로 뜸을 들이면 입자 사이 간격이 팽창해서 지탱력이 약해져 중점의 높이가 더 낮아지며 입자와 입자 사이의 간격이 너무 좁아지는 현상이 발생한다. 그렇게 되면 추출 과정상 추출 활성화가 되지 않아 과다 추출이 발생할 수 있어 강볶음 예멘 커피 특유의 향미보다 쓰고 짠맛이 표현된다.

물 온도는 83℃ 이하로 하여야 조직이 약한 입자들의 쓴맛 성분을 부드럽게 할 수 있다. 그러나 낮은 온도로 뜸을 들이기 때문에 추출 과정상 추출 활성화가 더딜 수 있고 성분 또한 덜 추출될 수도 있지만 보다 안정적이며 부드러운 쓴맛을 표현할 수는 있다. 이런 장단점이 있는 낮은 온도의 뜸의 방식으로 추출 활성화를 완성하기 위해서는 주입 타이밍을 신속하게 하여 물의 양을 분배해야 중점 유지를 원활히 할 수 있고 추출 활성화를 완성할 수 있다.

❷ 1차 추출

나선형 추출 시 상부층의 추출 중점을 유지하기 위해 많은 양을 주입하게 되면 입자 간 지탱력이 약해져 추출 중점을 유지하기가 쉽지 않다. 따라서 가는 물줄기로 나선형 추출(안에서 밖으로, 밖에서 안으로)법으로 추출 중점이 너무 높지 않게 안정적으로 끌어 올려야 한다.

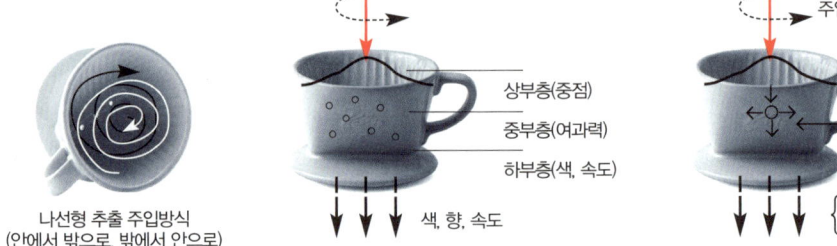

중부층에서 추출 여과력을 유지하기 위한 방법이 양분법인데 쓴맛이 많은 강볶음 커피를 쓴맛의 성분을 낮추면서 부족한 신맛을 조금이라도 추출해 낼 수 있어야 부족한 단맛을 표현할 수 있지만 칼리타 기구상 확산 작용을 원추형 기구처럼 사용할 수 없으므로 양분법을 활용하면 쓴맛의 성분을 다소 낮출수도 있고 추출 중점 또한 유지할 수 있다.

이런 확산 작용을 활용하면 하부층의 추출액의 색이 짙어지며 향의 표현 또한 다양하게 된다.

물질이동의 원리
세정 작용

❸ 2차 추출

2차 추출부터는 쓴맛의 성분을 줄이기가 쉽지 않기 때문에 부드럽게 쓴맛의 성분을 추출하는 것이 필요하다. 추출방식이 나선형 추출 주입방식으로 주입 타이밍을 물질이동의 원리를 이용해서 입자와 입자간 세정 작용을 활용하면 부드럽게 쓴맛을 조율할 수 있다. 다시 말해 1차 추출의 신맛과 단맛이 2차 추출의 부드러운 쓴맛과 조화를 이루게 만드는 추출 기술이다.

나선형 추출
중점 유지

물질이동의 원리
세정 작용

❹ 3차, 4차 추출

상부층 추출 중점 유지와 나선형 추출방식의 주입양 조절과 중부층에서 추출력을 증가시키는 여과력을 입자 사이에서 추출해야 한다. 강한 쓴맛, 약간 진한 맛, 탁한 맛이 추출되는 시점이기 때문에 중부층에서 세정 작용을 활용할 수 있도록 주입하는 물의 추출 타이밍을 물질이동의 원리를 이용해서 부드럽게 쓴맛의 성분을 추출하면 전체 추출 성분을 균형감 있게 표현할 수 있다.

❺ 평가 결과
- 아로마aroma : 다크초콜릿, 스파이시한 향, 연필향, 약품향, 송진향, 매운 후추향
- 테이스트taste : 거친 초콜릿맛 같은 쓴맛
- 애프터테이스트aftertaste : 여운이 아주 길다.
- 신맛acidity : 신맛은 상당히 감소했다.
- 바디body : 풍부한 무게감
- 촉감mouthfeel : 촉감이 크림 같다. 약간 거친 드라이한 정도
- 단맛sweetness : 초콜릿 같은, 카카오 같은 느낌
- 클리어니스clearness : 깔끔하지 않다.
- 밸런스balance : 균형감은 다소 떨어지나 무게감이나 여운이 아주 매력적으로 느껴진다.

Yemen Mattari

고노 핸드드립 평가

약볶음

❶ 뜸

약볶음한 예멘 마타리Yemen Mattari 커피는 90℃ 이상에서 뜸을 들여야 조직이 단단한 입자들의 성분을 투과하여 성분들을 뜸을 들이기가 쉽게 된다.

주입 시 뜸의 중점이 너무 높지 않게 하는 것이 중요한데, 너무 높은 중점은 중부층의 입자들의 틈을 팽창시켜 본 추출 시 추출 여과력을 떨어뜨려 과소 추출의 원인이 된다.

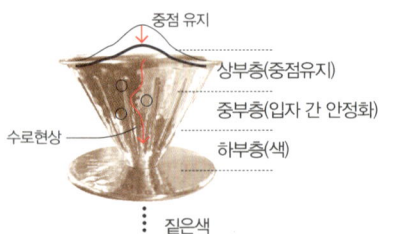

그래서 뜸을 시작할 때 중점 유지가 중요한 것이다. 주입 방법은 여러 가지 있지만 상부층의 중점 높이를 안정화시키며 고른 뜸을 위해 나선형으로 뜸을 들이는 것이 다소 안정적이며 균일한 뜸을 들이는 방법이다. 단, 나선형 방식은 중점이 다소 높아질 수도 있고 중부층 이하 수로현상이 발생할 수도 있으니 주의해야 한다.

❷ 1차 추출

1차 추출 시 물을 주입하는 방법으로 중분법(가운데에서 물을 주입하여 외곽으로 빠져나와서 원을 돌리면서 주입하는 추출법), 즉 중앙분리추출법으로 불필요한 성분이 하부층으로 추출되지 않게 하면서 중앙에 집중되어 있는 입자들의 성분들을 추출하며 입자끼리 지탱할 수 있는 여과확산 방법을 이용하면서 불필요한 미분이나 잡미 등을 추출되지 않게 상부층을 분리하면서 추출하는 방법이다.

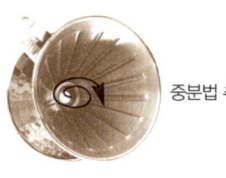

단, 물 주입 시 상하추출(주입할 때 좌우로 주입하는 것이 아니라 아래위로 주입하는 상황)을 하면 입자와 입자 사이의 성분들이 뒤섞이는 교반 작용이 발생해서 추출 여과력이 감소한다. 또한 너무 굵은 물줄기로 주입을 하면 수압의 힘으로 상부층의 추출 중점 또한 높아져서 중부층 이하 입자 간 추출 여과력이 감소한다. 그렇기 때문에 가늘고 정교한 물줄기로 입자 간 성분들을 정교하게 추출하면서 표면장력의 힘을 이용해 하부층의 장력을 활용하면 1차 추출 시 진액을 추출할 수 있다.

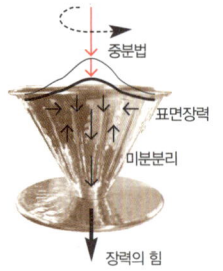

1차 추출은 약볶음 예멘 마타리 고유의 맛과 향을 추출해 내는 시점이므로 과도한 신맛의 증가로 인한 시큼soury해짐을 주의해야 하며

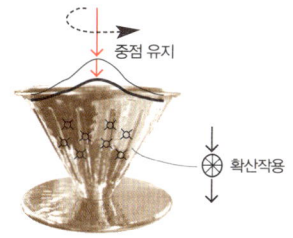

물의 주입 시 양분법을 이용 신맛의 성분이 와이니winey 하게 추출되도록 해야 한다. 추출양을 분할하는 양분화 작용(양분법)으로 입자 간 성분을 확산시키면 여과력을 증대시켜 신맛과 단맛, 점성을 추출할 수 있다.

*양분법 : 중점 유지 및 중부층에서 입자간 성분을 디테일하게 추출하고자 주입 타이밍을 양분하는 방법으로 볶음도나 숙성 정도에 따라 주입 타이밍을 (1/2, 1/2)씩, (1/3, 1/3, 1/3)씩, (1/4, 1/4, 1/4, 1/4)씩 나눠 성분을 추출해내는 주입방법이다.

❸ 2차 추출

2차 추출부터는 1차 추출과 동일한 중분법을 사용하되 신맛 성분보다는 부드러운 단맛을 추출한다. 주입 시 가운데서 외곽으로 나가는 물 주입양의 안배력이 필요하며 주입하는

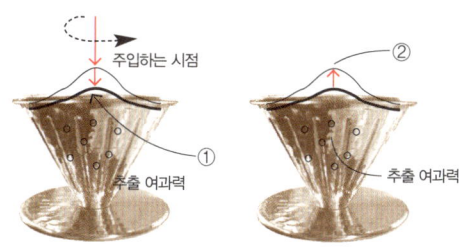

어느 시점에서 물을 주입할 것인지 또는 어느 시점까지 물을 주입해야 하는지에 대한 적절한 추출 타이밍을 맞추어야 한다. ① 입자들이 오므라드는 시점과 중점의 높이가 낮아지기 시작하는 시점에서 미리 주입하는 방법과 주입을 마무리하는 시점 또한 ② 중점의 높이가 너무 높지 않게 주입을 미리 멈춰 주는 방법을 통해 추출 여과력을 증대시킬 수 있다.

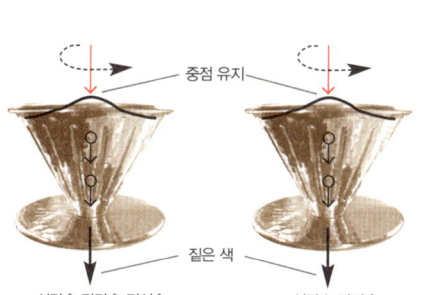

다시 말해 1차 추출에서 신맛과 단맛, 점성이 추출되었다면 2차 추출부터는 신맛은 감소했지만 부드러운 단맛을 추출할 수 있다. 즉, 상부층의 추출 중점을 (약볶음이므로 중점이 높다) 끌어내리면서 추출 타이밍을 양분화해서 중부층의 입자 간 성분을 추출하는 확산 작용을 활용하면 하부층의 장력의 힘이 탁월한 원추형 드리퍼의 장점을 살려 짙은 성분인 단맛을 추출할 수 있다.

❹ 3차, 4차 추출

3차, 4차 추출은 맛과 향의 조화를 위한 추출 단계이다. 추출 중점의 높이를 유지하고 추출 밸런스를 맞추기 위한 방법으로 1차, 2차의 성분을 다소 완화시키면서 전체적인 조화를 위해 물질이동의 원리를 이용한 추출 주입 타이밍을 적용하여 입자 간 세정 작용을

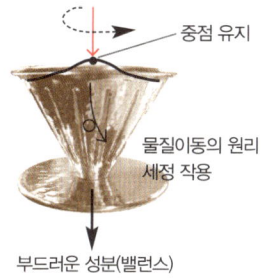

통해 부드러운 추출 밸런스를 표현할 수 있게 된다.

단, 마무리 시점에서 불필요한 성분인 잡미(떫은맛, 텁텁한 맛, 날카로운 맛, 시큼한 맛, 쏘는 맛) 등이 추출되지 않도록 추출 시간의 안배가 무엇보다 중요하다.

❺ 평가 결과
- 아로마aroma : 초콜릿향, 바나나향, 생강향, 후추향, 자몽향, 망고향, 메이플 시럽향
- 테이스트taste : 와인맛, 깊은 농후한 맛
- 애프터테이스트aftertaste : 내추럴 처리된 드라이한 여운, 은근히 긴 여운
- 신맛acidity : 신맛의 강도가 칼리타에 비해 더 강렬한 느낌
- 바디body : 파워가 있는 중후함
- 촉감mouthfeel : 벨벳처럼 실키한 촉감
- 단맛sweetness : 깊이가 있는 드라이한 단맛
- 클리어니스clearness : 내추럴 처리된 가공법으로 깔끔성은 떨어지는 드라이한 단맛
- 밸런스balance : 전체적인 균형감이 좋고 단맛과 신맛의 조화가 인상적이다.

❶ 뜸
예멘 마타리 중볶음한 커피를 고노kono 기구로 뜸을 시작할 때의 온도는 85℃ 이상으로 뜸을 들이는 것이 약간의 쓴맛의 개입을 다소 완화시킬 수 있는 방법이다. 뜸의 주입은 나선형으로 들이며 뜸의 중점의 높이가 약볶음이나 강볶음에 비해 다소 안정적인 높이이므로 숙성기의 중점의 높이를 유지하며 입자와 입자 사이의 충분한 뜸을 들이면서 뜸의 중점을 유지시키는 것이 안정화된 뜸의 방식이다. 여기서 상부층의 뜸의 중점유지와 중부층의 균일한 주입에 의한 팽창 상황, 하부층의 짙은 색의 한 방울씩 떨어지는 방식이 가장 이상적인 뜸의 방식이다.

❷ 1차 추출
추출방식은 중분법으로 추출하며 물의 주입양과 속도를 조율해야 한다. 원추형 드리퍼의 특징인 투과식이므로 물의 주입 안배가 무엇보다 중요하며, 중점의 높이를 안정화시키면서 1차 추출의 신맛을 조율해 주어야 한다. 중볶음 예멘 커피는 쓴맛의 개입이 되어 있는 볶음도이기 때문에 쓴맛을 낮출 수 있는 유일한 맛은 약볶음에 비해 신맛은 적지만 신맛을 추출해 주면 신맛이 쓴맛을 낮춰 주면서 마시고 난 여운에서 단맛을 느끼게 만드는 추출방법이다. 그래서 주입방법은

중분법으로 상부층의 추출 중점을 유지하면서 중부층 이하 추출 여과력을 증대시키는 방법으로 주입 타이밍을 양분화시키면 입자 간 확산 작용으로 신맛을 추출할 수 있다. 그 결과 하부층에서는 짙은 색의 신맛과 단맛 점성이 추출된다.

❸ 2차 추출

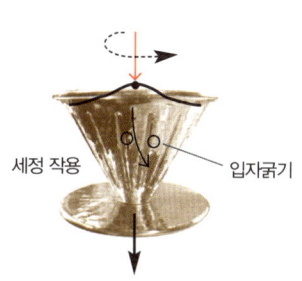

2차 추출부터는 쓴맛의 성분이 더 많이 추출되는 시점으로 이 쓴맛을 다소 부드럽게 추출하기 위해서는 주입 타이밍을 물질이동의 원리를 이용해 입자 간의 성분을 부드럽게 추출하는 세정 작용을 활용하면 된다. 단, 주의해야 할 점은 중분법 추출방식으로 주입을 할 때 추출 타이밍이 물질이동의 원리로 주입양이 많아지면 추출 중점 또한 높아지기 때문에 세정 작용이 너무 과해 추출 과정상 여과력을 상실하게 된다. 즉 세정 작용을 활용하더라도 추출 여과력을 활용하는 방법인 입자의 굵기가 가는 물줄기와 회전수에 지탱할 수 있게 맞춰져 있어야 한다.

❹ 3차, 4차 추출

추출 밸런스를 맞추는, 즉 커피 추출 농도를 맞추는 시점으로 다소 부드럽게 추출하면서 쓴맛이 더 개입되는 마무리 시점을 부드러운 쓴맛과 잡미가 조화를 이루게 만드는 시점인데 되도록 잡미 성분은 추출되지 않도록 주의해야 한다. 밸런스와 쓴맛의 조율은 주입양이 다소 많아지는 물질이동의 원리인 세정 작용을 말하는 것이다. 여기서 주입양이 또한 많고 회전수가 많아지면 추출 중점 또한 높아질 수도 있으니 주의해야 한다.

❺ 평가 결과

- 아로마aroma : 캐러멜향, 후추향, 농익은 자몽향, 다크초콜릿
- 테이스트taste : 다크초콜릿 같은 쓴맛 속에 와인맛 같은 거친 맛
- 애프터테이스트aftertaste : 드라이하면서 묵직한 여운이 길다.
- 신맛acidity : 신맛이 많이 감소된 상태
- 바디body : 풍부한 무게감
- 촉감mouthfeel : 오일리하면서 거친 듯한 촉감
- 단맛sweetness : 단맛이 드라이하면서 깊다.
- 클리어니스clearness : 깔끔한 부분은 감소했다.
- 밸런스balance : 쓴맛과 약간의 신맛 속의 단맛이 균형감이 좋다.

❶ 뜸

예멘 마타리 강볶음한 커피를 뜸을 들일 때의 온도는 83℃ 이하로 하는 것이 쓴맛의 성분을 조율할 수 있는 방법이다. 그러나 뜸의 온도가 낮기 때문에 뜸의 활성화되는 부분이 부족할 수도 있고 강볶음된 예멘의 CO_2 함량이나 수분이 적은 볶음도이고 뜸의 중점 자체가 낮은 부분이 있기 때문에 뜸의 활성화되는 부분이 역시 부족할 수도 있다. 이러한 강볶음 커피를 뜸을 들이는 방법 중 나선형 주입 대신 점식(분사식)으로 주입하는 것이 중점을 끌어올리기가 더 유리하며 상부층의 중점을 서서히 끌어올리며 유지해 주어야 하고 중부층, 하부층에 고르게 주입하는 방식으로 분사식 뜸의 장점인 상·중·하부층에 고르게 안정적으로 뜸을 들이며 수로 현상이 발생되지 않도록 만드는 고급 뜸 방식이다. 이 방식의 결과는 하부층의 뜸의 색이 아주 짙게 떨어지게 된다. 즉 이러한 뜸 방식을 인위적인 뜸 방식이라 한다.

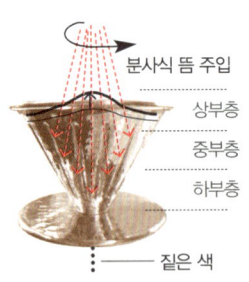

❷ 1차 추출

강볶음된 예멘 커피를 고노 드리퍼를 이용해서 1차 추출을 할 경우 쓴맛이 강하게 표현되는 볶음도이기 때문에 쓴맛의 성분을 낮추기 위해서는 추출 방법을 섬세하게 해야 한다. 추출 주입 방법은 중분법 추출 방법으로 가는 물줄기를 이용해 주입을 하는데 중분법 추출의 장점은 입자 간 여과력이 좋고 불필요한 성분을 분리할 수 있기 때문에 유리하다.

추출 방법은 중분법으로 주입을 하면서 추출 중점을 서서히 끌어올려야 한다. 강볶음의 특유의 활성화가 부족하기 때문에 주입 타이밍을 양분화하면서 추출 중점 또한 서서히 끌어올려 입자 간 성분을 다소 부드럽게 조율하면서 쓴맛을 낮출 수 있는 신맛의 성분을 추출해야 하는데 강볶음된 커피 중 신맛을 추출하기란 쉽지만은 않다.

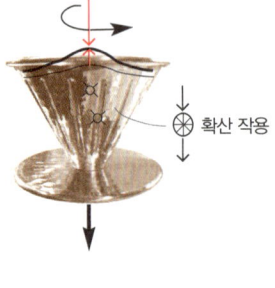

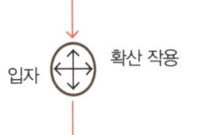

그래서 부족한 신맛과 점성이 추출될 수 있도록 양분법을(1/4씩) 나눠 주며 서서히 추출 중점을 유지해 주어야 한다. 추출된 점성은 강볶음의 특유의 쓴맛을 부드럽게 코팅하듯 매끄럽게 느끼게 만드는 역할을 한다. 즉, 쓴맛을 낮출수 있는 신맛과 점성이 추출의 핵심이다. 추출 타이밍의 양분화는 입자 간 확산 작용을 활성화시킬 수 있다.

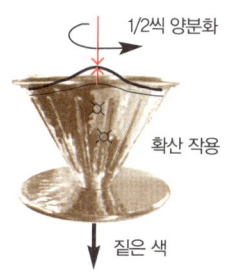

❸ 2차 추출

2차 추출부터는 쓴맛의 개입이 더 심해지는 단계이기 때문에 이 쓴맛의 성분을 조금이라도 완화시키기 위해서는 부족한 신맛과 점성을 추출해 내야 조금이라도 쓴맛을 부드럽게 추출할 수 있으므로 추출 타이밍을 양분화시키는 (1/2씩) 방법으로 1차 추출의 (1/4씩) 양분화한 결과와 2차 추출의 (1/2씩) 양분한 결과의 조화가 전체 쓴맛의 결과를 완화시킬 수 있는 방법이다. 이러한 양분화의 결과는 하부층의 짙은 점성 같은 추출액의 색으로 구분할 수 있다.

❹ 3차, 4차 추출

쓴맛이 더욱 강하게 추출되는 시점으로 다소 탁해질 수도 있는 시점이기 때문에 주입 타이밍의 밸런스가 요구되는 시점으로 추출 중점 유지 및 주입 타이밍을 부드럽게 주입하는 물질이동의 원리를 이용해 입자 간 여과력을 세정 작용이 발생하게 활용하면 쓴맛을 부드럽게 표현할 수 있다.

1, 2차에서 양분화시키는 확산 작용으로 진액을 추출했다면 3, 4차 추출에서는 물질이동의 원리를 이용해 세정 작용을 활용한 추출밸런스를 표현하는 방법을 활용한다. 단, 주의해야 할 점은 물질이동의 주입 타이밍을 추출 중점을 높게 해서 여과력이 감소할 수도 있고 약간의 교반 작용이 발생할 수도 있기 때문에 주의해야 한다.

❺ 평가 결과

- 아로마aroma : 다크초콜릿, 카카오, 스파이시한 향, 연필향, 약품향, 송진향, 매운 후추향
- 테이스트taste : 거친 초콜릿 같은 신맛속의 쓴맛 뒤의 약간의 단맛(즉, 쏘는 쓴맛 같은 단맛)
- 애프터테이스트aftertaste : 여운이 파워풀한 긴 여운이다.
- 신맛acidity : 신맛은 상당히 감소했다.
- 바디body : 풍부한 무게감
- 촉감mouthfeel : 드라이하면서도 크리미한 촉감
- 단맛sweetness : 초콜릿 같은 카카오 같은 쏘는 단맛
- 클리어니스clearness : 깔끔하지 않고 드라이한 거친 맛
- 밸런스balance : 균형감은 다소 떨어지고 여운의 깊이가 있는 매력이 있다.

에티오피아
Ethiopia

워시드washed 방식이 30% 정도이며 내추럴natural 방식이 70~80% 정도로 재배하는 지역이 많고, 건조 방식은 건조대에 매트를 깔고 천일건조하는 방식을 사용한다.

종자는 4,000종 이상 추정되며 특별히 선별한 우수종들로 구분해서 재배한다. 등급은 워시드는 G1~G5까지이고 내추럴은 G3부터가 최고의 등급이다. 수확기는 워시드가 8월에서 12월, 내추럴은 10월에서 3월이다.

조밀도   약함
종자   아라비카 오리진Arabica Origin(원종)
수확   워시드washed 처리(8~12월), 내추럴natural 처리(10~3월)
가공처리   수세식washed, 내추럴식natural
산지 향미 특징
- 이가체프Yirgacheffe: 워시드

재스민 꽃향(jasmine floral), 티 장미향(tea rose), 감귤계 껍질향(citrus peel), 꿀향(honey)
- 하라르Harrar: 내추럴

드라이한 복숭아향(dried peach), 계피향(cinnamon), 드라이한 살구향(dried apricot), 생강향(ginger), 드라이한 망고향(dried mango)
- 월레가 레켐티Wollega, Lekempti: washed

깔끔한 레몬(clear lemon), 배주스향(pear juice), 약간의 감귤(a bit of citrus), 꿀(honey)
- 시다모Sidamo: 워시드

얼그레이티(베르가못향)(earl grey tea, bergamot), 부드러운 꽃향(soft flora), 계피향(cinnamon)
- 시다모Sidamo: 내추럴

드라이한 망고향(dried mango), 복숭아향(peach), 오렌지 껍질향(orange peel), 드라이한 살구향(dried apricot)
- 짐마DJimmah: 내추럴

드라이하고 거친 단맛(dried rustic sweetness), 드라이한 망고향(dried mango), 드라이한 복숭아향(dried peach), 말린 자두향(dried plum)
- 리무Limu: 워시드

아몬드(almond), 복숭아 살구과일향(peach-apricot fruit notes), 재스민 티향(jasmine tea)

재배 방식
- 플랜테이션 방식(plantation): 국가에서 운영하는 방식
- 가든 방식(garden): 개인이 직접 울타리처럼 재배하는 전형적인 방식
- 포레스트 방식(forest): 숲속에서 야생으로 자라는 방식
- 세미 포레스트 방식(semi-forest): 숲속에서 관리를 하는 방식

에티오피아 이가체프 코케 Ethiopia Yirgacheffe Koke

○ 로스팅 그래프

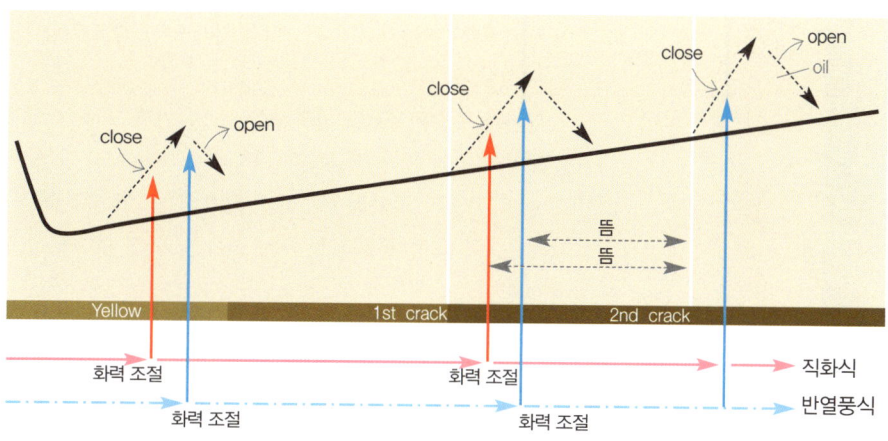

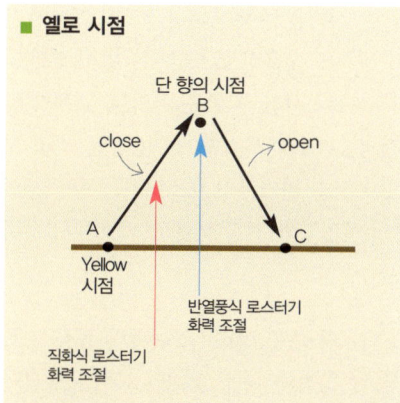

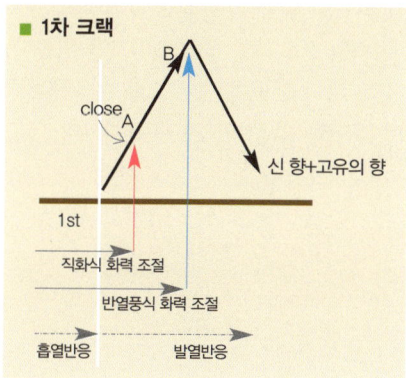

에티오피아 이가체프 코케는 조밀도가 약한 빈이므로 190℃ 이상에서 투입함으로써 안정적인 로스팅 프로파일을 만들수가 있다.

직화식 로스터기는 옐로(단 향) 시점에서 화력과 댐퍼 조작으로 드럼 내 열량을 확보하는데, 단 향이 시작되는 A에서 색의 변화와 단 향의 상승곡선을 체크하면서 댐퍼를 닫아 주고 화력을 미리 조절해 주어야 직화식 특유의 열량 부족을 해결할 수 있다. 이 시점이 조금이라도 늦어지면 전체적인 흡열과정에서 다소 부족한 결과를 초래할 수 있다. 반열풍식 로스터기는 옐로 시점의 정점인 B에서 화력 조절을 해 줌으로써 드럼 내에 열량을 확보할 수 있으며 단 향 시점 종료 전에 화력을 보강해 주어야 한다. 댐퍼는 직화식 로스터기와 마찬가지로 미리 닫는 것이 향과 열량 유지에 도움이 된다.

1차 크랙 시점에서 직화식 로스터기는 댐퍼를 미리 닫고 화력 조절 시점을 체크해야 하며 빈 외부부터 익는 로스터기의 특성상 화력 조절 이후 빈의 내부까지 고르게 로스팅될 수 있는 뜸을 들이는 시점을 찾아야 하는데 1차 크랙 소리 강도와 신 향 이후 고유의 향이 발산되는 시점, 주름의 펴짐 정도, 부피 및

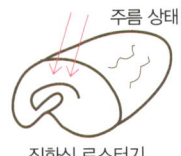

직화식 로스터기

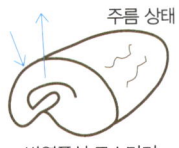

반열풍식 로스터기

컬러의 변화를 체크하면서 화력 조절 시점을 찾아야 한다. A에서 화력 조절을 하면서 내부까지 균일하게 로스팅이 될 수 있도록 뜸을 들인다.

반열풍식 로스터기는 1차 크랙 시점에서 B 사이에서 화력을 조절해 주며 댐퍼 또한 직화식 로스터기처럼 미리 닫아 줌으로써 신 향과 고유의 향을 표현할 수 있다.

직화식 로스터기보다 반열풍식 로스터기가 드럼 내 열량 확보능력이 탁월하기 때문에 화력 조절하는 시점과 댐퍼를 미리 닫는 시점의 연구가 필요하며 그 결과에 따라 테스팅이 필요하다. 이 부분의 화력 조절 및 댐퍼 활용은 1차 크랙 이후 고유 향의 표현 및 품질 평가에 중요하므로 주의하여야 한다.

■ 뜸 시점

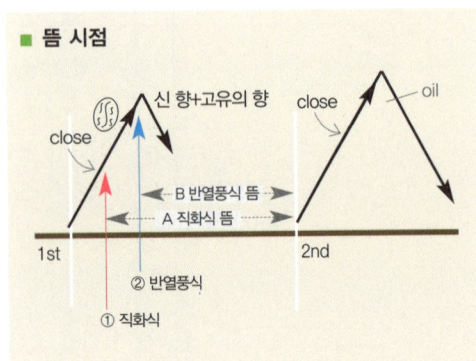

뜸을 주는 시점으로 직화식 로스터기와 반열풍식 로스터기의 뜸 시점의 차이를 설명한 그림으로 직화식 로스터기는 외부부터 로스팅되는 시스템이고, 반열풍식 로스터기는 내부부터 로스팅되는 시스템을 활용한 방법이다. 뜸을 주는 시점은 주름의 펴짐 정도를 체크하면서 화력 조절을 하는데 직화식 로스터기는 빈 내부의 익어가는 정도와 로스팅 시간, 로스팅 포인트(고유의 품질평가 시점) 시점을 체크해서 화력 조절(즉 뜸 시점) 시점을 미리 찾아야 하고 반열풍식 로스터기는 빈 외부의 익어가는 정도와 로스팅 시간, 로스팅 포인트(고유의 품질평가 시점) 시점을 체크해서 화력 조절(즉 뜸 시점) 시점을 미리 찾아야 한다.

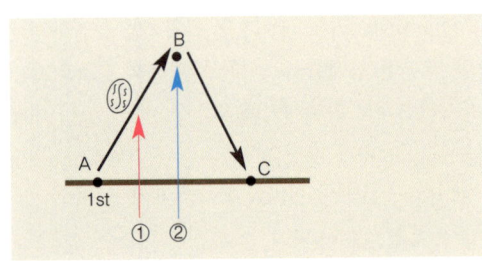

직화식 로스터기의 주름 상태(①)는 반열풍식 로스터기의 주름 상태(②)보다 다소 깊지만 화력 조절(뜸) 시점을 미리 결정하여 내외부의 균일한 뜸의 시점을 찾는 것이 전체 로스팅 프로파일 및 품질평가를 위한 볶음도를 결정 짓는 하나의 방법이다. 또한 미리 댐퍼를 닫는 것이 드럼 내 열량 및 향의 표현에 유리하다.

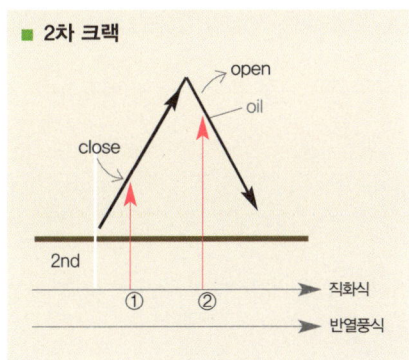

2차 크랙 시점에서 직화식 로스터기는 댐퍼를 미리 닫아서 드럼 내 열량과 향기 성분을 확보해야 하며 화력 또한 다시 보완해 주어야 하는 경우가 많은데 조밀도가 약한 빈인 에티오피아 커피는 ①번에서 화력을 보완하지 않고 댐퍼만 미리 닫아 드럼 내 열량을 보완해 주면 된다. 또한 온도의 상승폭과 로스팅 시간을 참고하면서 열량을 보완해야 하는지 수시로 체크해야 한다.

반열풍 로스터기는 2차 크랙이 시작되는 시점부터는 따로 열량을 공급하지 않아도 드럼 내 열량이 충분하므로 안정적인 로스팅을 진행할 수 있는 장점이 있다. 댐퍼는 직화식 로스터기처럼 미리 닫아 주는 것이 드럼 내 열량과 향을 확보할 수 있다.

오일이 발생하는 강볶음 시점에서 댐퍼를 미리 열어 텁텁한 향이 드럼 내에 스며들지 않도록 하며 직화식 로스터기는 이 시점에서 드럼 내 열량 공급이 감소할 수도 있기 때문에 댐퍼의 개방 시점과 온도 상승곡선을 유의주시하며 로스팅을 해야 안정된 강볶음을 표현할 수 있다. 만약 열량이 다소 감소한다면 미리 머뭇거리는 드럼 내 온도를 체크해 ②시점에서 화력을 조금 보완해 주는 것이 필요하다.

반열풍식 로스터기는 오일이 발생하는 강볶음 시점에서 오일이 타는 스코치드scorched 현상이나 팁드tipped 현상이 발생하지 않도록 주의해야 한다.

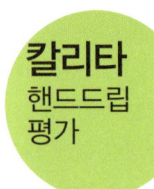

Ethiopia Yirgacheffe Koke

❶ 뜸

에티오피아 이가체프 코케 약볶음한 커피를 칼리타로 뜸을 들일 때 물 온도를 90℃ 이상으로 하여야 조직이 단단한 입자에 충분한 뜸을 들이기가 쉽다.

상부층의 중점이 나선형으로 물을 주입하다 보면 상대적으로 뜸의 중점이 높아지는 현상이 발생할 수 있기 때문에 주입하는 물의 굵기와 스윙하는 속도 또한 조절해야 뜸의 중점을 안정적으로 유지할 수 있다. 상부층의 뜸의 중점을 유지하면 중부층의 입자 간의 팽창 간격 또한 안정적이 되므로 본 추출에서 추출 여과력을 형성할 수 있는 지름길이 된다. 이런 안정적인 뜸의 결과는 하부층의 떨어지는 추출액의 색과 줄기를 보고 파악할 수 있다.

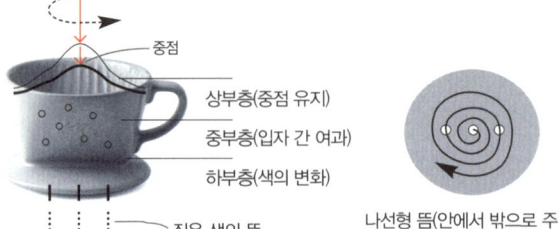

❷ 1차 추출

1차 추출할 때 약볶음된 에티오피아 커피의 추출 중점이 다소 높아질 수 있는 원인이 되는 주입방법이다. 바로 나선형으로 주입을 하다 보면 주입양이 다소 많아지기 때문에 추출 중점 또한 다소 높아질 수 있다.

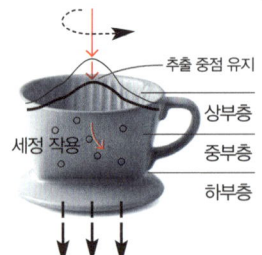
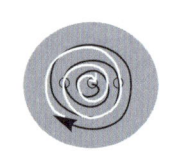

이런 현상을 조율할 수 있는 방법이 물줄기의 굵기를 가늘게 주입하는 것이다. 이렇게 하면 상부층의 추출 중점을 높지 않게 할 수 있다. 하지만 볶은 지 얼마 안 되는 경우라면 CO_2 함량이 추출 중점을 다소 높게 형성하고 주입되는 추출물을 원활히 주입되지 못하게 방해하기 때문에 오히려 추출 중점을 높게 형성시키기도 한다. 이런 현상을 줄이기 위해서는 숙성이라는 시점을 찾아서 추출을 원할히 할 수 있도록 만들어야 한다. 또한 입자의 굵기를 다소 굵게 하고 추출되는 시점을 다소 빠르게 해서 추출 중점을 낮출 수도 있는데, 입자 간 여과력이 중부층 이하에서 너무 약해지는 단점이 있어 주의해야 한다.

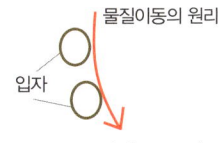

상부층에서 추출 중점 유지 및 중부층에서 세정 작용을 활용하는 주입타이밍을 물질이동의 원리를 사용한다면 부드러운 신맛과 단맛을 추출할 수 있게 된다. 나선형 주입과 물질이동의 원리를 이용한 주입 타이밍이 추출 중점의 유지에 걸림돌이 되기 때문에 물줄기의 굵기를 최대한 가늘게 유지하는 것이 안정적이다.

또한 하부층에서 3개의 추출구가 동일하게 추출되어야 안정적이다.

❸ 2차 추출

1차 추출에서 나선형 주입법으로 물질이동의 원리를 이용한 추출방식을 활용하여 부드러운 신맛과 단맛을 추출했다면 2차 추출에서는 입자 간 세정 작용을 활용하는 주입방법으로 성분을 부드럽게 추출해야 한다. 주의해야 할 점은 나선형 주입으로 물질이동의 원리를 통한 세정 작용은 추출 중점이 너무 높아질 수도 있으므로 물줄기의 굵기와 입자의 굵기 정도를 고려해 주입해야 한다.

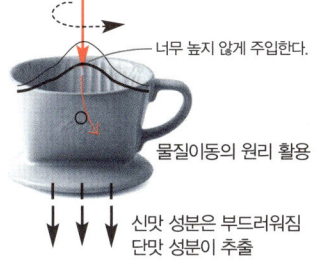

> 칼리타 기구로 나선형 주입을 하다 보면 신맛, 단맛, 쓴맛의 성분이 추출되지만 자칫 추출 오버가 되면 짠맛의 성분 또한 추출되며 나선형 추출 과정상 고노 기구처럼 원추형 드리퍼의 탁월한 장력의 힘이 부족해서 점성의 추출은 다소 부족하게 된다. 그 결과 1차 추출에서 신맛과 단맛 속의 점성의 추출이 많이 감소된 듯한 촉감을 느끼게 된다. 또한 물과의 접촉이 많은 기구이므로 잡미 성분도 추출될 수 있으니 주의해야 한다.

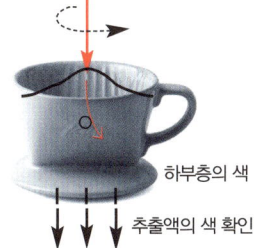

❹ 3차, 4차 추출

추출의 마무리 시점과 전체적인 균형감을 표현하는 시점으로 추출 오버가 되지 않도록 주의해서 불필요한 잡미 성분(떫은맛, 시큼한 맛, 날카로운 맛, 텁텁한 맛, 아린 맛) 등이 추출이 되지 않도록 해야 한다. 하부층 추출액의 색이 흐려지기 시작하면 추출을 마무리하도록 한다.

❺ 평가 결과

- 아로마aroma : 홍차의 장미향tea-rose, 재스민꽃향jasmine floral, 시나몬향cinnamon, 허브향dill, 캐러멜caramel, 오렌지 껍질orange peel
- 테이스트taste : 상큼한 와인맛bright winey
- 애프터테이스트aftertaste : 상큼하고 깔끔한 여운
- 신맛acidity : 다소 부드러운 칼리타 추출의 신맛
- 바디body : 둥글둥글한 바디rounded body

- 촉감mouthfeel : 실키한(silky)
- 단맛sweetness : 신맛 속의 단맛, 부드럽다.
- 클리어니스clearness : 워시드washed 처리되어 깔끔한 맛이다.
- 밸런스balance : 전체적인 바디body의 균형과 신맛의 부드러운 균형감이 있다.

❶ 뜸

85℃ 이상에서 뜸을 들이는 것이 중점유지 및 쓴맛의 성분이 개입이 되어 있는 중볶음 에티오피아 코케 커피를 부드럽게 표현할 수 있다.

다른 볶음도에 비해 뜸의 중점 유지가 원활한 포인트이므로 나선형으로 주입을 하면서 너무 굵은 물줄기만 아니면 중점 유지하기가 수월하다.

너무 굵은 물줄기로 한 번에 뜸을 들이면(내추럴 뜸) 물줄기의 부력에 의해 뜸의 중점이 상대적으로 높아지게 되고 그 결과 본 추출에서 입자 사이의 과다한 팽창으로 인해 추출 여과력이 상실된다. 중점의 높이에 따른 추출 여과력은 성분과 향을 추출하는 데 중요한 핵심 요인이므로 물 주입 시 굵기와 입자의 분포도, 주입하는 주입양을 고려하여야 좋은 성분과 향을 추출(여과)할 수 있다.

❷ 1차 추출

나선형으로 주입하면서 추출 중점을 유지해야 쓴맛이 개입이 되어 있는 중볶음 커피에서 신맛의 성분을 추출할 수 있게 된다. 추출 중점의 유지는 중부층 이하 입자 사이의 추출 여과력을 증대시킬 수 있기 때문에 그 상태에서 추출 타이밍을 양분화시키는 방법을 활용한다면 입자와 입자 사이의 추출 여과력을 최대화시킬 수 있어 신맛과 단맛의 성분을 추출하는 데 유리해진다. 그 결과 중볶음의 쓴맛을 다소 낮출 수 있다.

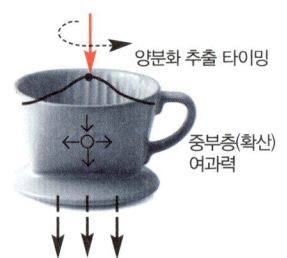
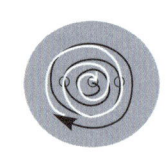

칼리타 기구에서 나선형 추출(안에서 밖으로, 밖에서 안으로) 방법을 사용하면서 추출 타이밍을 양분화하는 것과 추출 중점을 유지하는 것이 상당히 어려운 방법인데 이 방법의 해결책은 정교한 물줄기와 입자 간 분포도이다.

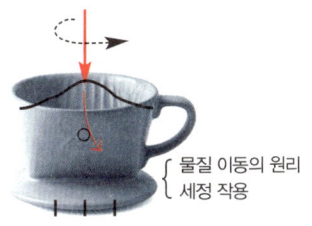

❸ 2차 추출

2차 추출부터는 쓴맛 성분의 개입이 심해지는 단계이기 때문에 1차 추출에서 신맛과 단맛을 진하게 추출했다면, 2차 추출부터는 쓴맛 성분을 다소 부드럽게 풀어 주는 느낌으로 추출하면 1차와 2차 추출 성분의 조화를 이룰 수 있다.

주의해야 할 점은 물줄기의 굵기에 대한 컨트롤로 굵기의 정도가 너무 굵지 않게 해야 하며 중부층 이하 입자 간의 성분들의 팽창 정도를 고려해 물질이동의 원리를 활용한 세정 작용을 사용하면 된다. 단, 중점의 높이를 유의주시하면서 하부층 추출액의 색과 속도, 추출구의 균일한 상태를 체크하면서 주입하되 주입양이 다소 많아질 경우 칼리타 기구는 자연교반 작용이 발생할 수 있어 물줄기의 굵기와 주입양, 추출 주입 속도의 안배가 필요하다.

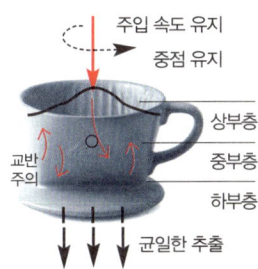

❹ 3차, 4차 추출

추출 과정상 마무리 시점이며 추출 균형을 유지하는 시점으로 상부층의 중점 유지와 중부층의 입자 간 세정 작용을 활용하여 추출 균형을 유지하며 농도를 조절한다. 주의해야 할 점은 칼리타 기구는 반침지법임을 명심하여 주입양과 하부층의 추출되는 시간차를 맞추어 주입해야 하며 주입하는 물줄기의 굵기, 입자 간 세정 속도, 하부층 3개 추출구의 균일 추출 속도를 계산해서 추출하지 못하면 중부층에서 교반 작용이 발생할 수 있다.

❺ 평가 결과
- 아로마aroma : 캐러멜 같은 꽃향과 쓴 향caramelly floral-bitter, 초콜릿향chocolate, 약간의 시나몬향cinnamon
- 테이스트taste : 쓴맛 속의 약간의 신맛의 균형적인 맛
- 신맛acidity : 신맛이 감소되어 쓴맛이 점점 증가한다.
- 바디body : 미디엄medieum(중간 정도의 느낌)
- 촉감mouthfeel : 약간의 오일 느낌
- 단맛sweetness : 단맛과 신맛이 감소하면서 쓴맛이 점점 증가한다. 칼리타 추출로 다소 부드러운 느낌의 쓴맛
- 클리어니스clearness : 중볶음에서 느껴지는 쓴맛과 캐러멜 같은 향 속에서 느껴지는 깔끔함은 워시드 처리된 이가체프 코케의 쓴 듯하면서 약간 탁한 듯한 깔끔성이다.
- 밸런스balance : 신맛과 쓴맛 무게감의 균형이 좋다.

❶ 뜸

강볶음된 이가체프 코케는 83℃ 이하로 뜸을 들이는 것이 보다 안정적인 뜸을 완성하는 방법이다. 조직이 열에 의해 많이 노출(손상)되어 있는 상태이기 때문에 쓴맛의 성분과 짠맛의 성분이 의외로 많이 표현되는 커피이다. 낮은 온도로 세포조직의 성분들을 서서히 팽창되게 뜸을 들이면서 뜸의 중점을 유지해야 한다.

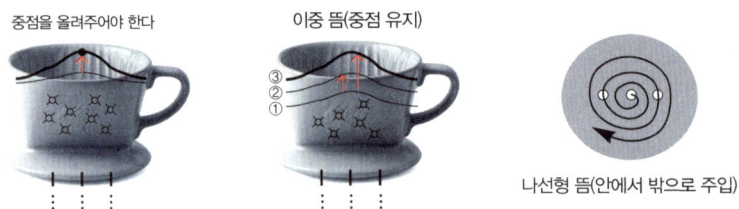

뜸의 중점을 서서히 올리는 방법으로 이중 뜸 방식이 있는데 처음 시작할 때 ①번 시점에서 서서히 ②번으로 끌어올리는 방법을 사용하는데, 조직이 약해서 조금만 굵은 물줄기나 높은 수압의 힘이 가해진다면 입자 상태의 지탱할 수 있는 능력을 상실하기 때문에 조금씩 나눠 주듯이 뜸을 들이는 방식이다. ②번에서 ③번 정도로 서서히 나선형으로 뜸을 주다 보면 입자와 수분의 층이 탄탄하게 되어 뜸의 중점 유지와 입자 간 지탱력이 생기게 되는 방법이 이중 뜸 방식이다.

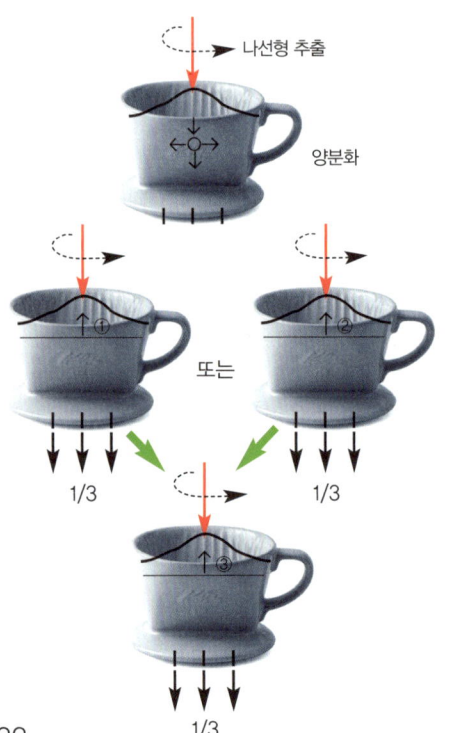

❷ 1차 추출

강볶음 커피는 중점을 유지하면서 추출을 해야 하는데 문제는 쓴맛의 성분이 많은 볶음도이므로 이 쓴맛의 성분을 얼마나 절제할 수 있느냐가 관건이다.

우선 쓴맛을 낮춰 주기 위한 추출온도와 추출법이 필요하다. 추출온도는 이미 뜸을 시작할 때 설정이 된 상태이고 나선형 추출법을 사용하되 추출 타이밍을 양분화하면서 쓴맛의 성분을 낮추고 부족한 신맛과 단맛을 추출해야 쓴맛을 다소 낮출수가 있다. 그러나 칼리타 기구의 특성상 그리 많은 신맛을 추출할 수 있는 것도 아니고 볶음도가 강하므로 적게 포함된 신맛을 추출하기가 그리 쉬운 일은 아니다. 추출 타이밍의 조율도 상당히 어려운 기구이다. 따라서 주입 시 양분화(1/3, 1/3, 1/3 or 1/4, 1/4, 1/4, 1/4)하되 추출 중점을 고려하여 나선형으로 가는 물줄기로 주입을 해야 양분화가 가능하게 된다. ①, ②, ③번으로 추출 중점을 끌어올리면서 추출 주입법과 양분화 타이밍을 유지해야 부족한 신맛의 성분을 추출 할 수가 있다.

❸ 2차 추출

쓴맛의 성분이 더욱 많이 표현되는 추출 시점이기 때문에 다소 부드럽게 추출하여야 1차 추출의 짙은 성분(부족한 신맛)과 조화를 이룰 수 있다. 1차 추출의 진액과 2차 추출의 추출 밸런스를 조화시키기 위해 물질 이동의 원리를 이용해서 주입을 한다면 쓴맛의 성분을 다소 부드럽게 표현할 수 있다. 주의해야 할 점은 물질이동의 원리는 자칫 교반 작용을 수반할 수 있고 추출 중점 또한 다소 높아질 수도 있다.

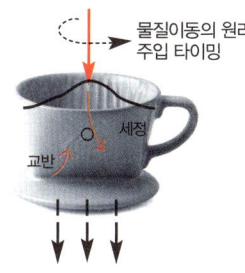
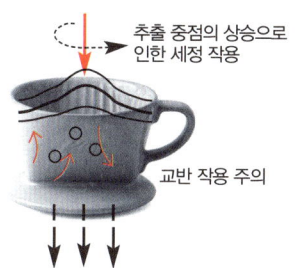

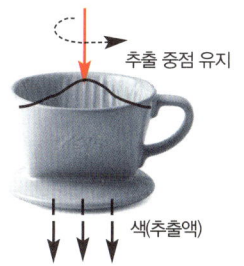

❹ 3차, 4차 추출

주의해야 할 점이 아주 많은 시점으로 추출 시간이 길어질수록 강볶음의 매력이 점점 감소하기 때문에 하부층의 추출액 색과 상부층의 추출 중점 유지를 확인하면서 마무리해야 한다.

❺ 평가 결과

- 아로마aroma : 다크초콜릿향, 송진향, 연필향, 쓴 향
- 테이스트taste : 쓴맛, 쏘는 맛
- 애프터테이스트aftertaste : 입안에 오랫동안 남는 쓴맛
- 신맛acidity : 거의 느낄 수 없는 신맛
- 바디body : 다소 무거워진 느낌full body
- 촉감mouthfeel : 칼리타 기구로 추출해서 약간 오일리하다.
- 단맛sweetness : 카카오 같은 단맛, 거의 단맛은 감소됨
- 클리어니스clearness : 강볶음치고는 다소 깔끔함(워시드 처리된 가공방식이기 때문에)
- 밸런스balance : 신맛과 단맛은 감소되었지만 쓴맛의 깔끔함과 무게감의 균형은 좋다.

Ethiopia Yirgacheffe Koke

고노 핸드드립 평가

❶ 뜸

이가체프 코케 약볶음은 물의 온도를 90℃ 이상으로 맞추어야 조직이 단단한 볶음도의 분쇄입자에 충분히 뜸을 들일 수 있다.

상부층의 뜸 중점을 너무 높지 않게 나선형으로 주입해야 하고 중부층의 입자 간 뜸의 팽창이 안정적으로 이루어질 수 있게 주입양의 안배가 필요하다. 너무 많은 양의 주입은 뜸의 중점 또한 높아질 뿐만 아니라 중부층 이하 수로현상이 발생할 수 있으니 주의해야 한다. 하부층에서 짙은 색의 추출액이 방울방울 떨어질 정도의 뜸이 베스트 뜸이다.

❷ 1차 추출

1차 추출에서 중분법 추출에 의한 양분화 주입 타이밍을 사용하는 이유는 미분이동을 제한하고 입자 간 성분을 디테일하게 추출하기 위한 방법이다.

각 여과층에 미분이동이 제한되면 짠맛을 감소시킬 수 있고 텁텁하고 떫은맛도 제한시킬 수 있다. 또한 양분화시키는 주입 타이밍은 입자 간 성분을 확산시켜서 신맛과 단맛, 점성 또한 실키silky하게 추출할 수 있다. 이런 양분화는 1차 추출에서 핵심이 되는 진액의 성분을 추출하는 방법이다.

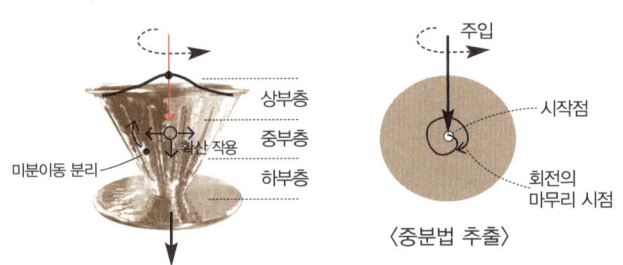

❸ 2차 추출

2차 추출에서 부드럽게 신맛과 단맛을 조율하면 1차에서 추출한 진액과 조화를 이룬 부드러운 신맛과 단맛을 추출할 수 있다. 중분법으로 주입을 하지만 주입 시 물질이동의 원리를 활용하면 훨씬 부드러운 에티오피아 커피를 표현할 수 있다. 단, 미분이동이 발생하거나 주입양이 많아지면 교반 작용 또한 발생할 수도 있다는 점을 주의해야 한다. 미분이동을 제한하면 추출을 원활히 하고 불필요한 잡미를 막을 수 있고 교반 작용을 미리 방지할 수 있다. 교반 작용은 입자가 너무 가늘거나 신선하지 않아 CO_2 함량이 너무 적다든지, 추출 주입 타이밍이 너무 빠르다든지, 물줄기의 굵기가 너무 굵거나 주입 시 상하(아래위로)로 추출하면 발생하는데, 그 결과 짠맛과 떫은맛, 텁텁하고 쓴맛이 증가하며 날카로운 신맛이 표현된다.

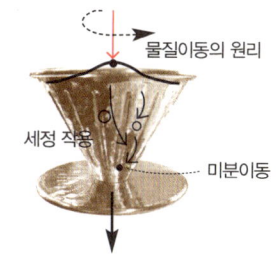

〈중분법 추출〉
물질이동원리를 이용한 주입 타이밍
(주입회전수를 늘린다)

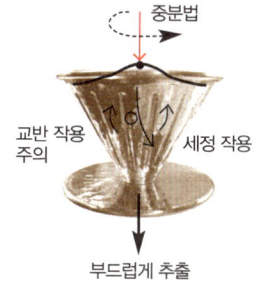

❹ 3차, 4차 추출

3차와 4차 추출시에는 농도 조율과 추출 밸런스(균형)를 맞추어 주어야 하는데 주입 시 교반 작용에 의해 잡미가 섞이지 않도록 하는 것이 가장 중요하다. 교반 작용은 미분의 이동이 심하게 발생해서 입자 간 여과력이 줄어들어 불필요한 맛을 추출되게 하므로 주입양과 추출시간의 안배가 무엇보다 중요하다. 중분법으로 주입하면서 물질이동의 원리를 이용한 추출 타이밍이 입자의 세정 작용을 활용하는 주입방법이다.

❺ 평가 결과

- 아로마aroma : 홍차의 장미향tea-rose, 재스민향jasmine, 계피향cinnamon, 허브향herb, 딜향dill, 캐러멜caramel, 오렌지껍질orange peal
- 테이스트taste : 좀 더 분명해진 와인맛
- 애프터테이스트aftertaste : 상큼하고 깔끔한 여운이 다소 긴 느낌
- 신맛acidity : 신맛의 강도가 다소 강해진 맛
- 바디body : 약볶음인데 중간 정도의 무게감medium body
- 촉감mouthfeel : 입안에 감기는 점성이 실키silky함
- 단맛sweetness : 신맛이 강하지만 단맛 또한 강하다.
- 클리어니스clearness : 워시드 처리된 깔끔함
- 밸런스balance : 신맛과 단맛, 무게감, 여운의 균형감이 좋다.

❶ 뜸

중볶음된 이가체프 코케를 뜸을 들이는 온도는 85℃ 이상으로 쓴맛이 개입이 되어 있는 볶음도를 다소 부드럽게 하며 중부층의 입자 간 팽창과 상부층의 균일한 뜸의 중점을 유지할 수 있다. 나선형으로 물줄기를 너무 굵지 않게 주입을 하면서 뜸을 들여야 하고 상부층의 표면장력을 이용하면 고르게 주입을 할 수 있어 중부층 이하 수로현상이 발생되지 않으

므로 본 추출 시 입자 간 여과력을 증대시킬 수 있다.

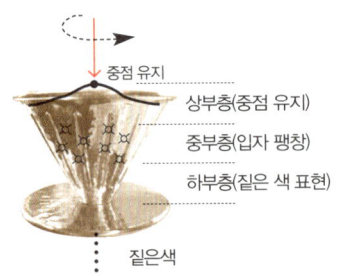

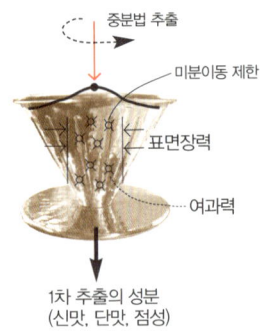

❷ 1차 추출

쓴맛이 개입이 되어 있는 중볶음 커피의 쓴맛을 다소 낮추기 위해 온도를 85℃ 이상으로 정하고 주입 타이밍을 양분화하는 확산 작용을 활용하는 주입방법을 사용하는데, 상부층에서 중분법을 사용하면 쓴맛의 성분을 다소 줄일 수 있다. 중분법의 추출 주입은 드리퍼 내의 중앙 지점에 입자들의 분포가 많이 있기 때문에 입자들끼리의 여과와 표면장력의 활용, 미분의 이동을 제한하는 추출 주입법이다.

❸ 2차 추출

2차 추출부터는 쓴맛의 성분이 더 많이 추출되는 시점이다. 이 시점에서 1차 추출에서 추출했던 신맛의 성분을 조금 더 추출할 수도 있지만 쓴맛이 같이 개입될 수 있기 때문에 주의해야 하는데 1차 추출과 2차 추출 시의 추출된 맛을 평가해 보면서 추출의 기술을 터득해야 한다.

우선 볶음 포인트에 따라 약간의 차이가 있는데 중볶음이라도 중약볶음과 중중볶음, 중강볶음이 있다. 여기서 신맛의 성분을 조금 더 많이 함유하고 있는 것이 중약볶음으로 이가체프 코케의 포인트가 중약이라면 2차 추출에서 신맛을 더 추출할 수 있게 되고 만일 중중볶음 이상 중강볶음

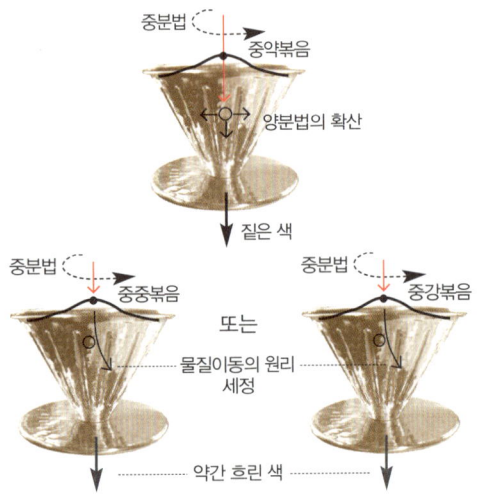

이라면 쓴맛이 더 많이 개입되기 때문에 추출의 주입법을 고려해야 한다.

❹ 3차, 4차 추출

추출의 마무리 시점으로 1차와 2차 추출에서 쓴맛의 성분을 조율하기 위해서 양분화시키는 확산 작용을 활용한 중분법 주입 추출을 사용했다면 3차와 4차 추출에서는 추출 밸런스와 쓴맛을 부드럽게 추출하는 주입 안배(물질이동의 원리)와 미분의 이동을 제한해야 하는 두 마리의 토끼를 잡아야 하는데 가장 결정적인 방법은 물줄기의 굵기 정도이다. 가는 물줄기일수록 미분의 이동을 제한할 수 있다. 미분의 이동을 제한했다 해도 주입 타이밍이 너무 빠르면 중부층 이하 교반 작용이 발생할 수 있게 된다. 과다추출과 교반 작용시 미분이동과 짠맛의 원인이 되며 로스팅 과정에서는 열량이 부족하게 되면 발생한다.

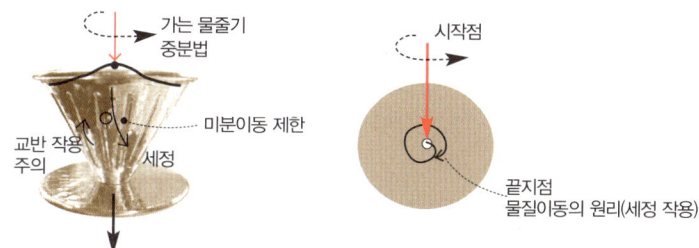

❺ 평가 결과

- 아로마aroma : 캐러멜 같은 꽃향과 쓴 향, 시나몬향, 스파이시spicy한 쓴 생강향
- 테이스트taste : 쓴맛과 신맛의 조화, 약한 신맛이 단맛과 조화된다.
- 신맛acidity : 신맛은 다소 감소되고 쓴맛과 단맛이 조화롭다.
- 바디body : 중간 정도의 느낌
- 촉감mouthfeel : 약간 오일리oily하다.
- 단맛sweetness : 쓴맛이 다소 지배적이며 신맛은 감소되고 약간의 단맛은 조금있다.
- 클리어니스clearness : 쓴맛이 있지만 깔끔한 맛도 함께 느낀다.(워시드 처리된 가공)
- 밸런스balance : 신맛은 조금 감소된 느낌이지만 쓴맛과 단맛의 균형으로 나쁘지 않은 조화이다.

❶ 뜸

이가체프 코케 커피를 강볶음했을 때 83℃ 이하로 뜸을 들이는 것이 본 추출에서의 쓴맛의 성분을 감소시킬 수 있다. 그러나 너무 낮은 온도는 오히려 충분한 뜸을 들일 수 없게 될 수도 있기 때문에 적당한 온도를 유지해야 한다.

또한 이렇게 낮은 온도는 오히려 본(1차 이하) 추출에서 추출의 활성화를 낮출 수도 있기 때문에 쓴맛을 낮출 수는 있지만 그 밖에 더 많은 성분들을 추출할 수 있는 추출방법을

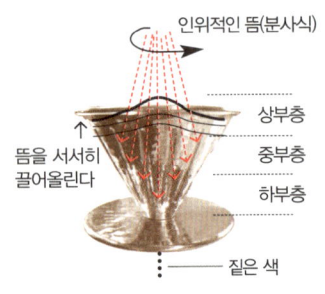

고려해야 한다. 우선 뜸에서 인위적인 뜸 방식으로 뜸의 중점을 안정적으로 끌어올려야 한다.

즉, 상부층과 중부층, 하부층에 인위적으로 주입(분사식)을 해서 서서히 끌어올려 주어야 안정적인 뜸이 완성된다.

❷ 1차 추출

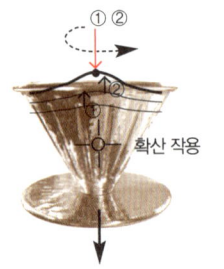

에티오피아 이가체프 워시드washed 처리된 강볶음 커피는 베스트 포인트best point라고 이야기할 수 없는 포인트이다. 하지만 만약 강하게 볶고자 한다면 최대한 쓴맛을 조금이라도 감소할 수 있게 추출해야 하는데 우선 중분법 추출 주입방법으로 양분화시키는 주입 타이밍을 사용해서 입자와 입자 사이의 확산 작용을 활용할 수만 있다면 쓴맛의 성분을 다소 낮출 수 있는 부족한 신맛과 단맛 그리고 점성이 쓴맛을 쓴맛 같지 않게 표현할 수 있다.

또한 강볶음된 이가체프 커피는 중점을 끌어올리기가 쉽지 않고 정교하고 섬세한 가는 물줄기와 물의 주입 타이밍의 안배(양분법)가 무엇보다 필요한 추출방법이다.

추출 중점을 서서히 끌어올리기 위한 ①번과 ②번을 양분화하는 추출 주입방법이 필요한데, 여기서의 조건은 균일한 입자의 분포도와 가는 물줄기, 주입 타이밍(양분화된 확산 작용)이 관건이다. 이 방법이 바로 쓴맛을 쓴맛 같지 않게 만들어 주는 1차 추출의 핵심 포인트이다.

❸ 2차 추출

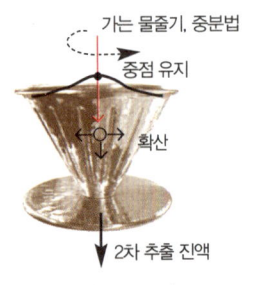

쓴맛의 개념이 더 강해지는 시점으로 추출 중점 유지 및 주입 타이밍의 안배가 무엇보다 중요한데 주입 타이밍은 양분법에 의한 확산 작용이 추출 주입을 중분법(가는 물줄기로 중앙분리) 추출인 미분이동을 제한하는 추출 주입방법으로 쓴맛을 더 낮추기 위해서는 1차 추출에서의 진액과 2차 추출에서의 다소 부드러워진 진액을 추출해 줘서 서로 조화롭게 만드는 방법이다.

이 방법의 결과는 물론 먹어 봐야 알겠지만 하부층의 추출액의 색을 체크하고 상부층의 추출 중점 유지가 바로 중분층의 입자 간 여과력(확산 작용)을 중대시키는 것을 알 수 있다.

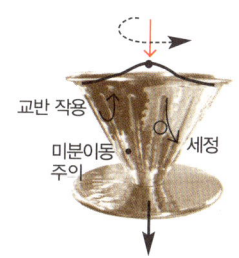

❹ 3차 추출, 4차 추출

쓴맛이 지나치게 많이 추출되는 시점으로 어찌 보면 추출을 하지 않아도 되는 시점이긴 하지만 너무 강한 맛이기 때문에 추출 균형을 맞추는 것이 중요하다.

쓴맛을 부드럽게 추출하면서 1차와 2차의 추출 진액과 조화를 이루는 추출 시점으로 3차와 4차 추출은 중분법으로 추출하면서 입자 간 세정작용을 활용한 물질이동의 원리를 이용해서 추출 균형을 맞추는 방법으로 교반 작용과 미분이동을 제한한다면 완성된 추출 균형을 맞출 수 있다.

❺ 평가 결과

- 아로마aroma : 다크초콜릿향, 쓴 향, 연필향
- 테이스트taste : 쓴맛
- 애프터테이스트aftertaste : 입안에 오랫동안 남는 쓴맛의 여운
- 신맛acidity : 감소된 신맛
- 바디body : 무거워졌지만 조밀도가 약한 빈으로 헤비heavy 하지는 않다.(full body)
- 촉감mouthfeel : 약간의 점성이 느껴지나 많이 쓰다.
- 단맛sweetness : 단맛 또한 감소되어 있다.
- 클리어니스clearness : 강볶음치고는 깔끔하다.
- 밸런스balance : 쓴맛이 지배적이라 균형감은 쓴맛 쪽으로 치우친 느낌

에티오피아 하라 Ethiopia Harrar

로스팅 그래프

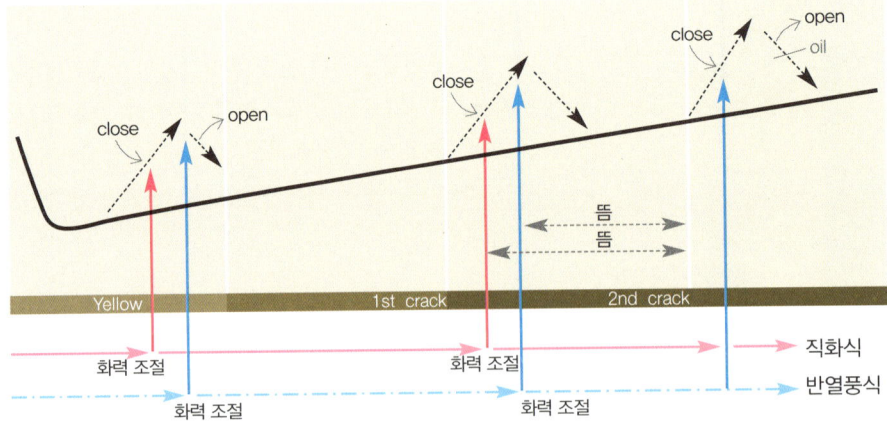

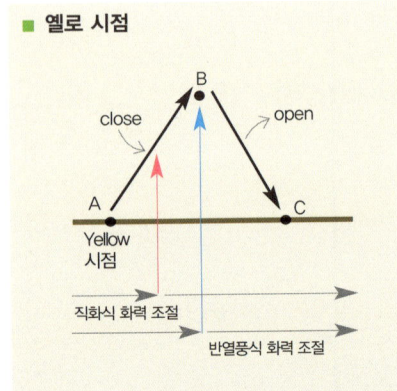

■ 옐로 시점

조밀도가 약한 에티오피아 하라는 190℃ 이상에서 투입하는 것이 안정적인 중점을 잡을 수 있다.

옐로 시점에서 화력과 댐퍼의 조절을 미리 체크해야 흡열이 부족한 직화식 로스터기의 화력을 미리 보완할 수 있으며 A 시점 이후 단 향이 시작되기 시작한 이후 미리 화력과 댐퍼를 조절해야 1차 크랙에서 충분한 흡열을 할 수 있게 된다.

반열풍식 로스터기는 열량 보완이 유리하기 때문에 단 향이 정점이 되는 B 시점에서 화력을 조절하는 것이 전체 내외부의 고른 열량을 공급하는 방법이며 댐퍼는 직화식 로스터기와 같이 미리 단 향을 체크하는 것이 유리하다.

옐로 시점의 정점을 지나면 단 향이 감소하게 되며 이때부터는 댐퍼의 오픈open 정도를 체크하여야 한다. 너무 많이 오픈하게 되면 직화식 로스터기는 열량 손실이 생기게 되고 전체적인 로스팅 프로파일에 악영향을 끼치게 된다. 반열풍식 로스터기 또한 댐퍼의 오픈 정도에 주의해야 하는데 가장 안정적인 방법은 온도의 상승곡선과 로스팅 시간의 변화를 체크하는 것이다. 이런 온도의 상승과 로스팅 시간의 변화의 결과는 항상 로스터가 그 결과물의 테스팅이 필요하며 결과물의 테스팅 없는 로스팅은 완벽한 로스팅 프로파일을 만들 수 없게 된다.

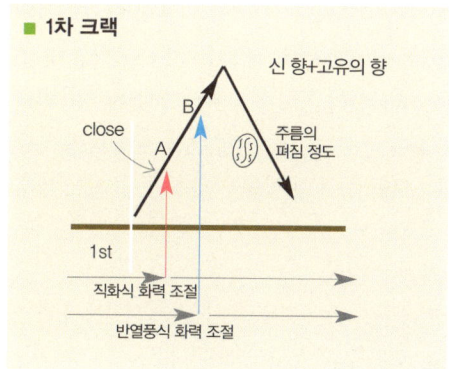

1차 크랙 시점에 도달하면 흡열반응에 의한 발열반응이 시작되는데 이때는 발열반응만 하는 것이 아니라 또 다른 발열을 하기 위한 흡열의 준비단계이기도 하다. 따라서 화력 조절하는 시점이 무엇보다 중요한 데 만일 1차 크랙이 오기 전까지 완벽하게 열량을 주었더라도 1차 크랙 이후 화력 조절 시점에서 너무 많은 불 줄임은 전체 로스팅 프로파일에 악영향을 끼치기 때문에 주의해야 한다. 직화식 로스터기는 A 시점에서 미리 화력을 줄여 주면서 내부까지 서서히 볶아질 수 있도록 화력 조절을 해야 하며 댐퍼 또한 미리 닫아 드럼 내 열량공급을 원활히 할 수 있도록 미리 체크하는 것이 유리하다.

반열풍식 로스터기는 B 시점에서 화력을 조절하는 것이 빈의 내외부를 고르게 볶을 수 있으며 댐퍼 또한 A 시점에서 미리 닫는 것이 신 향과 열량을 확보하는 방법이다.

1차 크랙 이후 신 향이 감소하는 시점이 에티오피아 하라 커피의 고유의 향이 발산되는 약볶음의 시점이다. 이때 주름의 펴짐을 체크하면서 고유의 향의 발산 정도를 확인봉을 통해 체크해야 한다.

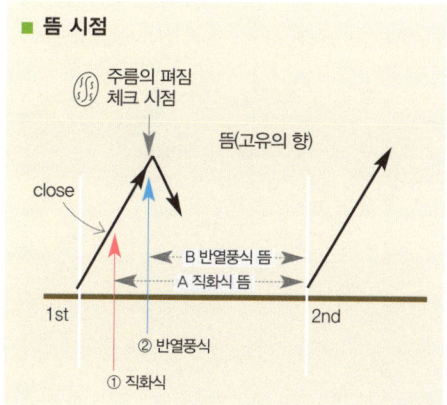

뜸은 내외부를 고르게 볶고자 하는 이유이다. 직화식인 경우 ① 시점에 화력 조절을 하면서 다소 길게 끌고 가야 내외부의 볶음 정도를 균일하게 할 수 있고 A 시점에서 뜸을 들이면서 주름의 펴짐과 하라Harrar 커피의 고유의 향이 발산되는 약볶음의 품질 평가 시점의 베스트 포인트best point를 찾아야 한다.

댐퍼 또한 미리 닫아 두어야 직화식의 드럼 내 열량을 보완할 수 있다.

반열풍식 로스터기 역시 ②번 시점에서 화력 조절을 하면서 내부부터 익어가는 로스팅 방식이기 때문에 화력 조절 후 뜸의 시점을 너무 길지 않게 주는 ⓑ 시점이 유리하다. 댐퍼 또한 미리 닫아 주어야 안정적인 공기흐름을 만들 수 있다.

뜸을 주는 시점이 바로 약볶음 하라Harrar의 고유의 향이 발산되는 품질평가 시점이다. 이 시점의 베스트 포인트를 찾으면 그린빈의 품질평가를 할 수 있다.

> 직화식은 주름이 펴지기 전 미리 화력 조절을 통해 내외부의 균일한 뜸을 들이는 방법이다. 반열풍식은 주름의 펴짐을 보고 화력 조절을 하면 안정적인 뜸을 들일 수 있다.

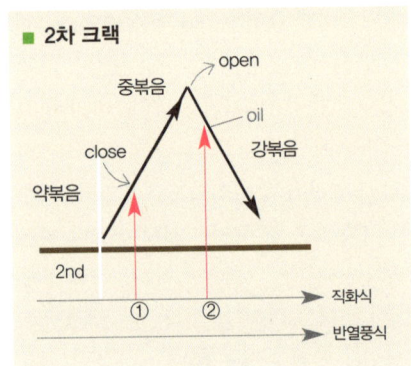

2차 크랙이 시작되는 중볶음 시점에서 직화식 로스터기는 대체적으로 화력을 다시 보완해 줘야 하는 경우가 많은데 조밀도가 약한 에티오피아 하라 커피의 경우 ① 시점에서는 화력 조절을 하지 않는 것이 안정적이다. 만일 온도 상승폭이 조금 늦는다 싶으면 화력 보완을 통해 열량을 강화할 수 있는 방법이긴 하지만 결과적으로 테스팅했을 경우 대처를 해도 아쉬운 부분은 조금 발생하게 된다.

따라서 댐퍼를 미리 닫으면서 화력 조절을 ② 시점에서 하는 것이 부족한 화력을 보완할 수 있는 방법이다. 강볶음 시에는 ②에서 화력을 조금 보강해 주는 것이 유리하다. 단, 오일에이 발생하는 시점이기 때문에 오일이 타서는 안 되며 댐퍼를 열어 줌으로써 열량이 부족해도 안 되는 다소 까다로운 시점이다.

반열풍식 로스터기는 2차크랙이 시작되는 중볶음 시점에서 화력 조절을 하지 않고 뜸 시점의 화력을 그래로 유지하면서 로스팅을 하면 안정적인 중볶음과 강볶음의 포인트를 표현할 수 있다. 댐퍼는 2차 크랙이 시작되는 시점부터 미리 닫아 드럼 내부의 열량을 유지하여 주며 오일이 발생하는 시점에서 댐퍼를 열어 주면 텁텁한 향을 배출할 수 있다.

> 댐퍼를 열고 닫을 때 온도의 상승폭을 체크하여 드럼 내 열량공급이 원활한지 로스팅 프로파일이 안정적으로 진행되는지 확인해야 한다.

Ethiopia Harrar

❶ 뜸

약볶음된 하라Harrar 커피는 90℃ 이상에서 뜸을 들여야 조직이 단단한 입자를 충분히 뜸을 들일 수 있다. 뜸의 팽창압력은 본 추출(1차 이후)에서 추출 여과력을 증대시킬 수 있는 지름길이다. 약볶음이므로 뜸의 중점이 너무 높아지는 점에 주의해야 한다. 뜸의 중점이 너무 높아지면 본 추출에서 추출 여과력이 떨어지게 되어 추출 시간이 빨라진다. 또한 뜸에서 수로현상이 발생하게 되면 그 길로만 추출되려는 현상이 발생해서 풍부한 추출을 할 수가 없게 된다.

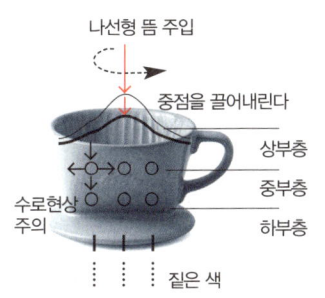

가장 안정적인 뜸은 상부층의 중점유지, 중부층의 입자 간 팽창, 하부층의 한 방울씩 떨어지는 색을 체크하면 완벽한 뜸을 이룰 수 있다.

❷ 1차 추출

3개의 추출구에 균일하게 추출이 되어야 상부층, 중부층, 하부층의 입자 간 세정 작용이 한쪽으로 치우치지 않고 균형이 유지되는 추출 균형을 이룰 수 있다.

칼리타 기구는 나선형으로 주입하는 것이 3개의 추출구에서 고르게 추출할 수 있는 최고의 방법이다. 단, 물의 주입이 많을 경우 기구적 특징 때문에 자연 교반 작용이 발생할 수 있다. 이점은 1차 추출에서 신맛과 단맛을 약화시킬 수 있고 점성 또한 추출되지 못하게 만드는 현상이다. 그리고 가장 큰 문제는 미분이동인데 교반 작용이 발생되면 잡미의 원인이 되기도 한다. 이 미분의 이동은 주로 교반 작용에 의해 많이 발생한다. 따라서 1차 추출에서 나선형의 주입으로 인한 3개의 추출구에 균일하게 추출이 되게 하되 교반 작용과 추출 중점 유지에 주의해야 한다.

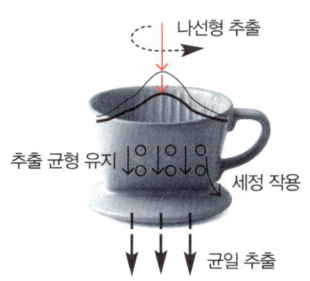

❸ 2차 추출

1차 추출에서 신맛과 단맛을 추출했다면 2차 추출부터는 좀 더 균형 있는 맛을 추출해야 하는데 신맛은 다소 줄어 있지만 부드러운 단맛은 지속적으로 추출이 되므로 교반 작용

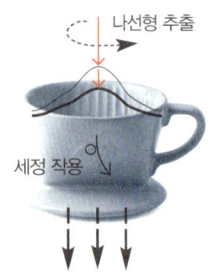

만 주의하면 1차의 진액과 2차의 균형 있는 농도를 함께 조화롭게 추출할 수 있다.

나선형으로 추출하면서 입자 간 세정 작용을 활용하되 주입 타이밍은 진한 곳에서 연한 곳으로 이동하는 물질이동의 원리를 이용하면서 주입 횟수를 늘린다. 단, 주입 횟수를 늘리면 자연 세정 작용이 활성화되지만 자연 교반 작용과 추출 중점 유지에는 다시 한 번 주의해야 한다.

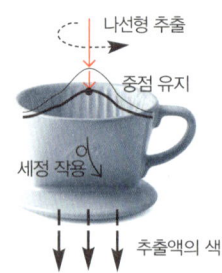

❹ 3차, 4차 추출

부드럽게 마무리하는 시점으로 1차와 2차에서의 진액 성분을 조화를 맞추는 시점이다. 물질이동의 원리를 이용하여 주입해야 하지만 주입 회전수가 너무 많아지면 미분이동이 발생하는 교반 작용에 주의하여야 깔끔한 세정 작용을 활용할 수 있게 된다. 추출되는 양과 하부층 추출액의 색상이 흐려지면 마무리한다.

❺ 평가 결과
- 아로마aroma : 드라이한 망고dry mango, 계피cinnamon, 복숭아티peach tea, 생강ginger, 맵고 나무적인 계피향spicy-woody-cinnamon, 초콜릿chocolate, 살구향apricot, 배향pear
- 테이스트taste : 드라이한 와인맛dry winey
- 애프터테이스트aftertaste : 균형감이 좋고 은근히 긴 여운의 드라이한 느낌
- 신맛acidity : 신맛의 강도가 있는 약볶음이지만 칼리타 추출로 다소 부드럽다.
- 바디body : 내추럴 처리되어 조밀도가 약하지만 다소 무거운 거친thick 무게감이 있다.
- 촉감mouthfeel : 실키silky한 촉감
- 단맛sweetness : 단맛이 깊다.
- 클리어니스clearness : 내추럴 처리된 가공과정으로 깔끔함은 떨어진다.
- 밸런스balance : 신맛의 여운이 좋고 단맛과의 조화로 균형감이 좋은 다양한 과일류의 향이 느껴진다.

❶ 뜸

중볶음 하라 커피를 뜸을 들일 때의 온도는 85℃ 이상에서 들여야 중볶음된 입자 속의 쓴맛을 너무 강하지 않게 뜸을 들일 수 있다. 중볶음된 뜸의 중점 또한 너무 높지도 너무 낮지도 않기 때문에 뜸을 들이는 데도 다소 안정적이다.

단, 뜸을 들일 때 물줄기의 굵기가 중요한데, 너무 굵은 물줄기로 주입을 하면 수압의 힘에 의해 부력이 생겨 중점이 너무 높아

져 본 추출 시 입자 간 간격이 넓어져 입자 간 여과력을 상실하게 된다. 또한 굵은 물줄기는 수로현상의 원인도 되기 때문에 주의해야 한다.

❷ 1차 추출

쓴맛이 개입되어 있는 중볶음이기 때문에 얼마나 쓴맛을 낮출 수 있느냐가 추출의 핵심이다. 이 쓴맛의 성분을 낮출 수 있는 한 가지 방법이 바로 신맛을 얼마나 추출할 수 있느냐인데 칼리타 기구로 신맛의 성분을 추출하기란 쉬운 일은 아니지만 주입 타이밍을 양분화시키면 입자 간의 성분 중 신맛을 확산 작용에 의해 추출해 낼 수 있다. 이 신맛은 약볶음에서 느껴지는 강렬한 신맛보다는 다소 적은 신맛으로 쓴맛을 조금 낮출 수 있는 역할을 하는 맛이다. 이 신맛의 추출이 쓴맛을 낮추면서 뒤에 이은 단맛이 추출되는데, 이때 느껴지는 향이 바로 캐러멜caramelly, 구운 아몬드roasted almond, 살구향apricot, 초콜릿chocolate 등 다양한 향이다.

❸ 2차 추출

중볶음된 에티오피아 하라 커피의 쓴맛을 줄이기 위해 1차 추출에서 양분화시켰다면 2차 추출부터는 쓴맛이 조금 더 진하게 추출되므로 이 쓴맛을 다소 부드럽게 표현해 줘야 한다. 즉, 얼마나 부드럽게 완화시킬 수 있느냐인데 부드러운 쓴맛과 1차의 진하면서 쓰지 않은 듯한 신맛 속의 단맛을 증가시켜 농도를 조율할 수 있다.

여기서 부드럽게 추출하고자 주입양을 늘리거나 입자 간 세정 작용을 활용하여 쓴맛을 완화시키는 방법을 사용할 수 있는데 미분의 이동에는 주의해야 한다. 미분의 이동은 주입양이 많아지면 생기는 현상으로 교반 작용을 수반했을 경우 입자 사이의 가는 입자들의 여과에 의해 아래 하부층으로 이동해서 추출 과다를 발생하게 만드는 현상이다.

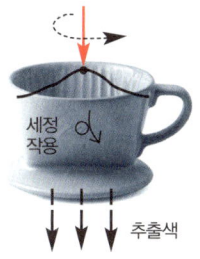

❹ 3차, 4차 추출

전체적으로 추출 시간의 안배와 추출 성분 농도의 조율 시점으로 잡미가 추출되지 않도록 주입양의 안배와 교반 작용의 발생을 주의해야 하고 미분이동을 제한해야 한다.

이렇듯 추출 마무리 시점에서 추출 시간의 안배는 불필요한 성분의 개입을 막고자 함인데, 이 시점을 어떻게 구분할 것인가는 추출구의 하부층의 색상과 시간을 고려해서 판단하는 것이 안정적이다.

❺ 평가 결과

- 아로마aroma : 복숭아차peach tea, 드라이망고dry mango, 나무 같은 계피향woody cinnamon, 말린 과일류dry fruit, 꿀향honey
- 테이스트taste : 쓴맛이 개입된 초콜릿맛
- 애프터테이스트aftertaste : 무거운 향과 쓴맛과 중후함의 긴 여운
- 신맛acidity : 쓴맛이 느껴지기 때문에 신맛은 감소되어 있다.
- 바디body : 묵직한 느낌rich body
- 촉감mouthfeel : 점성이 느껴지는 약간의 오일리oily함.
- 단맛sweetness : 쓴맛 속에 무거워진 단맛
- 클리어니스clearness : 내추럴 처리된 중볶음으로 깔끔한 부분이 떨어진다. 약간 드라이하고 스모키smoky한 느낌
- 밸런스balance : 오히려 쓴맛과 단맛, 중후함의 전체적인 무거운 균형감

❶ 뜸

강볶음한 에티오피아 하라 커피를 뜸을 들일 때는 83℃ 이하로 들이는 것이 쓴맛의 성질을 낮출 수 있는 방법이다. 또한 수분과 CO₂의 함량이 다른 볶음도에 비해 적기 때문에 뜸을 들일 때 중점을 유지하기 위해 끌어올리는 단계를 서서히 ① → ② → ③번 식으로 나눠서 단계별로 주입을 해야 지탱력을 유지할 수 있다. 뜸의 지탱을 유지한다는 것은 본 추출(1차)에서 추출 여과력을 활성화시킬 수 있다는 이야기이다.

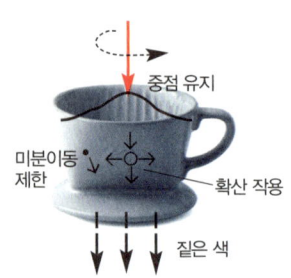

❷ 1차 추출

강볶음된 하라커피를 1차 추출에서 쓴맛의 성분을 완화시키기 위해 온도의 낮춤(83℃ 이하)도 중요한데 낮은 온도 때문에 성분을 추출해내는 데 제한이 있으므로 추출 활성화의 단계가 필요한 아주 중요한 시점이다.

추출 활성화란 주입 타이밍의 속도인데, 주입 타이밍의 속도와 입자의 굵기, 기구적 특징(반침지식 기구) 고려와 주입 물줄기의 굵기에 대한 전체적인 추출 속도를 조절해야 한다. 이 추출 속도 속에서 추출 여과되는 성분 중 강볶음된 하라의 지나친 쓴맛에 유의한다. 이 쓴맛을 조율할 수 있는 유일한 맛이 신맛인데 이 신맛은 강볶음에서는 감소되어 있는 맛이기 때문에 추출해 내기란 여간 어려운 것이 아니다. 나선형으로 주입하면서 추출중점 또한 유지하면서 추출 타이밍을 양분화시켜 입자의 성분을 확산시킨다는 것은 칼리타 기구로는 그리 쉬운 방법은 아니지만 쓴맛을 낮출 수 있는 방법 중 하나이다.

❸ 2차 추출

쓴맛의 성분이 더 많이 추출되는 시점으로 세정화를 통해 쓴맛의 성분을 완화시켜야 한다. 부드럽게 쓴맛을 추출하기 위해서는 나선형으로 주입을 하면서 물질이동의 원리를 이용한 추출 타이밍으로 입자 간 세정 작용을 활용하면 되는데, 주의해야 할 점은 주입양이 많아지면 자연교반 작용이 발생할 수 있고, 칼리타 기구의 특징 중 단점인 주입 과정상 자연스럽게 침지(잠기는 현상)되는 현상이 발생한다는 점이다. 이렇게 교반 작용이 발생하면 미분이 이동하게 되고 잡미가 뒤섞여서 추출이 되기 때문에 칼리타 기구로 추출할 때는 추출 상태의 조율이 무엇보다 필요하다.

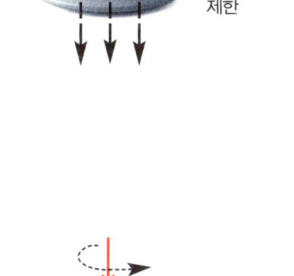

❹ 3차, 4차 추출

상부층에서 추출 중점 유지와 중부층에서의 입자 간 세정 작용을 통해 부드럽게 쓴맛을 추출할 수 있는 여과력과 하부층에서의 추출액의 색의 흐려짐을 보고 추출 마무리 시점을 찾으면 되는데 여기서 주의해야 할 점은 교반 작용을 주의해야 잡미가 섞이지 않게 된다. 잡미는 미분이동으로 인해 발생하는 현상으로 주입하는 주입양의 조절과 물줄기 굵기, 추출 시간 중점 유지가 무엇보다 선행되어야 한다.

❺ 평가 결과

- 아로마aroma : 거친 초콜릿rustic chocolate, 쏘는 계피향spicy-cinnamon, 약품향medicinal, 연필향cedar, 송진향raisin
- 테이스트taste : 쓴맛이 강하면서 부드러운 듯한 단맛
- 애프터테이스트aftertaste : 입안에 느끼는 향기 성분의 파워풀함과 긴여운이 인상적이다.
- 신맛acidity : 신맛은 감소되어 있고 쓴 느낌이 더 많지만 부드럽게 느껴지는 쓴맛이 표현된다.
- 바디body : 묵직한 파워가 강복음 특유의 매력적이다.
- 촉감mouthfeel : 촉감이 크리미creamy, 오일리oily하지만 드라이한 느낌이 느껴져 쓴 느낌을 부드럽게 감싸 준다.
- 단맛sweetness : 단맛은 감소되어 있지만 부드럽게 쓴맛이 나는 점성의 역할이 쓰지 않은 느낌이다.
- 클리어니스clearness : 내추럴 처리되어 있어 깔끔한 부분은 덜하지만 드라이한 스모키smoky함이다.
- 밸런스balance : 강렬한 블랙베리류의 향과 초콜릿 같은 맛의 균형이 좋다.

Ethiopia Harrar

❶ 뜸

약볶음된 하라 커피는 90℃ 이상에서 뜸을 들여야 단단한 조직에 충분한 뜸을 들일 수 있다. 뜸에 의해 팽창된 입자들은 CO_2의 함량(숙성 정도)에 따라 팽창 정도와 뜸의 중점의 높이 또한 높아질 수 있기 때문에 뜸을 들일 때 물줄기의 굵기에 의한 수압의 힘에 뜸 중점이 너무 높아지지 않도록 주의해야 본 추출 시 추출 여과력을 증대시킬 수 있다. 또한 뜸의 중점이 너무 높아지면 입자 간의 팽창이 증가되어 수로현상이 발생할 수 있으니 주의해야 한다.

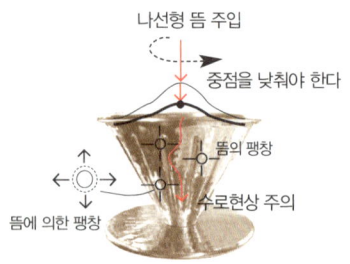

❷ 1차 추출

약볶음된 하라의 고유의 향과 맛을 표현하기 위해서는 가는 물줄기로 추출 중점을 유지하고 중분법 추출 주입을 하면서 주입 타이밍을 양분화시키면 입자와 입자 간의 성분을 디테일하게 추출할 수 있는 확산 작용을 활용할 수 있게 된다. 이 확산 작용은 에티오피아 하라 커피의 고유의 향인 살구향과 배향, 계피향, 초콜릿향 등을 다양하게 표현할 수 있는 추출 방법으로 상당히 진한 신맛과 단맛을 표현하는 시점으로 촉감까지 추출해 낼 수 있다면 신맛의 증가를 부드럽게 조율할 수 있는 방법이다.

❸ 2차 추출

2차 추출에서 단맛을 더 추출해 내면 1차 추출에서의 다소 과도한 신맛을 조금 더 부드럽게 조율할 수 있는데, 중분법 추출 주입을 하면서 주입 타이밍을 1/2씩 양분화하게 되면 신맛의 성분과 중점은 다소 감소되지만 단맛의 성분은 부드럽게 추출이 된다.

이렇게 부드럽게 추출이 되는 2차 추출의 단맛과 1차 추출의 진한 신맛과 단맛, 점성이 서로 조화되는 시점으로 다소 부드러운 단맛을 얼마나 추출해 낼 수 있느냐가 2차 추출의 관건이다.

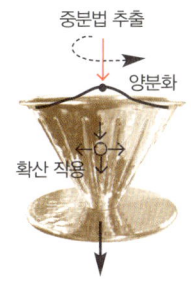

❹ **3차, 4차 추출**

　3차와 4차 추출에서는 대부분 부드럽게 추출되는 물질이동의 원리를 이용한 추출 타이밍과 세정 작용을 활용해서 부드럽게 추출하는 것이 일반적인데 이번엔 양분화를 해서 더욱더 진한 커피를 표현하는 확산 작용을 활용하면 아주 강한 에티오피아 하라의 약볶음 커피를 표현할 수 있다. 단, 주의해야 할 점은 신맛이 많은 볶음도와 지역의 커피이기 때문에 너무 과도한 신맛이 추출되지 않도록 2차 이후의 추출 균형을 맞추면서 진한 에티오피아 하라 커피를 표현해야 한다.

❺ **평가 결과**

- 아로마aroma : 드라이한 망고dried mango, 계피cinnamon, 복숭아 티peach tea, 배향pear, 생강ginger, 초콜릿chocolate
- 테이스트taste : 와인맛 속의 단맛winey-tangy
- 애프터테이스트aftertaste : 드라이한 향기 속의 다양한 향의 여운이 길다.
- 신맛acidity : 신맛의 강도가 더 증가된 느낌이며 다소 강렬해진 신맛 속의 단맛도 느껴진다.
- 바디body : 태양에 말린 내추럴natural 가공방법이라 무게감이 좋다.
- 촉감mouthfeel : 실키silky한 촉감
- 단맛sweetness : 드라이한 단맛
- 클리어니스clearness : 내추럴 처리되어 깔끔함은 약하나 상당히 드라이한 느낌이다.
- 밸런스balance : 신맛과 단맛의 조화와 무게감 또한 균형감이 있다. 향의 다양성 또한 매력적이다.

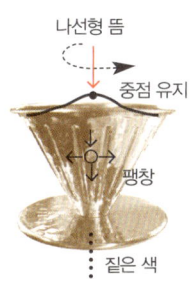

❶ **뜸**

　중볶음된 에티오피아 하라 커피는 85℃ 이상으로 뜸을 들이는 것이 쓴맛의 성분을 다소 낮출 수도 있고 커피 입자 속의 성분들을 충분히 팽창(뜸)시킬 수 있다.

　뜸 중점을 유지하기가 안정적인 볶음도이고 하부층에 짙고 한 방울씩 떨어지게 상부층의 주입양의 안배가 무엇보다 선행돼야 한다.

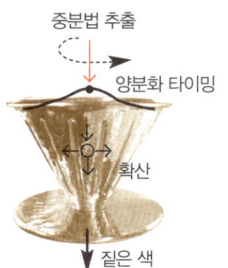

❷ **1차 추출**

　중분법으로 주입을 하면서 추출 중점을 유지하고 1차 추출에서의 신맛과 단맛, 점성을 추출해야 쓴맛의 개입을 다소 완화시킬 수 있다. 그러나 중볶음된 커피를 약볶음처럼 신맛을 많이 추출할 수는 없지만 그 부족한 신맛을 추출해 낼 수 있다면 쓴맛이 개입되어 있는 중볶음 하라커피를 약간의 신맛을 추출할 수 있다. 쓴맛 뒤에 단맛과 점성이 추출되기 때문에 쓴맛을 감소하게 만들 수 있는 방법이다.

이렇게 신맛을 추출할 수 있는 주입 타이밍을 양분화해서 추출 타이밍을 조율하면 입자 속의 성분들을 확산시켜 단맛을 추출할 수 있다. 하지만 만일 로스팅에서 단맛을 형성하지 못했다면 추출에서 결코 성공할 수 없다.

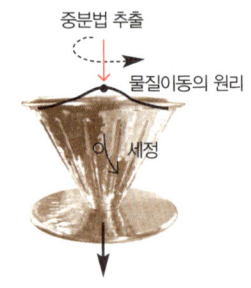

❸ 2차 추출

쓴맛의 성분이 더 많이 추출되는 시점이므로 쓴맛을 부드럽게 추출하고자 한다면 중분법으로 주입하면서 주입 횟수를 다소 늘려 주며, 입자 간 성분이 부드럽게 추출되는 물질이동의 원리를 이용한 주입 타이밍을 사용한다. 이런 추출 주입 타이밍 방식은 입자의 성분을 부드럽게 세정해서 쓴맛을 부드럽게 추출할 수 있는 방법이며 추출 밸런스를 맞출 수 있는 방식이다.

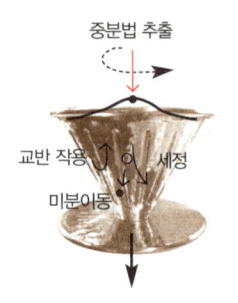

❹ 3차, 4차 추출

3차와 4차 추출은 농도 조절과 추출 균형을 맞추는 시점이다. 그러나 주입양이 많아지게 되고 추출 시간의 안배가 길어지면 입자간 미분이동이 발생하게 된다. 이런 미분이동이 심해지면 주입되는 주입양에 비해 추출되는 하부층의 추출액이 많아져서 자연교반 작용이 발생하게 된다. 이렇게 교반 작용이 발생하면 잡미 성분이 발생되는데 그 대표적인 불쾌한 맛(짠맛, 시큼한 맛, 아린 맛, 텁텁한 맛, 날카로운 맛, 쏘는 신맛)이 느껴진다.

그렇다면 잡미 발생과 미분이동을 제한하기 위해서는 입자의 굵기에 대한 이해, 주입양의 물줄기의 컨트롤, 추출 시간의 안배, 주입 타이밍의 조절, 볶음도에 따른 추출 온도의 이해가 필요하다.

❺ 평가 결과

- 아로마aroma : 복숭아 차peach tea, 망고향dry mango, 시나몬향cinnamon, 과일향dry fruit, 꿀향honey
- 테이스트taste : 쓴맛이 개입된 달콤한 초콜릿맛
- 애프터테이스트aftertaste : 좀 더 달콤한 여운과 쓴맛이 초콜릿 같은 맛
- 신맛acidity : 원추형 추출에 대한 중볶음에서도 신맛이 다소 살아 있는 느낌으로 쓴맛을 부드럽게 감싸는 신맛
- 바디body : 풍부한 느낌
- 촉감mouthfeel : 촉감이 오일리oily하다.
- 단맛sweetness : 쓴맛 같지 않은 단맛
- 클리어니스clearness : 드라이한 느낌의 스모키smoky함

• 밸런스balance : 균형감이 상당히 인상적이다. 쓴맛 속의 적절한 캐러멜 같은 단맛은 부족하지만 약간의 신맛이 일품

❶ 뜸

강볶음 하라 커피는 83℃ 이하로 뜸을 들이는 것이 쓴맛의 성분과 뜸의 중점을 낮출 수 있다. 또한 뜸의 중점을 서서히 끌어올리기 위해 나선형으로 뜸을 들이면서 조금씩 주입양을 나눠 주면 중점을 유지하기가 유리해진다. 뜸의 중점을 너무 높게 한번에 끌어올리면 입자 간 지탱력이 떨어져 추출 여과력이 약해진다.

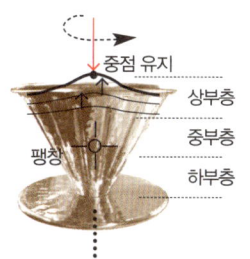

❷ 1차 추출

쓴맛을 낮출 수 있는 추출법은 가운데 입자 분포도를 활용해서 입자 간 수압의 힘을 지탱할 수 있는 주입양과 속도가 필요하다. 중분법 추출방법으로 중점을 서서히 끌어올리면서 주입된 물의 양이 입자들 간의 여과력(지탱력)이 생길 수 있도록 주입하는 속도, 물을 얹어 놓는 높이 등을 고려해야 쓴맛을 최소화할 수 있다. 그 다음은 얼마나 안정적으로 입자들 간 쓴맛 성분을 낮출 수 있는가와 신맛의 성분을 추출할 수 있느냐인데 그것이 바로 양분의 추출 주입 타이밍이다. 이 양분화 (1/4, 1/4, 1/4, 1/4) 추출 타이밍, 즉 입자 간 성분을 확산 작용을 활용하는 주입 추출 방법이다.

"중요한 것은 물줄기의 컨트롤이다."

확산 작용에 의한 신맛이 쓴맛의 성분을 완화시키며 점성 또한 오일리oily하게 추출되어 쓰지 않은 듯한 촉감의 강한 진액을 추출할 수 있다.

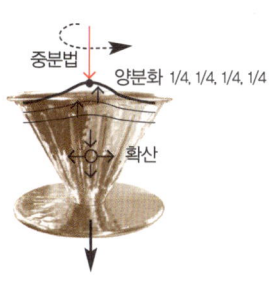

❸ 2차 추출

쓴맛의 성분을 낮추기 위해 1차 추출에서 진액을 1/4씩 양분화 주입 타이밍으로 추출했다면 2차 추출부터는 중분법 주입 추출 방법으로 입자 간 성분을 확산할 수 있는 양분화 주입 타이밍을 사용하면서 조금 더 쓴맛을 낮출 수 있는 신맛을 추출할 수 있지만 1차 추출보다는 다소 쓴 성분이 추출이 된다. 1차와 2차 성분의 조화를 이루는 추출 시점이 2차 추출 시점이다.

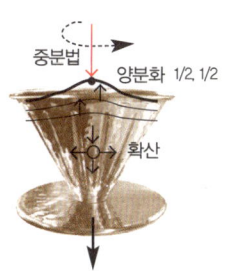

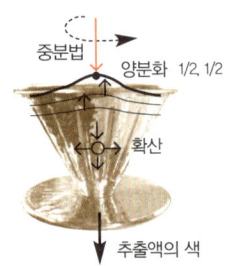

❹ **3차, 4차 추출**

　이번 추출은 조금 더 진한 에티오피아 하라 강볶음 커피로 추출하기 위해서 3차와 4차 추출에서도 계속해서 양분화 주입 타이밍을 사용하면 전체적인 균형감보다는 오히려 확산 작용으로 인해 섬세하게 추출된 아주 강렬한 하라 강볶음을 추출할 수 있다. 진한 커피를 좋아하는 사람들에 권할 만한 커피의 농도로 오히려 쓴맛의 성분이 진한 듯, 강한 듯하지만 오히려 더 쓰지 않은 느낌이 드는 추출법이다.

❺ **평가 결과**

- 아로마aroma : 거친 초콜릿향rustic chocolate, 송진향raisin, 약품향medicinal, 매운 향spicy, 연필향cedar
- 테이스트taste : 쓴맛이 강하고 거친 느낌이며 점성 또한 오일리oily한 커피로 여운이 부드러운 카카오 같은 맛이다.
- 애프터테이스트aftertaste : 긴 여운 속에 거친 쓴맛 같지만 상당히 드라이한 카카오 같은 맛의 여운이 길다.
- 신맛acidity : 신맛은 감소되어 있고 촉감에 의한 점성이 쓴맛을 부드럽게 표현한다.
- 바디body : 묵직한 바디 감이 긴 여운을 남긴다.
- 촉감mouthfeel : 크리미cremy한 촉감이 쓴맛을 쓴맛같지 않게 느끼게 한다.
- 단맛sweetness : 단맛은 감소되어 있지만 부드러운 점성과 감소되어 있는 신맛에 의해 쓴맛을 부드럽게 표현한 뒤 여운에서 마치 초콜릿 같은 단맛이 인상적이다.
- 클리어니스clearness : 내추럴 처리된 강볶음 커피로 깔끔하기보다는 스파이시하면서 스모키smoky하다.
- 밸런스balance : 쓴맛을 낮추는 듯한 신맛과 단맛의 균형감이 좋다.

Mt Kenya

커피가 재배되는 고도는 1,500~2,000m이며 케냐 산 주변이 최대 커피 산지이다. 케냐 커피는 소규모 농가와 크고 작은 농가에서 생산된다.

10월에서 12월이 1차 수확 시기이며 6월에서 8월이 2차 수확 시기이다. 버본Bourbon의 선별종인 SL28, SL34 종이 주요 품종이며 SL28종과 카티모르Catimor종의 교배종인 루이르Ruiru11 종 또한 생산된다. 또한 켄트Kent종의 선별종인 K7종도 생산된다. 대부분 워시드washed 방식으로 처리하며 건조방식은 천일 건조sun dry 방식을 사용한다.

조밀도	중간 정도
종자	SL28, SL34, 루이르Ruiru11, K7
수확	10~12월(1차 수확), 6~8월(2차 수확)
가공처리	수세식(washed)
건조방식	천일 건조(sun dry)
등급	① 스크린 사이즈에 의해 결정된다.

등급	크기
AA	스크린 사이즈 17~18
AB	스크린 사이즈 15~16
C	스크린 사이즈 14~15
PB	피베리(peaberry)
기타	TT, T, MG 등

② 커핑에 의한 등급: Class1~Class10

특징 버본의 선별종인 SL28, SL34를 주로 많이 지배한다. 가뭄에 강한 SL28 종자는 바닐라향(vanilla), 캐러멜향(caramel), 약간의 꽃향기(violet floral, 제비꽃향), 복숭아향(peach), 감귤계향(citrus)이 나며, 고지대에서 잘 자라는 SL34 종자는 달콤한 오렌지(sweet orange), 포도향(grape), 베리류향(berry), 버터에 갈색 설탕 섞은 캔디(butter scotch), 맥주꽃향(hop flowers)이 표현된다.
루이르11(SL28과 카티모르 종자의 교배종으로 곰팡이 잎병에 내성이 강하다) 종자는 꿀향(sweet honey), 캐러멜향(caramel), 초콜릿향(chocolate), 달콤한 토바코향(sweet tobacco aroma), 쓴 향(bitter)이 표현된다.

마운틴 케냐 녜리 오타야 AA Mt Kenya Nyeri Othaya AA

◉ 로스팅 그래프

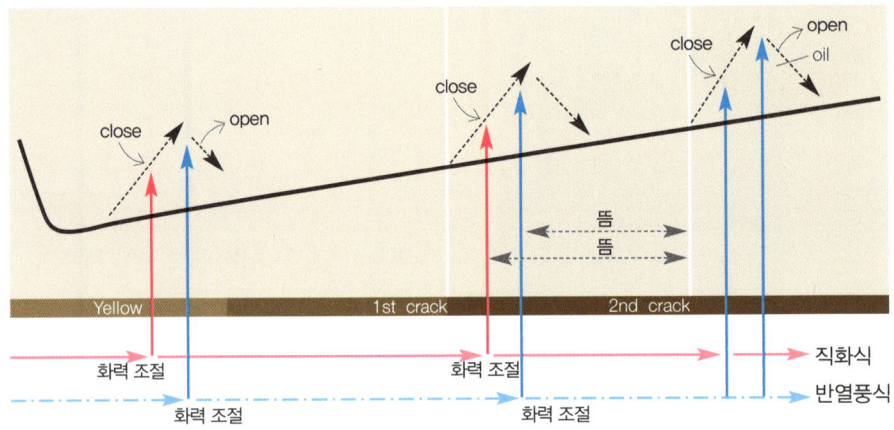

마운틴 케냐 녜리 오타야 지역의 SL28 종자는 버본의 선별종으로 조밀도가 중간 이상이 되는 빈으로 195℃에서 200℃ 사이에서 투입하는 것이 안정적인 로스팅 프로파일을 만들 수 있다.

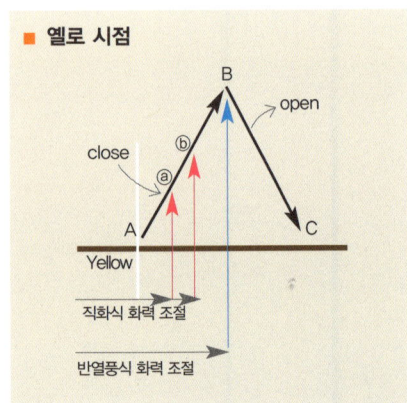

■ 옐로 시점

옐로 시점에서의 직화식 로스터기는 화력과 댐퍼의 조절을 미리 확보해야 드럼 내 열량을 유지 보완할 수 있게 된다. 단 향이 발산되는 A 시점을 지나 B 시점인 정점을 지나기 전에 미리 댐퍼와 화력을 조절해 주는 것이 직화식 로스터기의 흡열반응의 초기 시점에 유리한 고지에 오르게 된다. 또한 조밀도가 중간 이상이기 때문에 단 향의 최고 시점 전에 화력과 댐퍼 조작의 시점을 찾아야 한다. 즉, ⓐ 시점과 ⓑ 시점이 단 향의 변화와 컬러의 차이가 있기 때문에 ⓐ 시점에서의 단 향의 증가에 의한 댐퍼 조절과 ⓑ 시점에 도달하기 전에 컬러의 변화 정도와 향의 변화를 체크해서 미리 화력을 보완해야 된다.

반열풍식 로스터기는 단 향의 시작점에서 단 향이 증가하는 시점인 ⓐ에서 댐퍼를 미리 닫고 단 향을 드럼 내 빈에 스며들게 하며 드럼 내 온도 또한 증가하는 대류열의 흐름을 유지해주기 때문에 온도 안정화에 유리한 시스템이다. 화력의 조절 시점은 단 향의 정점인 B 시점에서 화력을 조절하는 것이 안정적인 열량 확보와 흡열을 극대화시키는 안정적인 로스팅 프로파일을 만드는 방법이다.

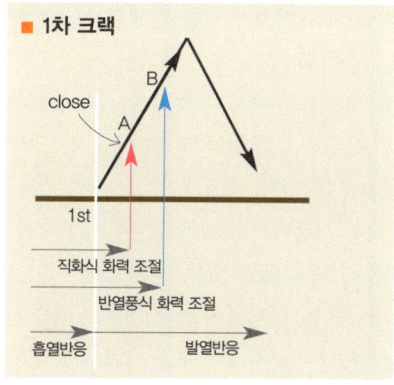

1차 크랙 시점에서 직화식 로스터기의 댐퍼는 신 향이 발산되는 시점에서 미리 닫아 주는 것이 드럼 내 공기흐름을 유지하는 데 유리하다. 즉, 공기흐름의 손실이 은근히 많은 직화식 로스터기의 단점을 보완하면서 개성 있는 커피를 만들어 내기 위해서는 미리 열량과 향을 체크하는 것이 단맛을 표현하는 데 유리하다.

반열풍식 로스터기는 B 시점에서 화력을 조절하는 것이 빈의 내외부를 고르게 로스팅할 수 있는 방법이다. 댐퍼 닫는 시점은 A 시점에서 직화식 로스터기처럼 미리 닫아 드럼 내 열량을 확보해 주면서 신 향과 고유의 향을 표현해 주면 된다.

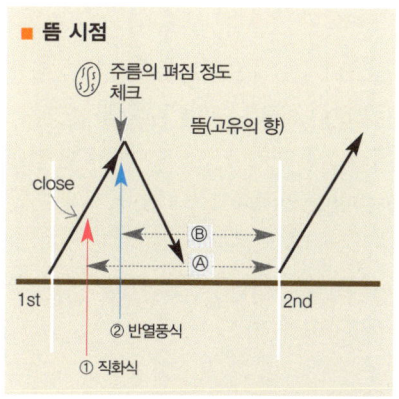

버본의 선별종인 SL28 종자를 뜸을 들여 내외부의 편차를 좁힐수록 향의 다양한 부분에서 맛의 깊이가 풍부하게 변화되기 때문에 뜸을 들이는 시점이 아주 중요하다. SL28 종자는 조밀도가 중간 이상이기 때문에 뜸을 들이기 위한 화력 조절 또한 너무 과하거나 너무 약해서는 안 된다.

직화식일 경우 ① 시점에서 화력 조절을 하면서 뜸을 다소 길게 끌고 가는 것이 외부부터 내부로 서서히 열량을 침투시켜 균형있는 뜸을 들이는 방법이다.

댐퍼의 조절 시점 또한 화력을 조절하는 시점과 동일하게 신 향의 발산 시점 이후에 닫아 줌으로써 드럼 내 열량을 확보할 수 있다. 무엇보다 빈의 색과 향의 변화를 체크해야 하는 시점이기 때문에 화력 조절과 댐퍼 조절 시점에 유의하면서 고유의 향의 발산 정도를 확인봉(샘플러)을 통해 확인해야 하며 빈의 주름 상태 또한 중요하다.

반열풍식일 경우 ② 시점에서 화력 조절을 하면서 뜸을 들이는 방식으로 드럼 내 대류열의 흐름을 댐퍼를 미리 닫음으로써 열량공급과 신 향과 고유의 향이 빈에 스며들게 하면서 로스팅을 진행한다. 안정적인 공기흐름으로 균일하게 로스팅을 할 수 있는 장점이 있으므로 B 시점에서 뜸을 들인다. 또한 이 시점은 고유의 향이 발산되므로 그린빈의 품질평가를 할 수 있는 포인트인 약볶음 시점이다.

2차 크랙이 시작되는 중볶음 시점에서 직화식 로스터기는 화력을 다시 보완해 줘야 할지 유지해야 할지를 판단해야 하는데 SL28 종자는 조밀도가 중간 이상이기 때문에 로스팅 프로파일의 곡선이 안정적으로 상승하기 위해서는 화력을 ⓐ 시점에서 보완해 주는 것이 좋다. 댐퍼 또한 약간 닫는 것이 드럼 내 공기흐름과 열량 보존에 유리하다. 단, 댐퍼 닫을 시 얼마만큼 닫을 것인가가 중요하다.

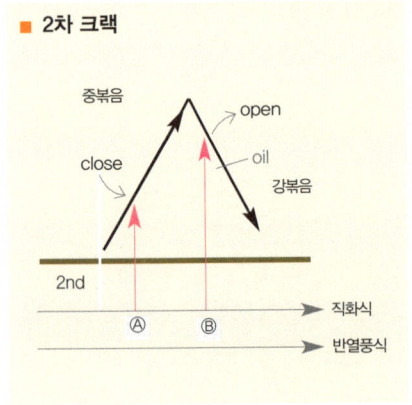

■ 2차 크랙

확인봉을 통해 향의 발산과 연기의 배출 정도를 체크해야 한다. 압력이 증가되는 시점이기 때문에 댐퍼를 닫으면 드럼 내 공기흐름에 의해 연기가 역류할 수 있으므로 연기와 압력의 시점을 체크해 가며 댐퍼를 조절하는 것이 안정적이고, 온도 상승폭 또한 체크하는 것이 유리하다.

오일이 발생하는 강볶음 시점에서는 댐퍼를 열어 주는 것이 텁텁한 향이 빈에 스며들지 않게 하는 방법이다. 이때 직화식은 열량이 손실이 발생할 수 있기 때문에 Ⓑ 시점에서 화력을 보완해 주는 것이 안정적이다. 또한 강볶음을 로스팅할 때는 오일을 태워서는 안 된다. 강볶음에서 오일이 탄다는 것은 화력 조절에 문제가 있는 경우이다.

2차 크랙이 시작되는 중볶음 시점에서 반열풍식 로스터기는 특별히 화력을 보완할 필요는 없다. 화력을 유지하면서 빈의 색과 향을 체크하며 드럼 내 공기흐름을 위해 댐퍼를 닫는 시점을 직화식 로스터기의 댐퍼 닫는 시점과 동일하게 조절하면 된다. 단, 주의해야 할 점은 드럼 내 압력의 흐름과 화력을 체크하여 로스팅 프로파일을 안정화시켜야 한다. 댐퍼를 닫고 열량이 증가되는 드럼 내 압력의 균형이 너무 높지 않게 댐퍼 조절이 필요하다. 또한 오일이 발생되는 강볶음 시점에서 미리 댐퍼를 열어 깔끔한 강볶음을 표현할 수 있게 댐퍼 조절을 해야 한다.

Mt Kenya

❶ 뜸

약볶음된 케냐 커피를 뜸을 들일 때는 90℃ 이상에서 뜸을 들여야 조직이 단단한 약볶음 입자를 충분히 팽창시킬 수 있다.

뜸의 중점이 높아지는 약볶음 상태는 물줄기의 굵기와 뜸을 들이는 스윙의 속도가 무엇보다 중요하다. 너무 굵은 물줄기는 수압의 힘에 의해 중점이 높아진다. 중점이 높아지면 1차 추출(본 추출)에서 추출 여과력이 떨어지게 되는데, 이때 추출 여과력이란 입자와 입자 사이의 성분을 추출해 내는 것을 말한다. 뜸의 중점이 높아지면 하부층의 뜸의 색이 흐려지며 추출되는 커피액의 물줄기가 길게 추출되는 현상을 볼 수 있다. 이 현상은 중부층 이하 입자의 팽창이 과도해져서 수로현상이 발생했다는 의미이다. 수로현상은 본 추출에서의 추출 여과력을 떨어뜨린다.

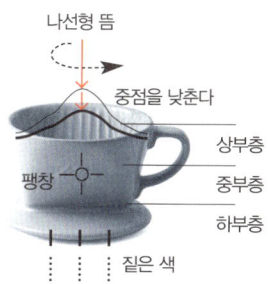

❷ 1차 추출

추출 중점의 높이를 유지하며 나선형으로 추출하는데, 추출구가 3개이므로 균일하게 추출될 수 있도록 가운데에서 밖으로, 밖에서 안으로 물을 주입해야 균일하게 추출할 수 있다. 단, 물의 주입양이 많기 때문에 추출 중점의 안배 또한 중요하다. 되도록 섬세한 물줄기가 요구되며 주입양이 많아지면 중부층 이하 자연교반 작용이 발생할 수 있으므로 주의해야 한다. 자연교반 작용이란 미분이 이동할 수 있다는 의미이며 미분이동은 하부층의 추출을 방해해서 추출 시간을 지연시킬 수 있기 때문에 주의해야 한다.

물의 주입양의 안배와 추출 중점 유지, 물줄기의 굵기의 정교함이 상부층의 추출 중점을 유지하는 방법이며 케냐 커피의 약볶음은 신맛이 과도해질 수 있기 때문에 1차 추출에서 물질이동의 원리를 이용한 주입 타이밍으로 입자 간 세정 작용을 활용해서 하부층의 3개의 추출구로 균일하게 추출될 수 있도록 주입해야 한다(동아프리카 커피들은 신맛이 강하기 때문에 1차 추출에서 신맛을 조율해 주어야 단맛을 상승시킬 수 있다).

❸ 2차 추출

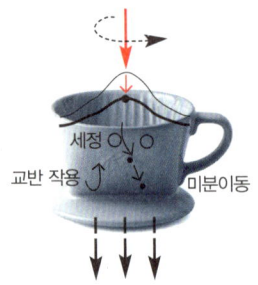

　　1차 추출에서 신맛과 단맛을 부드럽게 완화시키면서 세정화시켰다면 2차 추출부터는 더욱더 부드럽게 세정 작용을 활용하여 신맛은 더 감소시키고 부드러운 단맛은 증가시키도록 해야 한다. 여기서 주의해야 할 점은 세정 작용을 활용할 때의 칼리타 추출기구에서 입자들의 움직임이다. 칼리타 기구의 반침지식(물이 잠기면서 추출이 되는 시스템) 시스템과 세정 작용의 활용은 자칫 미분이동이 발생하는 상황이 증가할 수 있기 때문에 주입양과 하부층의 추출속도를 계산해서 추출해야 한다.

❹ 3차, 4차 추출

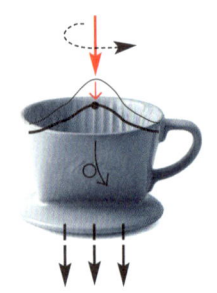

　　과도해질 수 있는 신맛을 완화시키면서 단맛과의 조화를 이루도록 추출해야 되는 어려움이 있는 케냐 약볶음 커피는 1차, 2차에서는 신맛의 조율과 단맛의 추출이 관건이다. 3차와 4차 추출에서는 침지법 추출기구상의 단점인 미분이동과 교반 작용으로 불필요한 성분인 떫고 텁텁함, 아린 맛, 시큼한 맛이 추출될 수 있기 때문에 주의해서 1차와 2차의 진액과 균형을 이루는 추출 시점으로 미분이동이 심해지지 않게 3개의 추출구의 균일한 추출과 상부층의 추출 중점 유지, 물줄기의 정교함, 주입하는 스윙 등을 부드럽게 해주어야 교반 작용이 발생하지 않는다.

❺ 평가 결과

- 아로마aroma : 바닐라향vanilla, 캐러멜향caramel, 꽃향floral, 복숭아향peach, 감귤계향citrus, 계피향cinnamon, 초콜릿향chocolate, 자몽향gropetruity
- 테이스트taste : 단맛 속의 신맛의 증가acidity → piquant
- 애프터테이스트aftertaste : 다양한 향의 복합적인 긴 여운
- 신맛acidity : 다소 부드럽지만 신맛의 여운이 길다.
- 바디body : 무게감이 있는 바디rich body
- 촉감mouthfeel : 밀키milky한 촉감
- 단맛sweetness : 단맛의 여운은 신맛보다 약하다.
- 클리어니스clearness : 깔끔함 부분도 강도가 강한 고급 품질이다.
- 밸런스balance : 단맛과 신맛의 조화와 여운의 지속성의 균형이 좋다.

❶ 뜸

중볶음된 케냐 커피는 뜸의 중점이 안정적으로 유지되는 볶음도이다. 뜸의 온도는 85℃ 이상이 조직의 성분을 팽창시키는 데 유리하다. 쓴맛이 개입이 되는 중볶음이기 때문에 수로현상이 발생되면 1차 추출에서 여과력이 떨어져 쓴맛이 증가한다. 뜸의 중점 유지와 물줄기의 조절, 하부층의 짙은 색이 한 방울씩 떨어지게 하는 것이 안정적이다.

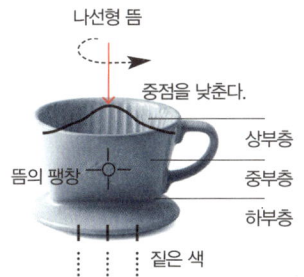

상부층, 중부층, 하부층에 고르게 주입하는 인위적인 뜸방식은 입자의 팽창을 주입하는 사람이 마음대로 조율할 수 있기 때문에 유리하다. 하지만 주입 시 컨트롤이 미흡하면 수로현상이 발생할 수도 있기 때문에 주의해야 한다.

> 여기서 우리가 명심해야 할 점은 뜸의 시점을 하나로 정할 수 없다는 것이다. 예를 들어 뜸을 들이는 시간을 30초, 40초 정하는 경우가 있는데 이것은 아주 위험한 생각이다. 그 이유는 커피의 볶음도에 따라 수분함량, CO_2함량, 숙성 정도가 다르고 조밀도에 따라 조금씩 차이가 있기 때문에 뜸의 시간을 정해 버린다는 것은 상부층의 수분이 말라 버려 1차(본) 추출에서 강제적으로 팽창시켜야 하는 결과가 발생한다. 강제성은 결국 여과력 상실이 되기 때문에 추출 효율이 떨어지게 된다. 요즘 최고의 에스프레소espresso 머신 또한 프리인퓨전pre-infusion과 프리브루잉pre-brewing의 진화가 보여 주듯 슬레이어slayer 머신의 프리브루잉은 바리스타 스스로 바스켓 안의 입자와 주입되는 물의 압력(1bar~9bar)의 다양성에 따른 성분 추출의 다양화에 대한 진화된 결과이다.

❷ 1차 추출

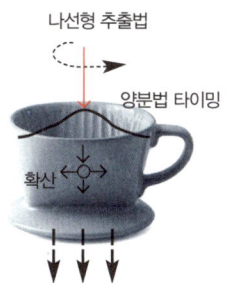

쓴맛이 개입되어 있는 중볶음 케냐 커피이기 때문에 쓴맛을 얼마나 배제할 수 있느냐가 관건이다. 여기서 쓴맛을 쓴맛 같지 않게 추출하는 방법은 나선형으로 주입하면서 주입양이 많아지는 추출법이기 때문에 가늘게 주입하는 것이 입자의 여과력을 증대시킬 수 있는 방법이며 확산 작용 또한 활용할 수 있다.

1차 추출에서 쓴맛을 배제하기 위해서는 신맛을 얼마나 추출해 주느냐인데 이 신맛은 약볶음보다는 적기 때문에 아주 디테일한 확산 작용이 요구된다. 그러나 칼리타 기구의 특징상 디테일한 확산은 다소 무리가 있다. 주입양의 조절과 물줄기의 정교함이 최대한 방법인데, 그 결과의 확인은 하부층의 짙은 색이 떨어지는 것을 확인하는 방법이다. 또한 3개의 추출구와 균일한 추출 또한 중요하다.

❸ 2차 추출

케냐 커피는 중볶음에서도 다소 강하게 볶는 편이기 때문에 쓴맛이 지배적이다. 이 쓴맛

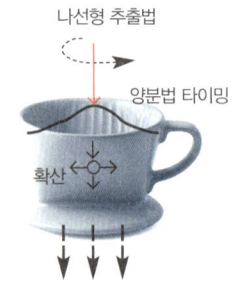

을 조율할 수 있는 방법은 2차 추출에서도 양분화 추출 타이밍을 활용해서 입자와 팽창의 안배를 시키면서 확산 작용을 활용하여 쓴맛을 낮출 수 있는 감소된 신맛과 뒤이은 부드러운 단맛을 추출하는 것이다.

주입 타이밍을 양분화시키면서 쓴맛을 낮추기 때문에 미분이동에 의한 잡미 성분은 추출되지 않지만 농도가 짙어진다. 진한 커피를 즐기는 추출방법이다.

❹ 3차, 4차 추출

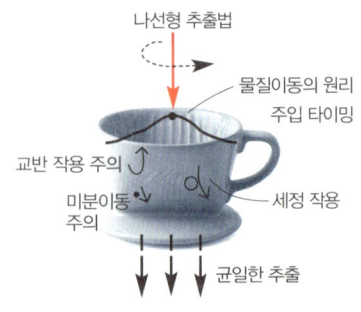

1차와 2차에서 쓴맛의 성분을 줄이기 위해 나선형으로 주입하면서 양분화시키는 주입 타이밍으로 물줄기는 가늘게 입자의 성분을 확산시키는 추출방법을 사용했다면 3차와 4차 추출에서는 주입 타이밍을 부드럽게 세정하는 균형 위주로 추출한다. 1, 2차의 진액과 3차, 4차의 부드러운 밸런스의 조화를 이루는 추출방법이다. 주의해야 할 점은 물질이동의 원리를 이용한 주입 타이밍은 입자를 세정화시키는 방법이지만 주입양이 많아지면 칼리타 기구 특징상 교반 작용과 미분이동이 발생할 수 있다.

❺ 평가 결과

- 아로마aroma : 캐러멜향caramelly, 캔디향candy, 엿기름, 맥아향malty, 초콜릿향chocolate, 구운 아몬드 toasted almond, 송진향raisin
- 테이스트taste : 쓴맛, 신맛, 단맛의 균형 있는 쌉쌀한 맛
- 신맛acidity : 신맛은 감소되어 있으면서 쓴맛과 단맛이 조화롭다.
- 바디body : 두꺼운 바디감thick body
- 촉감mouthfeel : 약간의 오일리oily한 느낌
- 단맛sweetness : 쓴맛이 조금 많이 있는 볶음도이기 때문에 단맛은 약하다.
- 밸런스balance : 쓴맛을 적절히 조율해 주는 신맛과 단맛의 균형과 촉감이 쓴맛을 기분 나쁘지 않게 표현하며 여운 또한 길어 균형감이 좋다.

❶ 뜸

강볶음된 마운틴 케냐Mt Kenya는 83℃ 이하로 뜸을 들이는데 뜸의 중점이 상당히 낮게 움직이기 때문에 주입양의 컨트롤 또한 심혈을 기울여야 한다. 조금이라도 주입양이 많으면 입자의 지탱이 약해져 뜸의 중점이 무너질 수 있기 때문에 주입양의 안배가 중요하다. 뜸의 중점이 무너지면 본 추출에서는 추출 여과력이 떨어져 쓴맛이 증가한다.

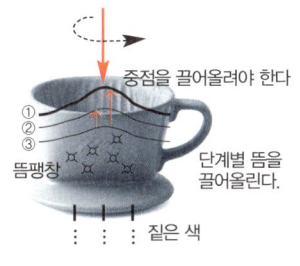

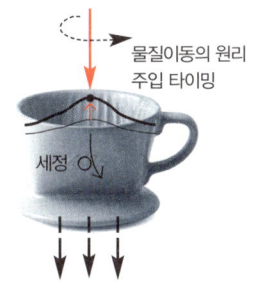

강볶음 커피는 탄맛이 나면 안 된다. 탄맛이 난다는 것은 로스팅 과정에서 오일이 발생할 때 과도한 화력으로 오일을 태우기 때문에 발생한다. 특히 직화식 로스터기를 사용할 경우 많이 발생하는 데 이런 맛은 로스팅 실패를 의미한다. 강볶음은 오일을 태워서는 안 된다.

❷ 1차 추출 응용

이번 추출부터는 약간의 응용을 하는 응용편을 보여 줄 것이다. 응용력을 키우는 추출방법인데, 입자에 대한 이해와 물줄기 굵기에 대한 이해가 요구되는 방법이다.

1차 추출에서 쓴맛 성분이 아주 강한 강볶음 케냐 커피를 부드럽게 세정시키는 방법이다. 강볶음의 입자를 부드럽게 세정시키면 쓴맛이 쌉쌀해지는 맛으로 표현된다.

즉, 입자의 여과력을 의도적으로 줄이는 방법이다. 입자의 여러 성분들 중에서 점성은 여과되지 못하기 때문에 촉감에서 강볶음 특유의 점성을 찾을 수 없다. 하지만 쓴맛은 부드럽게 표현할 수 있기 때문에 쓴맛을 즐기는 사람들에게는 좋은 느낌을 줄 수 있다. 여기서 집중해야 할 부분은 주입양이 다소 많아져서 추출 중점이 높아지지 않게 해야 하며 주입양의 증가에 따른 상대적으로 입자가 무너지는 현상이 발생되지 않게 주입 안배가 필요하다. 추출 중점을 끌어올리면서 주입양을 늘리는 물질이동 원리의 주입 타이밍은 입자 간 세정 작용을 활용할 수 있다. 이렇게 세정화되면 쓴맛의 성분은 부드러워지며 신맛과 단맛은 약해진다. 점성 또한 추출되지 않으며 바디감도 떨어진다. 다시 말해 매력이 없을 수 있지만 쌉쌀한 느낌을 즐길 수도 있다.

❸ 2차 추출 응용

1차 추출에서 세정화시키는 응용을 했다면 2차 추출에서도 나선형 주입 추출방법으로 주입을 하면서 주입 타이밍을 물질이동의 원리를 이용한 주입회전 방법을 사용하면 물의 주입양이 상대적으로 많아져서 부드럽게 세정 작용을 활용할 수 있다.

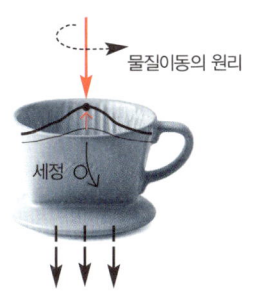

이렇게 세정 작용을 활용해서 쓴맛을 더욱더 부드럽게 추출하게 만드는 방법인데 주의해야 할 점은 추출 중점이 너무 높아질 수 있다는 점이다. 추출 중점이 높아지면 세정 작용은 더욱더 자연스러워지지만 칼리타 기구 특징상 받침지 상황이 발생한다. 이 현상은 입자와 물과의 접촉이 많아져서 교반 작용의 원인이 되며 미분의 이동이 발생하게 된다. 미분이동의 결과는 잡맛이 표현되며 하부층의 추출구가 일정하게 추출되지 못하게 만들 수도 있다. 이런 현상이 발생되지 않게 하기 위해서는 입자의 굵기와 물줄기의 굵기에 대한 이해가 필요하며 물을 주입하는 주입양과 회전수를 고려해서 추출 중점의 유지와 주입 속도, 물줄기의 굵기, 하부층의 추출색을 관찰하여 추출해야 한다.

> 그냥 막 붓는(pour식) 방식은 어찌 보면 많이 아쉬운 커피이다. 이렇게 미국과 유럽에서 푸어pour식이 유행하는 것은 아메리카노americano의 텁텁함을 깔끔하게 표현하는 데에 대한 매력과 싱글오리진single origin에 대한 그나마 향의 다양성에 대한 표현 정도이다. 그러나 그들이 정교한 핸드드립의 드리핑을 이해하게 되면 또 다른 세계에 빠져들 것이다. 그것이 바로 반자동 머신의 9bar에서 프리인퓨전과 프리브루잉을 다양하게 조율하는 가변압 페달식의 슬레이어 에스프레소slayer espresso 머신의 매력인 것처럼 말이다.

❹ 3차, 4차 응용

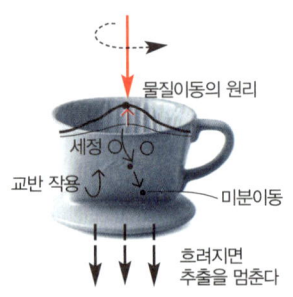

3차와 4차 추출의 가장 중요한 핵심은 얼마나 쓴맛을 마지막까지 부드럽게 표현할 것인가이다. 1차, 2차에서 의외의 세정 작용으로 쓴맛을 다소 부드럽게 표현했다면, 3차와 4차 추출은 추출 마무리 시점으로 추출 중점 유지와 교반 작용 배제, 미분이동 배제, 하부층의 추출색의 체크가 무엇보다 선행돼야 한다.

이 부분이 추출 마무리의 중요한 점이며 가장 중요한 점은 추출 시간의 안배이다. 이 추출 시간의 안배는 하부층의 추출액의 색과 동일하다.

❺ 평가 결과

- 아로마aroma : 블랙베리black berry, 다크초콜릿dark chocolate, 송진향rasin, 스파이시한 민트향spicy mint, 정향clove
- 테이스트taste : 쏘는 맛pungent, 쓰면서 단맛이 부드럽게 난다bitter-sweet-smoth
- 애프터테이스트aftertaste : 강볶음 특유의 쓴맛과 단맛의 긴 여운, 칼리타 추출이라 다소 부드럽게 느껴진다.
- 신맛acidity : 신맛은 거의 느끼기 힘들다.
- 바디body : 무거운heavy 느낌의 바디
- 촉감mouthfeel : 강볶음의 크리미creamy한 부분이 칼리타 추출이라 다소 약하다.
- 단맛sweetness : 단맛은 감소되어 있으면서 오히려 쓴맛을 부드럽게 느끼게 해준다.
- 클리어니스clearness : 강볶음이면서 깔끔하고 스모키smoky하다.
- 밸런스balance : 강한 쓴맛 속의 부드러운 균형이 인상적이다.

고노 핸드드립 평가

Mt Kenya

약 볶음

❶ 뜸

약볶음된 케냐 커피는 90℃ 이상에서 뜸을 들이는 것이 단단한 조직의 성분들을 충분히 팽창시킬 수 있는 방법이다. 뜸의 중점이 높아질 수 있는 볶음도이며 CO_2 함량 또한 많으므로 중점을 서서히 올려주어야 한다. 서서히 뜸을 유지하기 위해서는 물줄기의 굵기와 나선형으로 뜸을 들일 때의 안배 또한 필요하다.

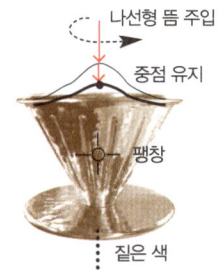

❷ 1차 추출 응용

이번에는 부드럽게 추출하는 추출 응용 방법을 소개하겠다.

부드럽게 추출하는 방법으로 중분법 추출 주입방법으로 물의 추출 타이밍을 물질이동의 원리를 이용한 주입 타이밍으로 회전수를 늘리면 입자와 입자 사이의 성분을 세정화시키는 세정 작용을 활용할 수 있다. 단, 주의해야 할 점은 주입양이 많아지는 세정 작용은 추출 중점 또한 높아질수 있고 교반 작용도 발생할 수 있어 미분이동에 의한 막힘 현상, 잡미 발생 등 여러 요인이 발생할 수 있다.

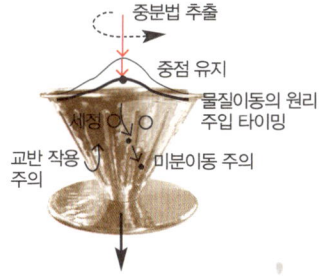

이런 해결책은 입자 굵기의 조절과 물줄기의 굵기 조절, 주입양의 안배, 볶음도에 따른 숙성 정도를 고려해야 교반 작용과 미분이동을 조율할 수 있다. 부드럽게 추출하는 방법은 신맛이 강한 아프리카 커피인 케냐 커피의 신맛을 부드럽게 추출하는 방법이며 단맛 또한 부드럽게 추출이 된다. 단 촉감의 실키silky한 느낌은 감소한다.

❸ 2차 추출 응용

상부층의 중점이 높아질 수 있는 시점이기 때문에 끌어내려야 하고 중부층에서는 입자 간 세정 작용이 발생하는 시점이므로 교반 작용이 발생하지 않도록 주의해야 한다. 하부층에서는 짙은 색은 덜 추출되지만 다소 굵은 듯한 추출액이 떨어진다. 신맛이 많이 부드러워지는 2차 추출 시점으로 너무 강한 신맛을 균형 있게 추출하는 추출 응용 방법이다.

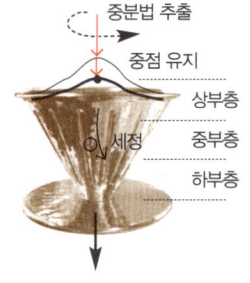

부드러운 신맛과 부드러운 단맛이 조화로운 시점이다. 단, 주의해

야 할 점은 주입양이 많기 때문에 중부층 이하 교반 작용이 발생하지 않도록 주의해야 한다.

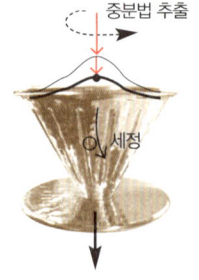

❹ 3차, 4차 추출 응용

1차와 2차에서 물질이동의 원리를 이용한 주입 타이밍을 사용해서 주입 횟수를 늘렸다면, 3차, 4차 추출 역시 주입 횟수를 늘려 전체적으로 부드럽게 추출되는 케냐 약볶음 커피를 표현하는 응용방법도 신맛을 다소 강하지 않게 표현하면서 단맛과의 조화를 이루게 만드는 추출 표현으로 여러 다양한 향aroma을 즐길 수 있게 추출하는 방법이다.

❺ 평가 결과

- 아로마aroma : 바닐라향vanilla, 캐러멜향caramel, 꽃향floral, 복숭아향peach, 감귤계향citrus, 계피향cinnamon, 초콜릿향chocolate, 자몽향grapefruity
- 테이스트taste : 신맛이 증가된 톡 쏘는 듯한 맛
- 애프터테이스트aftertaste : 다양한 향의 복합적인 여운이 고노 기구로 추출해서 더 길게 느껴진다.
- 신맛acidity : 강한 신맛이 마치 레몬맛과 자몽맛이 느껴진다.
- 바디body : 상당히 풍부한 느낌의 바디감full body
- 촉감mouthfeel : 밀키milky하고 실키silky한 촉감이다.
- 단맛sweetness : 단맛의 여운이 신맛보다 적다.
- 클리어니스clearness : 고급 SL28 종자의 깔끔함이 강하다.
- 밸런스balance : 단맛 속의 신맛이 상승하는 맛 속에 다양한 향의 여운이 은근히 긴 균형감이 좋다.

❶ 뜸

중볶음된 케냐 커피는 85℃ 이상에서 뜸을 들이는 것이 중볶음의 쓴맛을 다소 부드럽게 팽창시킬 수 있는 방법이다.

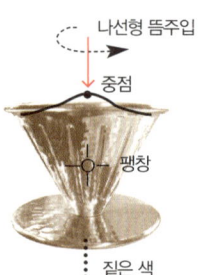

뜸을 들이는 방법은 인위적인 뜸 방식으로 상부층의 뜸의 중점을 유지하면서 중부층 이하 입자들을 고르게 팽창시키면서 상부층 입자들의 수분 또한 지속적으로 유지시켜 주어야 본(1차) 추출 시 추출을 강제적으로 하지 않게 된다.

강제적으로 추출을 한다면 상부층에서는 대부분 마르기 때문에 한 번 물을 머금다가 다시 줄어드는 시점에 입자들이 수분 부족으로 인해 오므라드는 현상이 발생한다. 강제성 즉, 팽창력은 추출에서 여과력을 떨어뜨릴 수 있기 때문이다. 뜸에서 안정적인 상·중·하부층

에 고르게 주입하는 뜸을 인위적인 뜸이라고 한다. 이런 안정적인 뜸의 결과가 하부층에서 짙게 한 방울씩 떨어지는 결과이다.

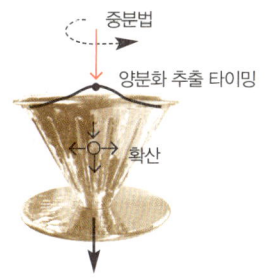

❷ 1차 추출

쓴맛이 개입된 중볶음 케냐 커피를 1차 추출에서 가운데서 외곽으로 원을 그리며 주입 추출하는 추출방법을 중앙분리 추출방법이라 한다. 중점 유지가 유리한 중볶음 케냐 커피를 추출 타이밍을 양분화시키면 신맛이 추출되면서 쓴맛의 개입을 다소 완화시킬 수 있다. 이때 신맛뿐만 아니라 단맛과 점성 또한 추출이 되기 때문에 쓴맛의 느낌을 감소시킬 수가 있다.

❸ 2차 추출

쓴맛의 개입이 더욱더 심해지는 추출 시점이다. 이 쓴맛을 완화시키기 위해서 1차 추출에서 신맛과 단맛, 점성을 추출한다. 그러나 2차 추출 시점 또한 쓴맛이 많이 추출되므로 다소 부족하지만 신맛을 조금이라도 더 추출해 낼 수 있다면 쓴맛을 더 배제할 수도 있다. 입자 간 확산 작용 또한 쓴맛을 감소시킬 수 있는 방법 중 하나이며 대중들이 좋아하는 달콤 쌉싸름한 케냐 커피를 표현할 수가 있다.

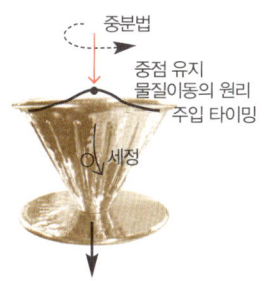

❹ 3차, 4차 추출

3차와 4차 추출에서는 쓴맛의 여운을 조율하는 시점이다. 1차와 2차에서 쓴맛을 배제하기 위해 확산 작용을 활용했다면 3차와 4차 추출에서는 진하면서도 부드러운 여운이 입안에 오래 남게 하기 위한 추출 밸런스가 필요하다. 이 추출 밸런스는 중분법으로 주입하면서 추출 타이밍을 물질이동의 원리를 이용한 주입 타이밍을 사용해서 회전 수를 늘리면 입자 간 성분을 세정 작용을 활용할 수 있어서 부드럽게 추출이 된다. 단, 교반 작용과 미분이동이 발생하지 않게 물줄기 조절이 필요하다.

❺ 평가 결과
- 아로마aroma : 캐러멜향caramelly, 캔디향candy, 맥아향, 엿기름향malty, 초콜릿향chocolate, 구운 아몬드향toasted almond, 송진향raisin
- 테이스트taste : 신맛, 단맛, 쓴맛의 균형 있는 쌉쌀한 맛
- 신맛acidity : 신맛은 다소 약볶음보다 약하지만 단맛과 쓴맛이 균형 있다.

- 바디body : 고노 추출에 의해 좀 더 무겁다.
- 촉감mouthfeel : 오일리oily, 크리미cream한 촉감이다.
- 단맛sweetness : 은근히 쓴맛 뒤에 단맛이 느껴진다. 원추형 드리퍼(kono) 기구의 특징이다.
- 밸런스balance : 무엇보다 촉감의 점성(oily, creamy)이 쓴맛의 느낌을 부드럽게 감싸 주는 느낌과 신맛과 단맛의 균형 속의 여운이 은근히 길다.

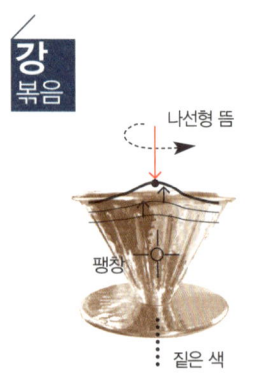

❶ 뜸

강볶음 마운틴 케냐 커피를 83℃ 이하로 뜸을 들이는 것이 강한 열에 손상되어 있는 입자들의 성분을 부드럽게 뜸을 들이는 온도이며 뜸의 중점 유지를 위해서도 온도가 높지 않기 때문에 유리하다.

만약 한 번에 굵은 물줄기로 뜸을 들이면 CO_2 함량이 적은 강볶음 입자들이 팽창하는 속도와 중점의 높이가 너무 과하게 높아져서 입자 간 지탱력이 약해진다. 이렇게 약해진 입자의 지탱은 결국 1차(본) 추출에서는 추출 여과력이 감소하게 돼서 쓴맛이 증가하게 된다.

❷ 1차 추출

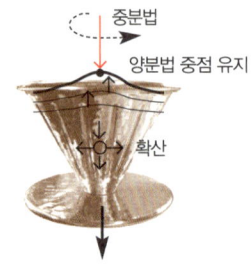

쓴맛이 강한 케냐 강볶음 커피를 1차 추출할 때 양분화시키는 주입 타이밍을 활용한다면 중부층에 있는 입자들의 성분을 확산시킬 수가 있다. 중분법(중앙집중 분리형 추출방법)으로 가운데에서 외곽으로 주입하면서 추출하는 방법은 가운데 입자들이 많이 분포되어 있고 외곽은 입자들이 지탱하기가 어려운 각도이기 때문에 주입하는 것보다는 표면장력의 힘을 이용하는 것이 안정적인 주입방법이다.

중분법을 사용하는 추출 주입은 입자 여과력과 교반 작용을 방지하며 주입 타이밍을 양분할수록 쓴맛의 성분을 낮출 수 있는 신맛의 성분을 조금이라도 추출해 낼 수 있기 때문이다.

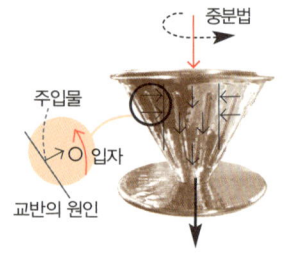

이 신맛의 성분이 바로 쓴맛을 줄이는 효과를 나타내며 마시고 난 뒤의 여운에서 쓴맛 같지 않은 단맛이 이어지는 것이다. 또한 확산 작용에 의해 점성 또한 추출이 되기 때문에 더욱더 쓴맛 같지 않은 부드러운 맛을 감싸 준다.

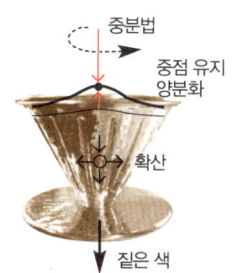

❸ 2차 추출

쓴맛이 더욱더 증가되는 시점이기 때문에 2차 추출에서도 양분화 추출 타이밍을 활용한 주입 타이밍을 사용해야 중부층 이하 입자들 간의 쓴맛 성분을 낮출 수 있는 신맛과 단맛, 점성이 조금이라도 추출이 될 수 있다. 1차와 2차의 성분이 조화를 이루게 하는 시점이지만 2차 추출에서 쓴맛이 개입이 되기 때문에 추출에 주의를 해야 한다. 여기서 주의해야 할 점은 물줄기의 정교함인데 물줄기가 가늘어야 양분화 시키는 데도 유리하다. 만약 물줄기가 굵게 되면 입자와 입자 사이에서 팽창이 증가하게 돼서 추출 여과력이 약해진다. 추출 여과력이 약해지면 신맛의 성분 또한 덜 추출이 되기 때문에 결국 쓴맛이 증가하게 된다.

❹ 3차, 4차 추출

1차와 2차에서의 진한 성분을 추출했다면 3차와 4차에서도 또한 진한 성분이 추출되며 쓴맛이 오히려 깔끔하고 진하게 표현된다. 하지만 여기서 마무리 시점을 잘 표현하지 못하면 오히려 잡미가 개입이 되어 쓰지 않지만 잡미의 성분이 느껴진다. 이런 잡미가 개입이 되지 않게 하기 위해서는 추출 시간의 안배가 무엇보다 중요하다.

❺ 평가 결과

- 아로마aroma : 블랙베리향black berry, 송진향raisin, 다크초콜릿향dark chocolate, 정향clove, 스파이시한 민트향spicy mint
- 테이스트taste : 강한 쏘는 초콜릿맛strong pungent
- 애프터테이스트aftertaste : 강볶음 특유의 파워 있는 긴 여운과 송진과 정향의 스파이시한 느낌
- 신맛acidity : 신맛은 강볶음이지만 조금 느껴지는 매력이다.
- 바디body : 무거움heavy body
- 촉감mouthfeel : 강볶음 특유의 촉감인 크리미creamy, 오일리oily한 부분이 고노 기구 추출 시 강하게 느껴진다.
- 단맛sweetness : 단맛이 감소된 볶음도이지만 쓴맛뒤에 느껴진다.
- 클리어니스clearness : 강볶음이지만 워시드washed 처리되어 깔끔하면서 스모키smoky하다.
- 밸런스balance : 강한 쓴맛 속의 신맛과 단맛이 느껴지는 묘한 균형감이다.

04 르완다
Rwanda

르완다 정부는 스페셜티specialty 커피 시장에 판매하기 위해 품질향상에 노력하고 있다. 농장과 정부가 협력해서 더 많은 워싱스테이션washing station을 만들어 커피 품질 유지와 운송 중 지연되지 않도록 노력하고 있다. 워싱스테이션에서 잘익은 가라앉은 체리만 선별해서 발효탱크에서 3중 발효식으로 생두에 다양한 향과 단맛이 증가되도록 가공처리 과정을 연구하고 있다. 3중 발효란 발효탱크에서 1차, 2차는 물을 사용하지 않고 발효시키면서 세척만 하고 3번째 수중 발효시키는 방법이다. 발효가 끝나고 건조과정 또한 건조대에서 수분을 10%대로 유지하면서 15일 이상 천일건조 방식을 사용한다.

아프리카의 커피 생산역사는 짧지만 르완다는 COE 대회에 스페셜티 커피를 아프리카에서 처음으로 출품한 나라이다.

조밀도 중간
종자 버본bourbon
수확 3~6월
가공처리 워시드washed
등급 ① 스크린 사이즈, 결점두 수

등급(Type)	크기(Size)	결점두(Defect)
Standard(S.T.D)	스크린 사이즈 15~16	최대 58
Ordinary(O.R.D)	스크린 사이즈 15~16	최소 58
Ungraded(U.G)	스크린 사이즈 12	

② 커핑에 의한 등급

특징 1,500~2,000m 이상의 고지대에서 생산되며 비옥한 화산재의 토양에서 재배된다. 전에는 내추럴이나 펄프내추럴이 많았지만 지금은 주로 워시드 방식으로 처리한다.
주 종자는 버본으로 향과 맛이 고급스러운 특징을 가지고 있는데 에티오피아와 케냐 커피를 블렌딩한 느낌이거나 흡사 케냐 같은 느낌을 가지고 있기도 하다.
고도가 높은 곳에서 생산이 이루어지며 거의 대부분 유기농 커피 재배가 주를 이룬다. 고도가 높기 때문에 체리가 천천히 익어가고 향미가 아주 풍부하다.

로스팅 그래프

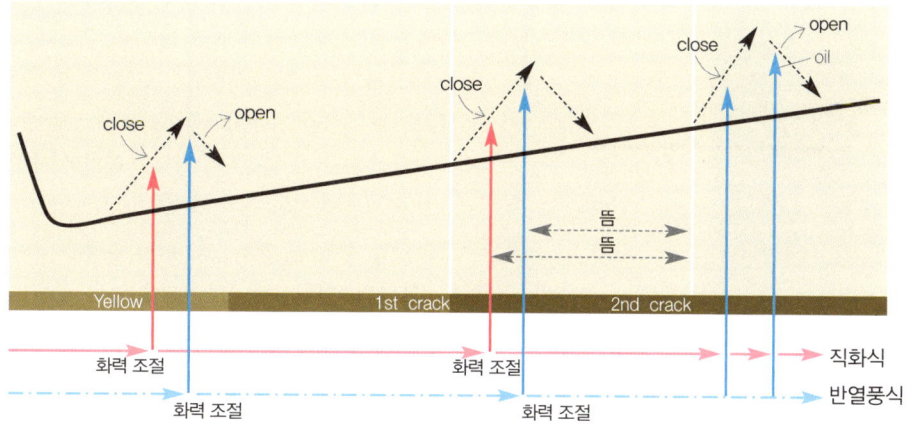

르완다 버본 Rwanda bourbon 100% 종자는 조밀도가 중간 이상으로 195℃에서 200℃ 사이에서 투입하는 것이 안정적인 로스팅 프로파일을 만들 수 있다.

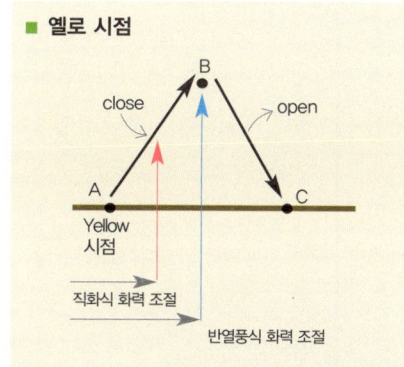

■ 옐로 시점

직화식 로스터기의 옐로 시점에서의 화력 조절을 미리 확보하는 것이 드럼 내 열량공급의 단점을 보완할 수 있는 방법이나 화력만 미리 확보한다고 드럼 내 열량을 보완하는 것은 아니다. 화력과 댐퍼의 조절이 중요한 시점으로 댐퍼를 닫아 줌으로써 드럼 내 열량을 보완해 줄 수 있다. 이렇듯 직화식 로스터기는 열량의 부족현상을 안고 있는 로스터이기 때문에 이런 열량을 보완하기 위해 화구를 더 보완(개조)하기도 한다.

또한 옐로 시점의 단 향도 반열풍식보다 조금 늦지만 색의 변화가 빠르기 때문에 내외부의 로스팅 정도를 겉색으로만 판단하는 것보다 단 향의 세기를 체크하면서 댐퍼를 활용하는 것이 좋다.

옐로 시점의 반열풍식 로스터기는 단 향의 정점인 B 시점에서 화력을 조절하는 것이 드럼 내 안정적인 열량을 확보할 수 있게 된다. 댐퍼 또한 직화식 로스터기 처럼 미리 닫아 두는 것이 드럼 내 열량을 확보할 수 있는 방법이다. 대류열에 의해서 공기흐름이 안정적인 반열풍식 로스터기는 단 향의 발산 정도가 빠르게 진행된다.

옐로 시점에서의 화력 조절은 반열풍식 로스터기보다 직화식 로스터기에서의 열량 조절이 무엇보다 중요하다. 조금이라도 화력을 보완하지 못하면 전체적인 로스팅 프로파일에 영향을 주기 때문이다.

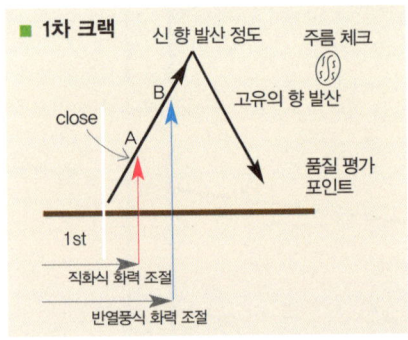

1차 크랙이 시작되는 시점부터 2차 크랙이 시작하기 전 단계가 그린빈의 품질평가 포인트 단계이면서 약볶음의 다양한 향미를 표현하는 단계이다. 신 향의 강도와 주름의 펴짐 정도를 체크하면서 약볶음의 베스트 포인트인 르완다Rwanda 커피의 포인트를 찾아야 품질 평가를 제대로 할 수 있게 된다.

직화식 로스터기는 A 시점에서 댐퍼와 화력을 조절해 주어야 밖에서부터 익어 들어오는 로스팅 방식을 내외부 균일하게 로스팅할 수 있는 방법으로 미리 화력과 댐퍼를 조절해 주는 것이 안정적인 로스팅 방법이다. 르완다 커피는 케냐나 탄자니아와 같은 방식으로 로스팅을 하는 프로파일이지만 포인트별 향미 평가가 다르기 때문에 다양한 로스팅 경험이 필요하다. 미국이나 유럽에서는 케냐 커피 대용으로 르완다 커피를 사용하기도 하지만 르완다 커피는 케냐 커피와는 또 다른 느낌을 표현한다.

반열풍식 로스터기의 화력 조절은 B 시점에서 주름의 펴짐 정도와 신 향의 발산과 고유하고 다양한 향의 발산을 체크하며 화력을 조절한다. 댐퍼는 직화식 로스터기처럼 미리 닫아 주는 것이 드럼 내 대류열과 공기흐름을 안정적으로 유지할 수 있다.

버번 종자의 주름의 펴짐은 조밀도가 중간 이상이기 때문에 그렇게 빨리 펴지지도 않을 뿐더러 직화식에서는 주름의 펴짐이 조금 빠르면서 색의 변화까지 빠르기 때문에 뜸을 미리 들이는 것이 내부의 로스팅과 외부의 색을 고르게 로스팅할 수 있는 방법이다. 또한 반열풍식 로스터기는 안정적인 열량 시스템이기 때문에 주름의 펴짐과 내외부의 색상이 균일하게 로스팅되는 장점이 있다.

> 주름이 잘 펴지지 않은 상태에서 로스팅 포인트를 표현하면 떫고 아린 시큼한 맛이 나기 때문에 주의해야 한다.

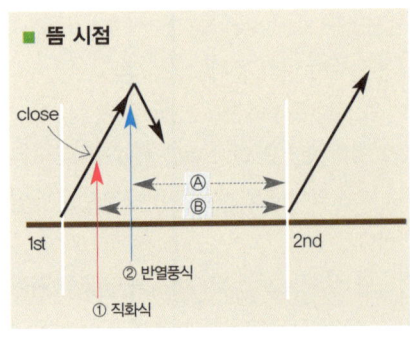

직화식 로스터기의 뜸을 들이는 ⓑ 시점은 주름의 펴짐을 확인하면서 화력을 조절해야 하는데 직화식 로스터기의 특징상 내외부의 균일한 뜸을 주기 위해서는 뜸을 들이는 시간이 길수록 내외부의 균일한 로스팅을 할 수 있다. 단, 주의해야 할 점은 뜸을 들이는 시간 속의 온도 상승 정도인데 사실 종자의 조밀도 정도에 따라서 온도 상승폭과 뜸을 들일 때의 화력 조절 정도와 화력 세기 정도의 차이가 다르기 때문에 로스터는 사실 많은 경험이 필요하다. 조밀도에 따라 온도 상승폭과 빈의 색의 변화 정도, 즉 포인트의 변화, 주름의 펴지는 정도, 고유의 향이 발산되는 시점에서 다양한 향의 변화를 체크해야 얼마나 안정적인 화력 조절을 했는지 알 수 있게 된다.

또한 댐퍼 조절도 직화식 로스터기의 또 다른 화력 조절 수단으로 내부까지의 균일한 로스팅을 위해 미리 댐퍼를 닫아 드럼 내 안정적인 공기흐름을 만드는 것이 관건이다.

반열풍식 로스터기의 뜸을 들이는 Ⓐ 시점은 주름의 펴짐 정도가 직화식보다 더 많이 펴지므로 내부부터 로스팅되는 반열풍식 로스터기의 장점을 살려 내외부 균일한 로스팅을 하기 위한 화력 조절이다. 주름의 펴짐 정도와 고유의 향의 발산 정도의 강도를 체크하면서 화력을 조절해야 한다. 또한 생두의 품질 평가 포인트이기 때문에 확인봉을 통해서 고유한 향이 다양한 향으로 발산되는 포인트를 체크해야 한다. 또한 댐퍼 조절은 직화식 로스터기와 동일하게 미리 댐퍼를 닫아 주는 것이 드럼 내 안정적인 열량 공급과 대류흐름을 조율할 수 있다.

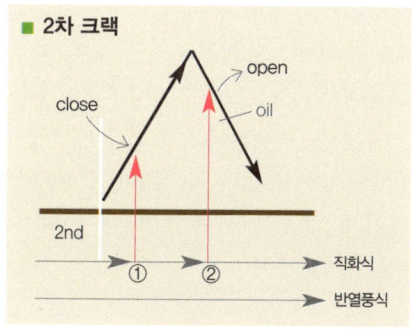

2차 크랙이 시작되는 르완다 중볶음 커피는 직화식 로스터기로 로스팅할 경우 로스팅 범위가 넓기 때문에 다양한 포인트의 향미를 표현할 수 있다. 종자가 100% 버본인 경우 조밀도가 중간 이상이기 때문에 화력을 조절하는 ① 시점에서 온도의 상승 정도를 체크하면서 댐퍼를 조절해야 드럼 내 온도 상승의 안정화를 만들 수 있다. 다시 말해 조밀도가 중간 이상인 버본 종자를 화력을 조절하는 시점인 직화식 로스터기는 드럼 내 열량이 부족해질 수도 있기 때문에 댐퍼의 향의 보완적인 부분을 활용할 수도 있다. 화력 조절 시 댐퍼 조절에 대한 상호보완적 방법은 직화식 로스터기 사용의 중요한 방법이다. 2차 크랙이 시작되는 중볶음 포인트에서는 쓴맛이 개입되는 포인트이다. 이 쓴맛이 개입이 되는 포인트를 단맛과 신맛의 조화를 이룰 수 있게 하려면 중볶음 포인트를 약하게 볶는 것이 신맛을 조금이라도 표현할 수 있는 방법이다. 이 신맛의 표현은 중볶음에서 개입이 되어 있는 쓴맛을 낮출 수 있는 유일한 방법이다. 또한 신맛은 열량이 부족하면 감소할 수 있기 때문에 화력 조절 시 주의를 요한다.

또한 오일이 발생하는 강볶음 포인트에서의 직화식 로스터기는 오일을 태워서는 안 되기 때문에 화력을 조절해 주어야 하며, 댐퍼 또한 연기가 많이 발생되는 시점으로 빈에 연기가 배어 텁텁해질 수 있으므로 댐퍼를 열어 주어야 한다. 이때 드럼 내 열량이 부족할 수 있기 때문에 미리 화력을 보완해 주는 ② 시점을 사용해야 안정적인 강볶음을 표현할 수 있다.

반열풍식 로스터기는 2차 크랙 시점에서 화력 조절을 따로 할 필요가 없다. 그 정도로 드럼 내 열량 확보가 탁월한 로스터기로 대류열과 복사열의 공기흐름이 안정적인 로스터기이다. 2차 크랙이 시작되는 중볶음 시점에서 댐퍼 조절을 해 줌으로써 부족해질 수 있는 열량을 확보할 수 있기 때문에 따로 화력을 보완해 줄 필요는 없다. 또한 오일이 발생되는 강볶음에서도 화력을 유지해 주면서 연기가 많이 발생되기 전에 댐퍼를 열어 주면 텁텁하지 않게 로스팅을 할 수 있다. 르완다 커피는 마치 케냐 커피처럼 로스팅 범위가 넓어서 다양한 향미 포인트를 표현할 수 있다.

칼리타 핸드드립 평가

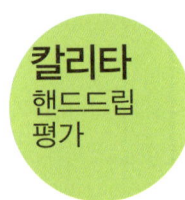

약 볶음

❶ 뜸

르완다 버본 Rwanda bourbon 종자의 약볶음된 커피는 90℃ 이상의 온도로 뜸을 들이는 것이 단단한 조직의 성분을 충분히 뜸의 여과를 시킬 수 있는 방법이다. 만약 너무 낮은 온도로 뜸을 들이면 본 추출에서의 추출 활성화되는 부분이 다소 부족해진다. 뜸의 방식은 인위적인 뜸의 방식으로 상부층, 중부층, 하부층을 고르게 뜸을 주입하는 방식이다. 그 이유는 상부층의 수분을 추출이 시작할 때까지 유지시키기 위해서다. 그러나 이 방식의 단점은 수로현상과 중점이 높아질 수 있다. 이런 단점을 보완하기 위해서는 주입하는 물의 양을 조율해야 수로현상을 막을 수 있고 안정적인 뜸의 중점을 유지할 수 있다.

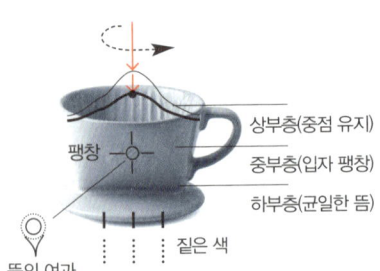

❷ 1차 추출 응용

신맛이 강한 약볶음 르완다 커피를 1차 추출할 때 추출 중점을 유지하면서 주입방법은 나선형으로(안으로 밖으로, 밖에서 안으로) 추출을 하면 추출 중점이 높아질 수 있기 때문에 물줄기의 굵기 조절이 필요하다. 만일 너무 굵은 물줄기로 주입을 하면 입자 간 세정 작용으로 인해 추출 중점이 너무 높아져서 다양한 향미를 표현할 수 없다. 또한 주입양이 다소 많아질 수 있어 미분이동도 발생할 수 있다. 미분이동은 입자 간 자리 잡는 부분을 상실하게 돼서 자연교반 작용까지 발생할 수 있다. 이렇게 발생되는 현상은 결국 잡미가 섞일 수 있으니 주의해서 추출해야 한다. 신맛이 많은 커피이기 때문에 신맛을 부드럽게 추출하는 물질이동의 원리의 주입 타이밍을 활용한 입자 간 세정 작용을 발생하게 만드는 주입 타이밍이다.

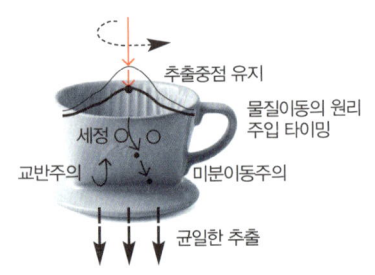

❸ 2차 추출 응용

2차 추출에서는 신맛이 다소 줄어든 시점이기 때문에 추출 밸런스만 맞춰 주면 되지만 단맛 또한 부드럽게 추출해 줘야 1차에서의 신맛과 조화를 이룰 수 있다. 주입방법이 나선형 추출 주입이기 때문에 일단 주입양이 많아 입자 간 세정 작용이 발생하는데, 세정 작용이 발

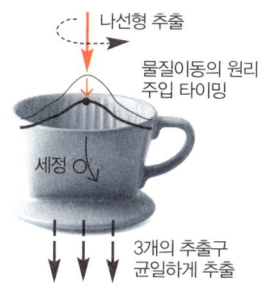

생하는 시점에 주입양의 안배가 무엇보다 중요하다. 나선형 추출의 단점이 주입양이 많다는 점인데 기구적 특징을 설명해 보면 칼리타 기구의 특징은 물과의 접촉이 많다는 점이다. 초보자에게는 물과의 접촉이 많기 때문에 성분을 추출하는 데 도움이 될 수는 있지만, 프로에게는 오히려 잡미와 미분이동, 교반 작용이 걸림돌이 된다. 다시 말해, 추출에 대해 알기 시작하면 물과 입자와의 접촉에 의한 성분 추출의 핵심을 이해하게 된다는 것이다. 또한 3개의 추출구에 균일하게 추출이 이뤄져야 균형 있게 추출하는 것이다.

❹ 3차, 4차 추출 응용

전체적으로 부드럽게 추출하고자 하는 추출방법으로 나선형으로 주입을 하는 추출방법이다. 커피 입자와 물과의 접촉이 은근히 많은 추출이기 때문에 추출 수율 또한 높아질 수 있다.

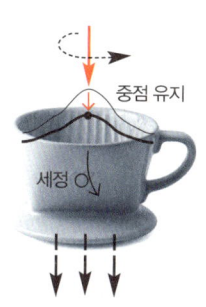

하지만 이 추출 수율 또한 추출액 농도에 따라 다소 차이가 있기 때문에 어떤 추출 기구를 사용할 것인가, 어떤 주입방법을 사용할 것인가, 입자의 굵기와 물의 온도, 커피의 양은 어느 정도로 정할 것인가가 중요하다. 추출액 농도를 너무 진하게 추출하건 너무 약하게 추출하건 마시는 사람의 기호라고 이야기하지만 추출액의 농도에 따른 추출 수율의 이상적인 맛은 단맛의 형성이 얼마나 잘 표현되었느냐에 좌우된다. 이렇듯 마무리 시점의 추출 밸런스의 3차, 4차 추출 시점 또한 1차, 2차 추출의 진액과의 조화와 추출 시간에 영향을 주는 또 하나의 중요한 시점이다.

❺ 평가 결과

- 아로마aroma : 거친 오렌지dynamic orange, 계피향cinnamon, 감귤계citus, 꿀honey, 무궁화꽃향hibiscus, 캐러멜-바닐라향caramel-vanilla, 빨간 과일류향red fruits
- 테이스트taste : 톡 쏘는 상쾌한 신맛(케냐와 비슷한 맛)
- 애프터테이스트aftertaste : 복합적인 긴 여운
- 신맛acidity : 신맛이 감귤계 계열의 거친 듯 여운이 길다.
- 바디body : 풍부한 바디감rich body
- 촉감mouthfeel : 실키silky한 촉감
- 단맛sweetness : 단맛은 좋고 신맛은 여운이 더 길다.
- 클리어니스clearness : 워시드 처리된 가공처리 과정으로 깔끔한 부분이 강도가 강하다.
- 밸런스balance : 전체적인 향미와 바디감, 여운의 균형이 잘 이루어져 있다.

❶ 뜸

중볶음된 르완다 커피를 뜸을 들일 때는 85℃ 이상에서 뜸을 들이는 것이 안정적이다. 만일 뜸의 온도를 90℃ 이상으로 하게 되면 높은 온도에 의한 뜸의 중점이 높아지고 뜨거운 물과의 접촉에 의해 표면적이 커진다. 표면적이 커지면 커피 성분 이동 또한 쉽게 될 수 있다. 하지만 쓴맛이 개입되어 있는 볶음도이기 때문에 쓴맛의 노출이 증가하면 기분 좋은 맛이 표현되지 못한다. 뜸의 중점이 높아지면 본 추출에서 과소 추출이 될 우려가 있기 때문에 주의해야 한다. 나선형으로 뜸을 들이면서 하부층에 한 방울씩 떨어지게 주입을 하면 된다.

❷ 1차 추출

르완다 커피를 다소 강하게 볶은 중볶음이기 때문에 쓴맛의 강도가 다소 강하다. 이렇게 쓴맛이 강하게 표현되는 볶음도를 쓴맛 같지 않게 추출하기 위해서는 특히 칼리타 기구를 가지고 표현하기란 쉬운 일이 아니다. 나선형으로 주입할 때도 주입양이 은근히 많은 추출법이기 때문에 물줄기의 굵기 조절이 무엇보다 요구된다. 물줄기 조절이 가능해야 주입 타이밍을 양분화할 수 있기 때문에 주입 타이밍을 양분화하면 중부층의 입자의 확산 작용을 활용할 수 있다.

확산 작용에 의해 쓴맛을 감소시킬 수 있는 약간의 신맛이 추출되며 약간의 점성 또한 추출이 된다. 만일 주입 물줄기의 굵기 조절이 미흡하면 쓴맛이 강해지기 때문에 물줄기 조절 연습을 많이 해야 한다. 또한 커피 성분을 쉽게 이동하게 만들고 싶다면 입자를 다소 가늘게 분쇄하게 되면 표면적이 커진 입자들을 이동시키기 쉽게 된다. 즉, 신맛을 추출하기가 더 용이해진다.

❸ 2차 추출

쓴맛이 더 많이 추출되는 시점이다. 2차 추출에서 쓴맛을 완화시키기 위해서는 추출양을 줄이고 물의 주입양 또한 적게 주어야 쓴맛을 줄일 수 있다. 주입을 할 때 주입 방법은 나선형이지만 연결해서 주입을 하되 물줄기의 굵기를 최대한 가늘게 주고 주입 스윙 속도를 약간 천천히 하면 약간의 신맛과 단맛, 점성이 조금 더 추출된다. 하지만 기구 특징상 미분이 이동될 수 있는데 미분이동은 꼭 세정 작용에서만 발생하는 것이 아니라 주입양과 추출되는 하부층의 추출 속도와 연관되어 있다. 천천히 가늘게 주입하다보면 성분이동이 천천히 진행되며 추출액 농도가 짙게 되지만 칼리타 기구의 특징상 반침지(즉, 차오르면서 추출이 되는 현상) 현상으로 미분이 이동될 수 있게 된다. 미분이동이 심해지면 교반 작용 또한 발생될 수 있기 때문에 주입할 때 주의해야 한다. 미분이동과 교반 작용은 잡미의 영향을 줄 수 있다.

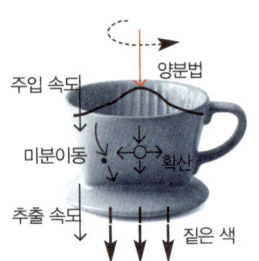

❹ 3차, 4차 추출

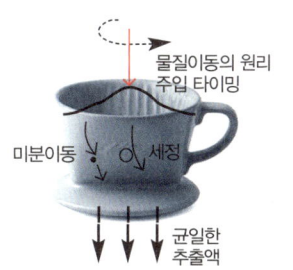

추출 밸런스를 유지하는 3차, 4차 추출 시점이다. 하부층의 추출액 색이 균일하게 추출이 되어야 추출 균형이 완성되는 결과를 얻을 수 있다. 또한 세정 작용을 활용하는 주입 타이밍이므로 쓴맛을 완화시키면서 농도를 조절하는 시점이다. 1차와 2차 추출에서 진액을 추출했기 때문에 추출 균형을 맞추는 시점이다. 단, 주의해야 할 점은 세정 작용을 활용하다 보면 입자 간 이동이 생기게 될 수 있다. 이때 미분이동 또한 주의해서 주입을 해야 잡미가 추출되지 않는 마무리 시점을 표현할 수 있다.

❺ 평가 결과

- 아로마aroma : 코코아cocoa, 브라운 슈거brown-sugar, 캐러멜caramel, 스파이시spice
- 테이스트taste : 쓰면서 단맛이 난다bitter sweet
- 애프터테이스트aftertaste : 스파이시한 긴 여운
- 신맛acidity : 신맛은 감소되어 있다.
- 바디body : 풍부한 바디감rich body
- 촉감mouthfeel : 크리미한 촉감creamy
- 단맛sweetness : 단맛은 약볶음에 비해 다소 쓴맛과 함께 어우러져 강도가 떨어진다.
- 밸런스balance : 전체적으로 약볶음에 비해 균형감은 더 좋다. 신맛, 단맛, 쓴맛이 어우려져 있고 바디감과 여운이 좋다. 단지 아쉬운 것은 향의 다양성이다.

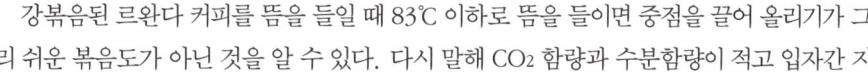

❶ 뜸

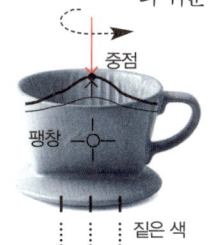

강볶음된 르완다 커피를 뜸을 들일 때 83℃ 이하로 뜸을 들이면 중점을 끌어 올리기가 그리 쉬운 볶음도가 아닌 것을 알 수 있다. 다시 말해 CO_2 함량과 수분함량이 적고 입자간 지탱할 수 있는 지탱력 자체가 약한 볶음도이기 때문이다. 자칫 주입양이 많거나 수구가 너무 높게 뜸을 들이면 중점이 무너질 수 있다. 즉, 중점이 너무 낮게 뜸을 들이면 본 추출에서 추출 효율이 약해져서 추출 활성화가 떨어진다. 추출 활성화가 약해지면 쓴맛이 너무 강해지고 짠맛과 잡미가 함께 추출된다. 또한 수로현상도 발생할 수 있으니 주의해야 한다.

❷ 1차 추출

쓴맛을 최대한 낮추고 신맛을 조금이라도 추출하기 위한 추출 방법이다. 쓴맛을 낮출 수 있는 유일한 맛은 신맛이고 촉감까지 추출할 수 있다면 쓴맛을 더욱더 부드럽게 표현할 수도 있다. 쓴맛을 낮출 수 있는, 즉 신맛을 추출할 수 있는 주입 방법이 양분화시키는 주입 타이밍인데 주입양과 추출 중점을 유지해야만 신맛을 추출할 수 있다. 다시 말해 주입양을

조절하지 못하면 신맛뿐만 아니라 미분이동에 의한 잡미 성분 또한 함께 추출되어 쓰면서 아린 맛을 표현하게 된다.

미분이동을 제한하기 위해서는 칼리타 기구의 특징을 분명히 이해해야 한다. 물과 입자의 접촉이 많은 기구이기 때문에 하부층에서 배출되는 시간적 타이밍과 나선형으로 주입하는 추출 타이밍 간에 추출 밸런스를 유지해야 미분이동 및 교반 작용을 조율할 수 있다.

❸ 2차 추출

칼리타 기구로 아주 강한 커피를 추출하는 방법으로 2차 추출에서도 확산 작용을 활용한 추출주입방법을 사용하는데 강볶음의 추출 주입 중점을 끌어 올리는 것이 쉽지 않기 때문에 물의 주입양의 안배가 무엇보다 요구된다. 다시 말해 그냥 한 번에 주입을 하면 쉽게 추출이 된 듯싶지만 막상 주입을 해보면 입자 간 팽창 정도가 쉽게 되는 것도 아니고 수압의 압력을 지탱할 수 있는 입자의 CO_2 함량도 적어서 오히려 여과력이 약해지는 현상이 발생한다. 1차 추출에서 신맛과 점성을 잘 추출해도 2차 추출에서 교반 작용이 발생해서 쓴맛이 증가하면 1차 추출의 의미가 없어진다는 것이다.

❹ 3차, 4차 추출

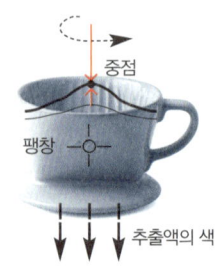

추출 마무리 시점이기 때문에 입자 간 팽창력 또한 약해져 있는 상태이다. 주입을 너무 많이 해서도 안 되며 너무 천천히 스윙을 해서도 입자 간 수압을 지탱하기가 힘들기 때문에 주입양과 추출되는 하부층의 굵기를 고려해서 주입을 해야 하며 하부층의 추출액의 색이 흐려지면 추출 시점을 마무리해야 한다.

❺ 평가 결과

- 아로마aroma : 스윗한 카카오sweet cacao, 캐러멜 슈거caramel sugar, 밀크 초콜릿milky chocolate, 쏘는 듯한 맛spice-pungent, 정향spice-clove, 송진향raisin
- 테이스트taste : 쏘는 쓴맛bitter-pungent
- 애프터테이스트aftertaste : 여운이 부드럽게 길다(칼리타 추출 때문)
- 신맛acidity : 신맛은 거의 느낄 수 없다.
- 바디body : 강볶음 특유의 무게감heavy
- 촉감mouthfeel : 크리미한 촉감creamy-oily, 칼리타 추출로 다소 약하다.
- 단맛sweetness : 강볶음이면서 다소 깔끔한 단맛이다.
- 밸런스balance : 강볶음된 커피라서 균형감은 다소 떨어진다. 칼리타 추출이라 조금 부드러운 균형감은 있다.

Rwanda

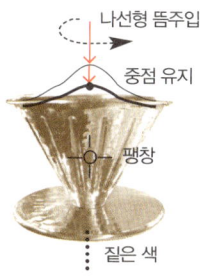

❶ 뜸

약볶음된 르완다 커피의 뜸의 온도는 90℃ 이상으로 뜸을 들이는 것이 입자 간 팽창을 안정적으로 뜸을 들일 수 있는 온도이지만 뜸의 중점의 높이가 높아질 수 있기 때문에 주입물의 양을 안정적으로 주입을 해야 한다. 다시 말해 CO_2 함량이 많기 때문에 높은 온도에 이은 중점이 높아질 수 있다.

만일 숙성이 안 된 상태라면 CO_2의 방해로 뜸을 고르게 주기가 쉽지 않을 것이고 숙성이 어느 정도 되었다면 CO_2의 방해는 덜하지만 반대로 수로현상이 생길 수도 있기 때문에 주의해야 한다.

❷ 1차 추출

중분법 추출의 장점인 중앙분리형 추출방식은 입자 간 수압의 지탱력과 외곽의 수압의 역반동으로 인한 교반 작용이 발생하지 않게 하기 위한 추출법이다. 역반동의 원인은 너무 많은 범위의 추출 효율을 얻으려고 하는 상황에서 발생하는데, 입자는 뜨거운 물에 의해 잡아당겨지는 표면장력의 힘이 발생하기 때문에 굳이 드리퍼 가장자리까지 주입을 하지 않아도 충분히 추출여과할 수 있다. 약볶음의 다양한 향과 신맛이 강한 르완다 커피의 품질평가 포인트이기 때문에 신맛이 너무 강하지 않게 추출해야 한다.

중분법 추출을 하면 아무래도 신맛이 조금 강해지는 데 이런 신맛을 자극적이지 않게 표현하려면 바로 실키한silky 점성과 단맛이 무엇보다 필요하다. 약볶음에서의 단맛은 로스팅 과정에서의 충분한 열량에 의한 결과이며 그린빈의 재배, 가공 과정에서 우수한 환경적 요소를 갖고 있어야만 가능한 일이다.

신맛과 단맛, 점성이 어우러진 1차 추출이 신맛이 많은 르완다 커피를 상쾌한 맛과 다양한 향의 움직임을 보여주는 포인트이다.

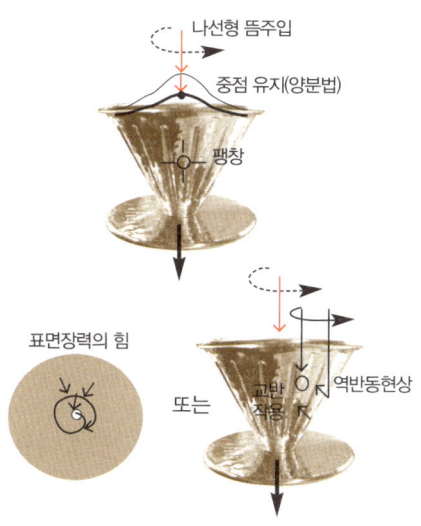

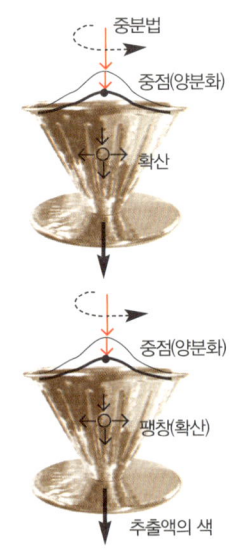

❸ 2차 추출

2차 추출부터는 신맛은 줄어들기 때문에 단맛을 조금이라도 더 추출해야 1차 추출의 신맛을 조금 완화시킬 수 있다. 중분법으로 주입을 하면서 추출 중점을 유지하고 주입 타이밍을 양분화하면서 입자 간 팽창 정도를 확산시키면 단맛의 성분이 2차 추출에서 좀 더 부드럽게 추출이 된다. 양분화하는 물의 주입양은 추출 중점 유지와 하부층의 추출되는 색의 정도를 체크하면서 양분화해야 한다.

❹ 3차, 4차 추출 응용

3차, 4차 추출까지 양분화해서 약볶음 커피를 강하게 만드는 응용 추출법이다. 하부층 추출액의 색이 흐려지기 전에 추출을 마무리해도 무방하다.

❺ 평가 결과

- 아로마aroma : 거친 오렌지향dynamic organge, 계피향cinnamon, 감귤계citrus, 꿀honey, 무궁화 꽃향hibiscus, 캐러멜 바닐라향caramel-vanilla, 빨간 과일류향red fruits
- 테이스트taste : 톡 쏘는 신맛이 강한 단맛(고노 추출에 의해)
- 애프터테이스트aftertaste : 복합적인 향미의 긴 여운
- 신맛acidity : 아프리카 커피 특유의 강한 신맛
- 바디body : 풍부한body 무게감rich body, 더 강하다(고노 추출에 의해)
- 촉감mouthfeel : 실키한silky 촉감
- 단맛sweetness : 단맛은 강하지만 상대적으로 신맛이 더 강하다.
- 클리어니스clearness : 가공처리 과정에 따라 깔끔한 부분이 강하고 고품질이라 더욱 깔끔하다.
- 밸런스balance : 신맛이 강한 느낌이 좀 튀는 듯하지만 아프리카 커피의 약볶음의 특유 개성이다. 다른 균형들은 오히려 밸런스가 좋다.

❶ 뜸

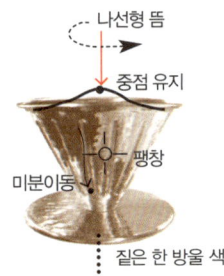

중볶음된 르완다 커피의 뜸의 온도는 85℃ 이상으로 뜸을 들이면 뜸의 중점이 안정적이다. 만일 90℃ 이상으로 뜸을 들이면 입자 간 간격이 넓어져서, 즉 팽창이 심해져서 뜸 중점의 높이가 높아질 수 있다. 또한 미분의 이동으로 인한 본 추출의 추출효율(여과력)을 약화시킬 수 있다. 또한 입자 간 팽창이 과해짐으로써 수로현상 또한 발생할 수 있으니 뜸의 온도를 높이는 것에 대한 주의가 필요하다. 단, 성분 추출에는 높은 온도가 유리할 수 있지만 중볶음 이상된 커피의 온도가 높을수록 상대적으로 잡미 또한 추출될 수 있으니 주의해야 한다. 만일 잡미가 덜 추출되면서 성분 추출이 효과를 보기 위해서

는 높은 온도로 빠른 추출이 필요한데 입자의 굵기는 가늘고 물줄기의 굵기 또한 가늘게 추출하면 된다. 상당한 추출 기술을 요하는 작업이다.

❷ 1차 추출

쓴맛의 개입을 최소화하기 위한 추출방법으로 가는 물줄기가 필수이다. 물줄기가 가늘다라는 것은 추출 여과력을 증대시킬 수 있다는 말이다. 입자 간 팽창 정도를 최소화해야 입자속의 커피 성분을 정교하게 추출할 수 있다. 이때 쓴맛의 성분을 낮출 수 있는 신맛의 성분을 추출할 수 있는 물줄기가 필요하며, 입자의 균일한 분포가 필요하다. 주입 타이밍을 양분화하면 커피 성분 중 신맛과 단맛, 점성이 추출된다. 르완다 버본 종자를 중볶음했기 때문에 신맛이 어느 정도 함유된다. 즉 신맛을 추출하기가 다소 유리하다는 점이다(커피를 잘하기 위해서는 지역, 토양, 종자, 볶음도, 추출기법, 시간, 온도 등 다양한 커피 시스템이 한 잔의 완벽한 커피를 완성할 수 있다는 점을 명심해야 한다). 확산 작용으로 인해 신맛을 조금이라도 추출했다면 쓴맛을 낮출 수 있는 조건이 갖춰진 것이다. 이런 테스팅은 커피를 테스팅할 때 중볶음이지만 신맛이 느껴지면 1차 추출에서 신맛의 추출, 즉 확산 작용을 잘 활용했다는 증거이다.

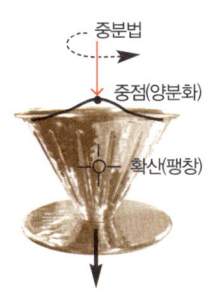

❸ 2차 추출 응용

여기서 농도를 조금 부드럽게 추출하는 추출 응용방법으로 쓴맛을 1차 추출에서는 감소시키기 위해 확산 작용을, 2차 추출에서는 부드럽게 추출하기 위해 세정 작용을 겸하는 추출방법으로 부드러운 단맛과 쓴맛의 조화를 이루게 만드는 방법으로 추출한다. 단, 주의해야 할 점은 중분법 추출방법으로 추출하면서 물질이동의 원리를 이용한 추출 주입 타이밍을 활용해서 입자 간 성분을 세정화시키면 쓴맛이 부드럽게 추출되고 단맛 또한 부드러워지는데, 주입양이 다소 많아져서 추출 중점의 유지와 미분이동을 제한할 수 있는 주입양과 물줄기 굵기가 필요하다.

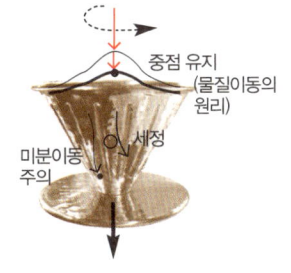

❹ 3차, 4차 추출 응용

중볶음으로 추출양을 다소 많이 추출해서 쓴맛을 부드럽게 추출하는 추출 응용방법으로 하부층의 추출액의 색을 체크해서 추출 마무리 시점을 찾아야 한다. 또한 추출 중점이 다소 높아질 수도 있는 주입양이기 때문에 물줄기 컨트롤과 추출 중점 유지가 교반 작용이 발생되지 않게 만드는 유일한 방법이다.

❺ 평가 결과
- 아로마aroma : 코코아cocoa, 브라운 슈거brown-sugar, 캐러멜caramel, 스파이시spice
- 테이스트taste : 쓰면서 단맛이 칼리타보다 조금 더 달다.bitter sweet
- 신맛acidity : 신맛은 감소되어 있지만 고노 추출이라 조금 느껴진다.
- 바디body : 다소 무거워진 느낌이다.rich body
- 촉감mouthfeel : 크리미creamy하다.
- 단맛sweetness : 쓴맛 속에 신맛이 표현되어 단맛이 쓴맛과 조화된 느낌
- 밸런스balance : 오히려 고노 투과식 기구 특징이 신맛과 쓴맛, 단맛의 조화를 더 균형있게 표현한다.

❶ 뜸

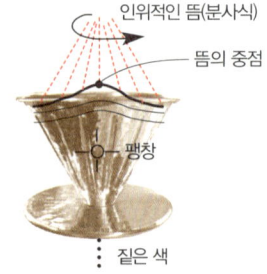

강볶음된 르완다 커피의 뜸의 온도는 최대한 낮추는 것이 입자의 팽창 정도를 최소화하는 방법이다. 뜸의 과도한 팽창은 뜸의 중점을 강제적으로 높여 그로 인한 미분이동 또한 조율할 수 없게 된다. 뜸의 중점 유지를 위해 뜸의 주입 방법 또한 가는 물줄기보다 좀 더 안정적인 주입법인 점식(분사식)을 사용해서 과도해질 수 있는 입자와 팽창을 조율하고, 뜸의 온도 또한 83℃ 이하로 낮추어서 안정적인 뜸의 팽창을 유도하는 방법이다. 하부층에 한 방울씩 떨어지게 뜸을 들이는 방법이 가장 안정적인 뜸의 방법이다.

❷ 1차 추출

1차 추출 시 가장 강한 쓴맛이 추출된다. 이 쓴맛을 진하면서도 약간의 신맛과 단맛을 느낄 수 있도록 만드는 방법이 바로 중분법 주입 추출로, 주입 타이밍을 양분화하는 추출법이다. 이렇게 추출하는 이유는 다소 감소되어 있는 신맛과 단맛을 추출하기 위한 하나의 기술인데 사실 쉽게 접근할 수 있는 주입법은 아니다. 물줄기의 안정화, 그라인더의 정교함, 물의 온도, 추출 시간을 고려하지 않고서는 이론과 실제가 맞지 않기 때문이다. 다시 말해 주입 기술이 상당히 어렵다는 것이다.

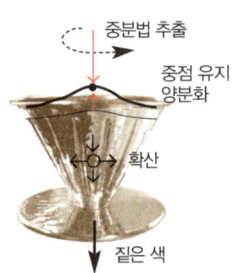

우선 물줄기를 자유자제로 조율할 줄 알아야 하고 입자와 추출 중점, 상부층의 표면장력을 컨트롤할 수 있어야 중부층에서 입자들의 확산 작용을 활용할 수 있다. 그 결과 하부층의 짙은 색에서 점성이 추출된다면 신맛과 점성에 의한 쓴맛의 감소를 표현할 수 있게 되며 강볶음 커피의 쓴맛이 쓴맛 같지 않은 단맛 같은 기분 좋은 여운과 균형을 느낄 수 있다.

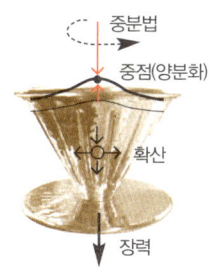

❸ 2차 추출

원추형 드리퍼의 가장 큰 장점인 장력을 활용하기 위해서는 물줄기를 컨트롤해야 한다. 2차 추출 역시 쓴맛이 증가하는 시점이기 때문에 아주 진하고 강한 커피를 추출하기 위해서는 추출 타이밍을 양분화시켜 쓴맛을 조금이라도 완화시켜야 한다. 하지만 진한 커피를 좋아하지 않는 사람들에게는 마시기가 쉽지 않은 아주 파워풀한 커피이다.

진하면서 쓴맛을 즐기는 커피 마니아들의 커피이다. 아주 진한 커피를 추출하는 추출 방법으로 입자 간 확산 작용을 활용한 중분법 추출 방법이다.

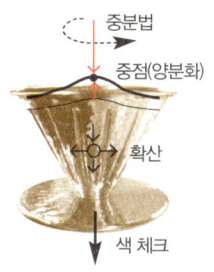

❹ 3차, 4차 추출

마지막까지 진하게 추출하는 주입법으로 추출 중점을 유지하면서 쓴맛을 쓴맛 같지 않게 추출하는 추출법이다.

1차, 2차에서 진액과 점성을 추출했다면 3차, 4차 추출에서는 더욱더 쓴맛을 감소시킬 수 있는 방법은 사실 없다. 여기서 가장 확실한 방법은 추출 시간 안배와 하부층의 추출색이 흐려지기 전에 추출을 마무리하는 것이 완벽한 방법이다.

❺ 평가 결과

- 아로마aroma : 스윗한 카카오sweet cacao, 캐러멜 슈거caramel sugar, 밀크 초콜릿milky chocolate, 쏘는 듯한 매운 향spice-pungent, 정향clove, 송진향raisin
- 테이스트taste : 쏘는 쓴맛bitter-pungent
- 애프터테이스트aftertaste : 여운이 상당히 강렬하다.
- 신맛acidity : 신맛이 조금 느껴져서 쓴맛을 다소 쓰지 않게 느끼게 한다.
- 바디body : 상당히 무겁다heavy.
- 촉감mouthfeel : 칼리타 기구로 추출된 촉감보다 더 크리미creamy, 오일리oily해서 쓴맛을 상당히 완화시킨다.
- 단맛sweetness : 강볶음된 커피라 단맛은 거의 없지만 신맛이 쓴맛을 낮추는 맛과 촉감에 의해서 단맛이 약간 증가된 느낌이다.
- 밸런스balance : 쓴맛이 지배적이지만 단맛과 신맛의 균형과 촉감, 여운이 인상적이다.

과테말라
Gratemala

- 아카테난고 밸리Acatenango Valley 지역은 태평양에 가까운 지역으로 신맛이 다소 강한 지역의 커피이다. 활화산 지역으로 스모키smaky한 향미flavor가 또한 일품이다. 토양 자체가 미네랄이 풍부하다. 고도는 2,000m 이상이며 종자는 버본bourbon, 카투라catura, 카투아이catuai 종을 주로 생산한다. 수확 시기는 12~3월 중이다.
- 안티과Antigua 지역은 그늘 경작을 주로 하는 지역으로 강우량이 다른 산지에 비해 가장 적은 지역으로 햇빛과 서리로부터의 커피나무 보호와 수분유지를 목적으로 재배한다. 바디body감과 스윗sweet한 맛이 일품이며 향의 다양성이 좋다. 주로 버본, 카투라, 카투아이, 티피카typica를 주로 생산하며 고도는 1,400~1,700m, 수확시기는 1~4월이다.
- 우에우에테난고HueHuetenango는 가장 높은 고도인 1,830m 이상에서 재배되는 지역으로 경사와 험한 지역으로 유명하다. 강우량이 풍부한 지역으로 재배품종은 버본, 카투라, 카투아이 종을 재배하며 수확시기는 1~4월 중이며 수세식washed 처리과정으로 생산한다.

고도	700~1,830m
조밀도	강
종자	버본bourbon, 카투라catura, 카투아이catuai, 티피카typica, 마라고지페maragogype, 파체pache,
수확	12월~4월
가공처리	수세식(washed)

등급	고도
Strictly Hard Bean(SHB)	1,600~1,700m
Hard Bean(HB)	1,350~1,500m
Extra Prime Washed(EPW)	1,000~1,200m
Prime Washed(PW)	850~1,000m
Extra Good Washed(EGW)	700~850m
Good Washed(GW)	700m

- 산마르코스San Marcos는 타 지역에 비해 강우량이 많은(5,000mm 이상) 지역으로 장마가 오기 전 12월~4월 중순 전에 가공처리 공정을 기계공정으로 처리한다. 종자는 버본, 카투라, 카투아이 종을 주로 재배한다.
- 아티틀란 레이크Atitlan lake는 호수 주변에서 주로 생산하기 때문에 아로마가 상당히 풍부하다. 주 종자는 버본, 카투라, 티피카, 카투아이 종을 주로 재배하며 고도 또한 1,800m 정도로 높은 지역이다.
- 코반Coban은 대서양 열대기후 영향을 받는 지역으로 산마르코스 지역 다음으로 강수량이 많은(400mm) 지역이다. 주종자는 버본, 마라고지페, 파체, 카투라 등 주로 신맛이 적고 균형감이 좋은 커피를 생산한다.
- 프라이하네스 플라토Fraijanes Plateau 지역의 커피는 주종이 버본, 카투아이, 카투라, 파체 종으로 안티과 지역과 비슷한 뉘앙스를 주지만 기후의 영향이 일정치 않아 작황이 매년 일정치 않다. 고도는 1,400~1,800m이며 강우량 1,500~3,000mm 정도로 비의 양도 기온 차이로 변덕스러운 지역이다. 향의 다양성도 좋고 신맛이 상당히 개성이 있다.
- 뉴오리엔테New Oriente 지역은 기후 조건이 코반 지역과 비슷하다. 주로 토양 자체가 다른 지역은 화산토이지만 코반 지역과 비슷한 점토와 독특한 변성암으로 이루어져 있어 토양의 특징으로 타 지역과는 다른 신맛을 표현하고 향을 표현한다. 주종자는 버본, 카투아이, 카투라, 파체 종을 재배하며 수확 시기는 12~3월 중 가공처리는 수세식 처리과정을 한다.

과테말라 안티과 Guatemala Antigua

로스팅 그래프

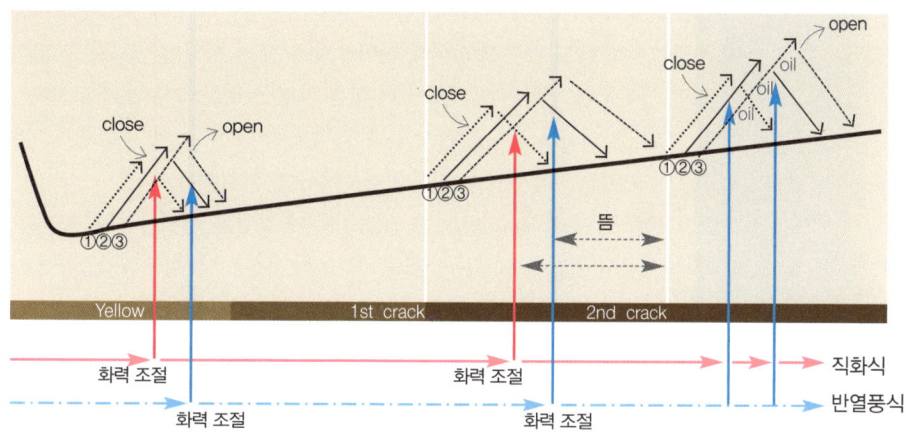

과테말라Guatemala 커피는 여러 종자(typica, bourbon, catura)가 섞여 있는 경우가 많다. 산지나 조합 단위로 섞어서 생산하는 경우가 많기 때문에 로스터는 여러 종자가 섞여 있는 생두를 로스팅하는 방법을 알고 있어야 한다. 즉 믹싱 블렌딩mixing blending 하는 경우와 동일하게 로스팅하면 된다. 믹싱 블렌딩 로스팅 방법은 생두의 조밀도와 수분함량을 측정해서 투입온도를 정한다. 우선 비율로 계산(%)해서 비율과 조밀도 전체 수분함량을 고려해서 투입온도를 정하고 화력 조절 시점과 댐퍼 조절 시점 또한 조밀도와 종자의 변화를 확인봉을 통해서 체크하면서 조절해야 한다. 이렇듯 믹싱 블렌딩 로스팅 방법은 여러 종자들의 크기와 수분, 밀도 등을 고려해야 하기 때문에 반열풍 로스터기가 유리하다. 하지만 산지에서 스트레이트 커피도 지역에 따라 크기가 서로 다른 모양을 가지고 있는 커피(Yemen, Ethiopia)와 같은 지역이라도 조합 단위로 종자를 섞어서 생산하는(Mexico, Guatemala 등등) 농장들이 많기 때문에 직화식으로 로스팅하다 보면 균일한 로스팅이 어렵다는 것을 알 수 있다. 물론 마지막 핸드픽으로 조율해야 하겠지만 말이다.

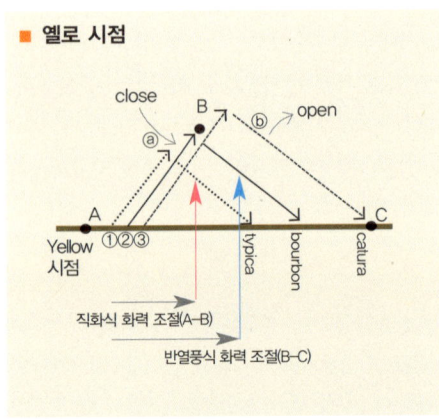

직화식 로스터기의 옐로 시점에서의 화력 조절은 ① 티피카 종 ② 버본 종 ③ 카투라 종의 서로 다른 종자들을 화력 조절할 때 서로 교차하는 교차점을 찾아야 한다. 그런데 직화식 로스터기는 화력을 미리 보강해 줘야 하기 때문에 ① 티피카 종보다는 ② 버본 종의 시점까지의 단 향의 변화를 체크해야 ③ 카투라 종까지 전체적으로 균일하게 드럼 내 화력을 조율할 수가 있다. 단 향이 시작되는 ⓐ 시점에서 전체적인 단 향이 고르게 발산되는 (A-B)시점을 찾아야 하기 때문에 로스터는 많은 경험이 있어야 완벽한 화력 조절 시점을 찾을 수 있다.

조밀도가 약한 ① 티피카 종은 옐로 시점의 변화가 빠르게 움직이기 때문에 투입량 자체에 비율이 어느 정도 있는지 분석해 두어야 화력 조절 시점에 참고할 수 있다. ② 버본 종자는 조밀도가 중간 이상이기 때문에 더 많은 열량을 확보해야 단 향의 발산 시점을 찾을 수 있다. 만일 ① 티피카 종 시점에서 화력 조절을 한 다음 ② 버번 종자 ③ 카투라 종의 화력 조절에 대한 열량 부족현상이 생기기 때문에 주의해야 한다.

댐퍼 조절 또한 직화식의 열량을 드럼 내부에 보완해 주어야 하기 때문에 ⓐ 시점에서 미리 확보하는 것이 안정적이다. 댐퍼의 여는open 시점은 ③ 카투라 종의 단 향의 마무리 시점이 시작될 때인 ⓑ 시점에서 열어 주는 것이 드럼 내 압력과 불필요한 잡향을 제거할 수 있다. 단 주의해야 할 점은 특히 직화식 로스터기의 댐퍼 조절에서는 드럼 내 열량의 흐름과 온도의 상승 상황을 항시 체크해야 한다.

반열풍식 로스터기의 옐로 시점에서의 화력 조절(B-C)시점에서 화력 조절을 하는 것이 ① 티피카 종 ② 버본 종 ③ 카투라 종의 서로 균일한 시점의 교차점을 찾아야 너무 강하거나 너무 약하지 않게 균일하게 화력 조절할 수 있다. 물론 직화식보다는 반열풍식 로스터기의 장점인 대류열에 의해 볶는 부분이 크기 때문에 서로 크기가 다르거나 밀도 차이가 있어도 균일한 로스팅이 가능해진다. 단 너무 빨리 ① 티피카 시점에서 화력 조절을 하면 ② 버본 ③ 카투라 종에 너무 빠른 열을 가하는 것이기 때문에 균일한 로스팅을 하기가 어렵게 된다. 반대로 ③ 카투라 종에 모든 화력 조절 시점을 맞추면 ① 티피카 ② 버본 종에 너무 약한 열을 가하는 것이 되기 때문에 균일한 로스팅을 하기가 어렵게 된다. 댐퍼 조절은 직화식 로스터기와 같이 ⓐ 시점에서 미리 확보해 주는 것이 드럼 내 공기흐름과 열량공급에 유리하다. ⓑ 시점에서 댐퍼를 열고 드럼 내 온도상승 변화를 유의주시하면서 댐퍼 조절을 해야 한다.

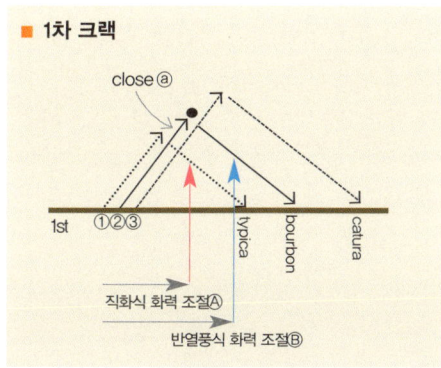

1차 크랙이 시작되는 시점으로 다른 단일종을 로스팅할 때의 1차 시점보다 더 길게 크랙 소리가 진행되기 때문에 확인봉을 통해 ① 티피카 종 ② 버본 종 ③ 카투라 종의 색의 변화, 향의 변화, 크기의 변화, 주름의 변화를 체크해야 균일한 시점의 화력 조절을 할 수 있다.

1차 크랙이 시작되는 흡열에서 발열의 시점으로 색의 변화가 종자의 특성상 조금씩 다르기 때문에 화력 조절 시점을 쉽게 정할 수 없다. 많은 경험과 시행착오 속에 결정할 수 있는 것이다.

특히 직화식 로스터기는 균일한 로스팅이 쉽지 않기 때문에 로스팅을 하고 나면 균일하지 못한 색상과 모양을 종종 보게 된다. 그 이유는 직화식의 화력에 의해 빈의 색과 모양이 직접적으로 변화되기 때문이다. 물론 이런 부분을 균일하게 로스팅하기 위해서는 댐퍼 조절이 필수이다. ⓐ 시점에서 댐퍼를 닫고 화력 조절 시점을 찾으면 드럼 내 균일한 공기흐름을 만들 수 있다. 물론 화력의 안정성은 온도상승폭과 로스팅 시간, ①, ②, ③종자의 균일한 색상과 주름의 펴짐의 일정한 모양을 이루는 A시점에서 화력 조절을 해야한다.

반열풍식 로스터기의 화력 조절은 B시점에서 하는데 ① 티피카 종자의 주름의 펴짐 정도는 눈으로 확인이 될 정도로 미리 펴짐을 볼 수 있다. 하지만 ② 버본 종자와 ③ 카투라 종자의 주름의 펴짐과 색상의 변화가 느리기 때문에 균일한 시점, 즉 교차점을 찾아야 안정된 로스팅을 할 수 있다. 댐퍼의 닫는 시점 또한 드럼 내 열량의 안정성을 고르게 줄 수 있으므로 직화식과 같은 ⓐ 시점에서 댐퍼를 닫고 안정된 공기흐름인 드럼 내 대류열 흐름을 만들면서 ② 버본 종의 색상과 주름의 펴지는 B시점을 찾아서 화력 조절을 해야 한다.

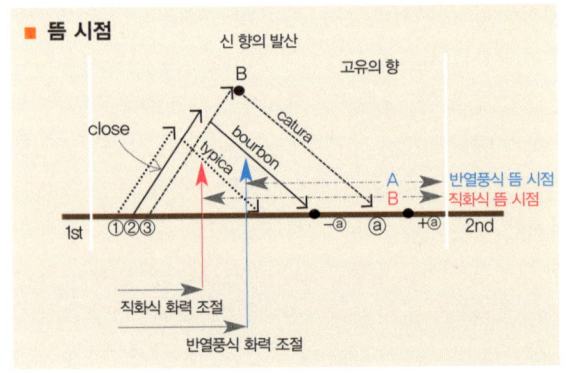

직화식 로스터기의 뜸 시점은 B이며 고유의 향이 베스트 포인트를 찾는, 즉 품질 평가를 하기 위한 포인트이기도 하다. 또한 직화식 로스터기는 내외부의 로스팅되는 시점을 균일하게 하기위해 화력 조절(뜸)하는 시점을 다소 빨리 주는 것이 안정적인데 이렇게 3개 이상의 종자들이 마치 믹싱 블렌딩하는 것처럼 섞여 있으면 화력 조절하는 시점을 잘 찾아야 한다. 우선 조밀도가 약한 ① 티피카 종자와 ②③ 조밀도가 강한 버본, 카투라 종자들을 내외부 균일하게 뜸을 들이기 위해서 직화식 로스터기의 화력 조절 시점은 ① 티피카 종자의 주름과 색상의 변화 이후에 하는 것이 안정적이다. 조밀도가 강한 빈들을 직화식으로 로스팅할 때 특히 겉부터 로스팅되는 경우가 많기 때문에 뜸을 주는 (불줄이는) 시점을 조금만 늦추어도 향은 좋으나 떫고 아린 맛과 시큼한 맛으로 바뀌는 경우가 많다. 또한 품질 평가나 약볶음에서의 가장 단맛의 포인트를 찾고자 한다면 너무 약한(-a) 시점보다 (+a) 시점이 오히려 과테말라 커피다운 맛이 난다. 즉 너무 신맛이 많지 않고 단맛과 신맛이 적절히 조화된 맛과 과일류의 향이 많은 균형감 있는 포인트가 된다는 점이다. 너무 신맛이 많은 포인트(-a)는 향은 화려할 수 있으나 맛에서 안정적이지 못한 경우가 많다.

댐퍼 조절 시점 또한 미리 닫아 주는것이 드럼 내 안정적인 공기흐름을 만들 수 있는 직화식의 또 한 가지의 화력 보완방법이다.

반열풍식 로스터기의 뜸 시점은 A이며 내부부터 로스팅되는 안정된 로스팅 시스템이기 때문에 ① 티피카 종 ② 버본 종의 주름과 색과 향의 변화시점을 체크하면서 화력 조절을 하면 내외부의 균일한 로스팅을 만들 수 있다. ③ 카투라 종은 반열풍의 특징인 대류열에 의해 내외부의 균일한 로스팅이 가능하다. ③ 카투라 종이 50% 이상 많다면 화력 조절 시점은 조금 더 늦게 해야 내외부를 균일하게 볶을 수 있다. 항상 그린빈의 비율을 체크하는 것이 로스팅할 때 다소 안정적이다.

댐퍼 조절은 직화식과 같이 미리 닫아 주는 것이 안정적인 로스팅을 할 수 있는 방법이다. 만일 댐퍼를 닫는 시점과 닫게 되었을 때 드럼 내 압력과 공기흐름의 상황을 체크하는 방법은 확인봉을 뺏을 때 확인봉 입구에서 연기의 움직임을 체크하면서 드럼 내 압력 상황을 체크할 수 있다. 또한 온도 상승이 급격히 빠르거나 느려지면 드럼 내 압력의 상황 또한 체크할 수 있게 된다.

직화식 로스터기의 2차 크랙이 시작하는 시점에서 ① 티피카 ② 버본 ③ 카투라 종의 발

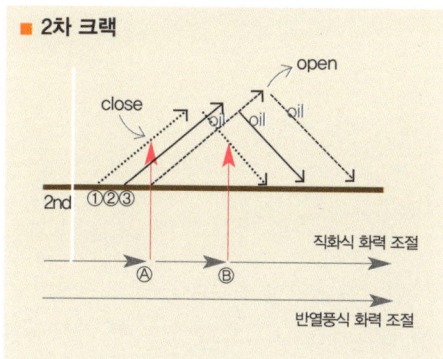

산 시점 또한 조금씩 다르며 화력을 조절해야 하는 시점 또한 미리 확보해 주는 것이 직화식 로스터기를 사용하는 방법의 핵심 포인트이다. 또한 댐퍼의 닫는 시점 또한 드럼 내 공기흐름을 어느 정도 안정적으로 확보할 수 있느냐를 체크할 수 있는 시점인데, 만일 댐퍼의 닫는 시점과 너무 많이 닫는 경우 확인봉 입구에서 연기가 역류하게 되기 때문에 댐퍼의 닫는 정도의 드럼 내 압력 정도를 체크할 수 있다. Ⓐ 시점은 댐퍼와 화력 조절을 해줌으로써 직화식 로스터기의 단점인 열량 부족 시점을 다소 보완해 줄 수 있는 시점인데 미리 화력을 보완해 주는 것이 뒤이은 ② 버본 ③ 카투라 종의 열량을 확보할 수 있다.

또한 강볶음 시점인 오일이 발생하는 시점에서도 Ⓑ 시점에서 미리 화력을 보완해 주는 것이 드럼 내 공기흐름의 안정화에 도움이 된다. 이때가 댐퍼를 여는 시점이기도 하기 때문에 직화식의 열량이 급격히 떨어질 수도 있는 중요한 시점이다. 여기서 3개의 다른 밀도와 크기가 섞여지는 종자들을 균일하게 직화식으로 볶기는 쉽지 않을 것이다. 핸드픽handpick을 감안하더라도 충분한 열량과 약·중·강 포인트를 찾아야 단맛이 나는 과테말라를 표현할 수 있다.

반열풍식 로스터기의 2차 크랙 시점에서의 화력 조절은 따로 할 필요가 없다. 공기흐름이 안정적이기 때문에 중볶음과 강볶음에서의 베스트 포인트를 찾는 것이 우선이며, 쓴맛이 개입이 되어 있는 시점으로 얼마나 균일한 로스팅 속도로 열량을 충분히 받으면서 포인트를 찾을 수 있느냐가 관건이다. 댐퍼 또한 직화식과 동일하게 닫고 열면 되는데 워낙 열량 확보가 좋은 기계이기 때문에 화력에 대한 특별히 보완할 필요가 없는 시점이다.

칼리타 핸드드립 평가

Guatemala Antigua

❶ 뜸

과테말라 안티과Guatemala Antigua 지역의 약볶음된 커피를 뜸을 들일 때는 90℃ 이상의 온도로 나선형 주입하면서 뜸을 들이는 것이 입자의 팽창을 안정적으로 할 수 있다. 자칫 물의 주입양이 많으면 뜸의 중점이 높아지거나 CO_2 함량이 많은 약볶음이기 때문에 뜸 중점 유지에 무엇보다 주의해야 한다. 다시 말해 뜸의 중점이 높으면 본 추출에서 추출 여과력이 떨어져 세정 작용이 너무 과해지는 결과가 발생한다. 그 결과 추출 속도가 빨라져서 과소 추출의 원인이 되는 것이다. 또한 뜸의 중점이 너무 낮으면 상대적으로 확산 작용이 과해져서 본 추출에서 추출 활성화가 미약해지는 결과가 된다. 이렇게 추출 효율이 떨어지면 추출 시간이 길어지는 과다 추출이 된다. 추출의 원인이 다양하게 발생되는 시각이 바로 뜸의 시점이기 때문에 핸드드립을 잘하기 위해서는 뜸의 중점을 잘 유지해야만 좋은 추출을 할 수 있다. 또한 하부층의 한 방울씩 떨어지는 뜸의 색 또한 짙을수록 균일한 뜸을 들인 결과이다.

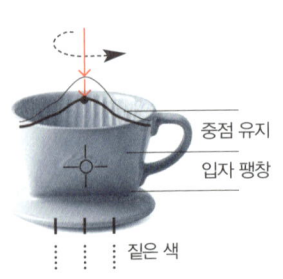

❷ 1차 추출

약볶음된 입자들 속에는 미분의 분포 또한 많기 때문에 그라인더를 좋은 것을 사용하는 것이 추출 안정화를 이루는 데 도움이 된다. 1차 추출에서 나선형으로 주입을 할 때 주입양이 다소 많을 수 있는 주입법이기 때문에 추출 중점이 너무 높지 않게 물줄기의 굵기 조절이 무엇보다 중요하다. 나선형 주입과 입자 간 확산 작용을 활용한 양분화시키는 주입 타이밍으로 입자 성분을 디테일하게 추출해 내는 방법이다. 신맛이 있는 볶음도이지만 다른 지역의 신맛보다는 다소 안정적인 신맛을 가지고 있기 때문에 신맛을 조금 디테일하게 추출해도 좋다. 물론 확산 작용을 통해 신맛만 추출되는 것이 아니기 때문에 단맛과 점성 또한 추출되지만 칼리타 기구의 한계상 점성은 그리 많이 추출되지는 않는다.

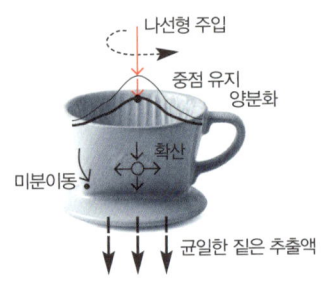

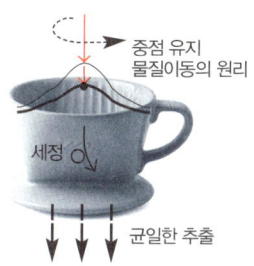

❸ 2차 추출

3개의 추출구에 균일하게 추출할 수 있어야 균일한 추출이 이뤄지는 것이다. 나선형으로 주입을 하면서 1차 추출의 신맛 성분을 부드럽게 조율하기 위한 추출방법으로 주입양을 조금 늘리면서 주입 타이밍을 물질이동의 원리를 이용한 주입법을 사용하면 입자 간 자연 세정 작용이 발생한다. 세정 작용은 성분을 부드럽게 추출할 수 있게 만드는 방법인데 자칫 미분이동이 개입이 될 수 있으니 주의해야 하고 추출 중점 유지 또한 주의해야 한다. 만일 주입양이 많다면 교반 작용 또한 발생할 수 있으니 주의해야 한다. 기구 특성상 반침지법으로 물과 입자 간 접촉이 많고 추출 속도 또한 빠르지 않기 때문에 교반 작용에 주의해야 한다.

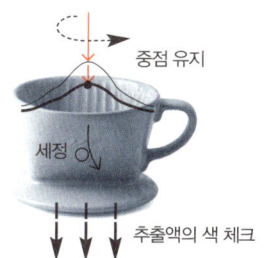

❹ 3차, 4차 추출

세정 작용을 활용하면서 추출 균형을 유지하는 마무리 시점인데, 무엇보다 중요한 것은 추출 시간의 안배이다. 추출 시간의 마무리는 하부층의 추출액의 색을 보고 결정해야 한다.

❺ 평가 결과

- 아로마aroma : 달콤한 생강sweet ginger, 코코아 파우다cocoa powder, 캐러멜caramel, 초콜릿chocolate, 바닐라vanilla, 구운 아몬드toasted almond, 자몽grapefruit, 계피cinnamon
- 테이스트taste : 마일드한 단맛mild
- 애프터테이스트aftertaste : 깔끔하면서 스파이시한 향이 길다.
- 신맛acidity : 신맛은 적고 약간의 티tea 같은 맛이다.
- 바디body : 거친 듯한 바디감
- 촉감mouthfeel : 크리미한 촉감, 약간의 주시juicy 같은 촉감
- 단맛sweetness : 단맛과 약간의 쓴맛과 단맛이 함께 한다.
- 클리어니스clearness : 과일주스같이 깔끔하다.
- 밸런스balance : 전체적인 균형이 좋고 향에 대한 다양한 성격이 매력적이다.

❶ 뜸

쓴맛이 개입이 되어 있는 중볶음 과테말라를 뜸을 들일 때는 85℃ 이상으로 뜸을 들여야 쓴맛의 성분 또한 낮출 수 있다. 또한 열에 많이 손상된 입자의 조직들을 균일하게 팽창시킬 수 있는 온도이다.

중점 유지가 원활한 볶음도이기 때문에 너무 과한 주입양만 아니면 안정적인 뜸의 중점을 유지할 수 있다.

❷ 1차 추출

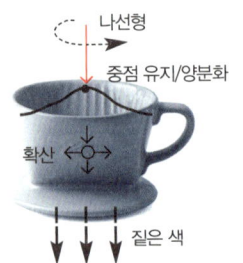

쓴맛을 감소시키기 위한 추출이 필요한 시점이다. 쓴맛을 줄일 수 있는 신맛을 얼마나 추출해낼 수 있느냐에 따라 중볶음 과테말라 커피에서의 단맛을 증가시킬 수 있다. 나선형 주입법은 은근히 주입양이 많기 때문에 주입 회전수와 물줄기의 굵기 정도, 입자의 굵기에 대한 추출 속도를 고려해서 추출을 해야 신맛의 성분을 추출할 수 있다. 물론 추출 중점이 다소 안정적인 볶음도이기 때문에 중점 유지는 수월할 수 있으나 확산 작용을 활용하기란 쉬운 기구는 아니므로 주입양과 물줄기의 굵기의 컨트롤이 무엇보다 요구된다.

❸ 2차 추출

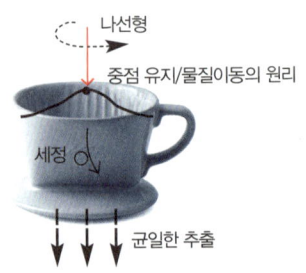

나선형으로 주입을 하면서 쓴맛이 더 많이 추출되는 2차 추출 시점을 다소 부드럽게 추출하는 주입 방법을 활용해야 한다. 여기서 물질이동의 원리의 주입 타이밍은 자칫 중점을 높일 수도 있기 때문에 주입양의 안배가 중요하며 미분이동 또한 주의하면서 입자 간 세정 작용을 활용하면 쓴맛을 부드럽게 추출할 수 있다. 부드럽고 균일하게 추출되는 현상은 3개의 추출구에 균일한 추출이 이루어져야 한다.

❹ 3차, 4차 추출

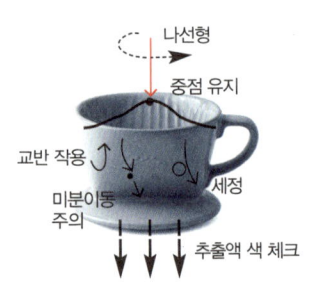

받침지법인 칼리타 기구의 마무리 시점은 추출 과정상 더 섬세하게 주입을 해야 한다. 우선 주입양이 많기 때문에 추출 중점을 유지해야 하고 입자 간 세정 작용을 활용해서 쓴맛을 부드럽게 하고 1차, 2차 추출액과의 조화를 이루기 위한 추출 균형 시점이기 때문에 주입양의 안배가 필요하다. 여기서 칼리타 기구와 주입양과의 조화가 필요하므로 받침지 기구와 물질이동의 원리를 이용한 주입양의 교반 작용과 미분이동의 주의가 필요한 시점이다. 또한 하부층 추출액의 색이 흐려지면 추출 마무리 시점이기 때문에 더 이상 추출하지 않는 것이 안정적인 맛을 유지할 수 있다.

❺ 평가 결과
- 아로마aroma : 부드러운 초콜릿soft chocolate, 송진향미raisin flavor, 아몬드almond, 계피cinnamon, 다크베리류darker berry, 캐러멜caramelly
- 테이스트taste : 쓰고 단맛bitter-sweet
- 애프터테이스트aftertaste : 티(tea) 같은 여운
- 신맛acidity : 신맛은 다소 줄어 있다.
- 바디body : 중간 정도medium
- 촉감mouthfeel : 크리미하다creamy.
- 단맛sweetness : 쓴맛이 개입이 되어 있어 약간 쏘는 스파이시한 단맛이다.
- 밸런스balance : 균형감이 좋다. 단맛과 캐러멜 같은 향, 밀크초콜릿 같은 균형이 좋다.

❶ 뜸

강볶음된 과테말라 커피를 나선형 분사식으로 뜸을 들일 때 83℃ 이하로 뜸을 들이는 것이 뜸의 중점을 서서히 끌어올리기에 유리하지만 낮은 온도이기 때문에 뜸의 활성화되는 부분이 다소 부족해질 수 있다. 입자의 팽창을 안정화시킬 수 있지만 전체적인 활성화 부분에서는 약할 수 있다는 점인데, 이 부분은 강제성을 두고 굵은 물줄기로 주입을 하면 중점을 끌어올릴 수 있지만 입자 간 간격이 넓어져 추출 효율(여과력)이 약해진다.

상부층의 뜸의 중점을 ①, ②, ③회씩 서서히 끌어올리기 위해서는 주입 방법을 분사(점식)식으로 주는 것이 바람직하며 강볶음뜸의 안정화에 도움이 된다. 하지만 뜸의 주입 시간이 길어질 수 있고 상부층과 중부층, 하부층에 고르게 주입하기가 어려울 수도 있기 때문에 주입 속도와 분사 속도를 잘 맞추어야 한다. 무엇보다 완벽한 뜸의 결과는 하부층에 한 방울씩 떨어지는 짙은 색이다.

❷ 1차 추출

쓴맛이 많은 볶음도이기 때문에 이 쓴맛을 기분 좋은 쓴맛으로 표현할 수 있는 추출법을 이용해야 한다. 하지만 칼리타 기구의 특징상 점성이 짙게 추출되지 않기 때문에 어느 정도는 감안하고 추출해야 한다. 추출 중점을 서서히 끌어올리면서 나선형으로 주입을 해야 입자 간 지탱력이 생기게 된다. 문제는 강볶음은 CO_2 함량이 적고 수분함량 또한 적기 때문에 주입양이 많아지면 입자 간 여과력이 떨어져서 쓴맛이 증가하게 된다.

주입 방법은 나선형으로 양분화해서 추출 중점을 서서히 끌어올리

되 물줄기는 최소한 가늘게 주입할수록 교반 작용을 방지할 수 있다. 입자 간 확산 작용을 활용하면 감소되어 있는 신맛을 조금이라도 추출할 수는 있지만 투과식 기구인 고노 기구 만큼의 장력의 힘이 없기 때문에 다소 부드러운 신맛이 추출되면서 쓴맛 또한 함께 추출이된다.

❸ 2차 추출

2차 추출 시 양분화 추출 타이밍을 활용하는 이유는 좀 더 진하게 추출 위한 방법과 쓴맛을 좀 더 줄이기 위해 약간의 신맛을 더 추출하기 위한 방법이다. 진한 농도의 과테말라 커피를 즐길 수 있으나 고노 기구보다 신맛을 추출하는 장력의 힘이 약해 점성을 추출하지 못하는 것이 다소 아쉽지만 진하면서 부드럽게 즐길 수 있는 추출법이다.

❹ 3차, 4차 추출

마무리 시점까지 추출 시간의 안배와 진한 농도를 추출하는 추출 방법으로 과테말라 커피 특유의 강볶음의 향미를 표현하는 추출 방법으로 추출 중점 유지와 추출 주입 타이밍, 하부층의 추출액의 색을 체크하면서 추출 마무리 시점을 찾아야 한다.

❺ 평가 결과

- 아로마aroma : 블랙베리류 향미black berry flavor, 밀크초콜릿milk chocolate, 캐러멜 스파이시caramel-spice, 송진향raisin, 블랙후추black pepper, 스모키smoky
- 테이스트taste : 스모키한 쓴맛smoky-bitter
- 애프터테이스트aftertaste : 쓴맛과 단맛, 스모키한 여운bitter sweet smoky
- 신맛acidity : 신맛은 거의 없다.
- 바디body : 무거운heavy 바디감
- 촉감mouthfeel : 거친 듯한 촉감thick
- 단맛sweetness : 쓴맛이 거칠어 단맛이 다소 약하다. 약간 카카오 같다.
- 밸런스balance : 블랙베리류의 균형감이 좋다.

고노 핸드드립 평가

Guatemala Antigua

❶ 뜸

약볶음된 과테말라 커피의 뜸의 온도는 90℃ 이상에서 뜸을 들이면 단단한 조직 속의 성분들을 충분히 팽창시킬 수 있지만 자칫 뜸의 중점이 높아질 수 있기 때문에 주의해야 한다. 또한 뜸의 주입양이 많게 되면 팽창되는 부분이 과해지고 물길이 생기는 수로현상이 발생할 수도 있다.

물길이 생기면 추출 여과력이 약해진다. 과테말라 약볶음된 커피에서 수로현상에 의한 추출 여과력이 약해지면 신맛과 단맛의 성분 추출이 약해지고 향의 다양성 또한 줄어들게 되어 1차(본)추출에서의 다양한 향미를 추출하지 못한다.

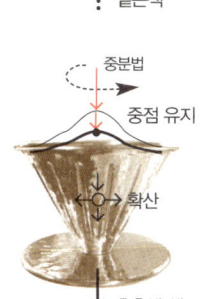

❷ 1차 추출

중분법 추출 주입 방법으로 주입을 하는데 무엇보다 추출 중점이 다소 높아질 수 있는 볶음도이므로 물줄기의 굵기 조절이 무엇보다 중요하다. 추출 중점이 높아지면 입자 간 확산 작용이 약해져 추출 여과력이 떨어지고 향미의 진액이 약해지게 된다. 추출 과정에서 하부층의 추출액의 색이 짙어야 확산 작용을 활용한 것임을 알 수 있다.

❸ 2차 추출

약간의 응용 방법을 예를 들어 2차 추출을 설명하면 다음과 같다. 2차 추출에서 세정 작용의 경우와 확산 작용의 경우를 나눠 보면 추출액의 성분 추출에 대한 차이를 알 수 있다. 또한 볶음도와 종자에 따른 신맛의 차이 정도와 단맛의 차이 정도도 알 수 있다. 이런 추출 분석법은 종자에 따른 향의 변화와 볶음도의 변화를 연구하는 데 좋은 테스팅 방법이다. 특히 과테말라 약볶음된 커피를 2차 추출할 때 세정화시키는 활용 방법은 신맛이 추출된 1차와의 조화를 이룰 수 있지만 과테말라는 신맛이 적은 지역이기 때문에 전체적으로 다소 부드러워지는 경향을 띤다. 그러나 확산 작용을 2차 추출까지 활용하면 신맛의 추출과 단맛의 추출

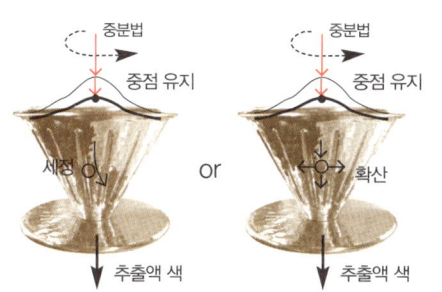

의 조화가 오히려 과테말라 약볶음의 농익은 과일류향을 표현할 수 있게 된다. 이렇듯 추출 주입법은 중분법으로 같지만 주입 타이밍에 따른 주입양의 결과가 종자와 볶음도에 따른 향미의 다양성을 표현하게 되는 점을 이해해야 한다.

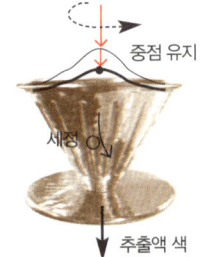

❹ 3차, 4차 추출

3차와 4차 추출에서는 농도 조절과 추출 시간의 안배가 중요하다. 또한 세정화되는 추출 과정이기 때문에 교반 작용이 발생하지 않게 주의해야 하며 미분이 많은 볶음도이기 때문에 미분이동에 의한 교반 작용을 주의하면서 주입을 해야 잡미가 발생하지 않는다.

❺ 평가 결과

- 아로마aroma : 달콤한 생강sweet ginger, 코코아 파우다cocoa powder, 캐러멜caramel, 초콜릿chocolate, 바닐라vanilla, 구운 아몬드toasted almond, 자몽grapefruit, 계피cinnamon
- 테이스트taste : 마일드한 단맛mild-sweet
- 애프터테이스트aftertaste : 스파이시한 과일류의 향이 길다.
- 신맛acidity : 고노 추출에 의해 신맛이 강하고 티tea 같은 맛이 깊다.
- 바디body : 스파이시한 느낌의 거친 바디감
- 촉감mouthfeel : 크리미한 촉감, 과일류의 촉감
- 단맛sweetness : 신맛이 조금 있어서 과일류의 단맛이 깊다.
- 클리어니스clearness : 과일 주스같이 깔끔하다.
- 밸런스balance : 다양한 향과 균형 잡힌 맛과 촉감이 인상적이다.

❶ 뜸

85℃ 이상으로 뜸을 들이는 것이 안정적인 성분들의 팽창을 할 수 있고 뜸의 중점 유지 또한 유지할 수 있는 온도이다. 나선형으로 주입을 할 때 중점이 안정적인 볶음도라도 주입 물줄기가 너무 굵지 않게 주입해야 뜸의 중점을 유지할 수 있다. 쓴맛이 개입이 되는 볶음도이기 때문에 중점유지가 곧 성분 추출의 섬세함과 연결된다.

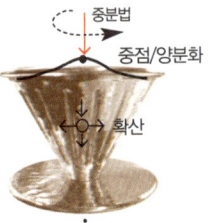

❷ 1차 추출

우선 쓴맛이 과도하게 추출되지 않도록 해야 하는데 중분법 추출 주입방법으로 쓴맛을 낮출 수 있는 신맛과 단맛을 추출해 내면 자연히 쓴맛의 성분을 낮출 수는 있다. 하지만 주입 방법과 주입 타이밍이 무엇보다 중요하다. 가는 물줄기로 중앙에서 외곽 입자들의 성분을 잡아당기

듯이 주입하는 표면장력을 이용하면 입자 간 중점을 유지하는 데 유리하며 입자 간 성분을 섬세하게 확산시키기 위해서 주입 타이밍을 양분화시키면 추출 중점 유지, 성분 추출의 안정화를 도모할 수도 있다. 단, 주입 범위와 주입양, 물줄기 컨트롤, 물의 온도, 입자의 굵기 정도, 미분의 이용에 대한 하부층의 추출액 색과 줄기 유지 정도를 체크해야 한다.

❸ 2차 추출

2차 추출에서 중약 볶음도인 경우 신맛을 조금 더 추출해 낼 수 있기 때문에 추출 응용상 중분법 추출법으로 추출 타이밍을 양분화시키는 주입 타이밍을 사용하면 입자 간 확산 작용을 활용한 신맛을 조금 더 추출해 낼 수 있다. 이렇게 추출된 신맛은 쓴맛을 낮출 수 있는 맛으로 뒤이은 단맛을 느끼게 해준다.

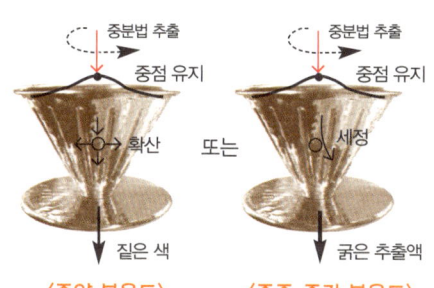

또한 중중·중강 볶음도인 경우 쓴맛이 지배적이므로 이 쓴맛을 완화시킬 수 있는 주입 방법과 주입 타이밍이 필요하다. 중분법 주입으로 주입양을 늘리는 물질이동의 원리를 이용한 주입 타이밍은 쓴맛의 성분을 부드럽게 완화시키는 추출 타이밍이다. 단, 추출 중점이 높아질 수도 있으니 주의해야 한다. 또한 과도한 주입양으로 교반 작용 발생이 되지 않도록 주의해야 한다.

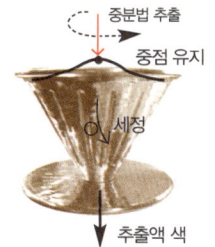

❹ 3차, 4차 추출

추출 마무리 시점으로 하부층의 색이 흐려지면 추출 시점을 마무리하는것이 추출 밸런스에 안정적이다. 세정화시키는 마무리 작업으로 불필요한 성분이 더 개입이 되지 않게 추출을 해야 한다.

❺ 평가 결과

- 아로마aroma : 부드러운 초콜릿soft chocolate, 송진향raisin flavor, 아몬드almond, 계피cinnamon, 다크베리류dark berry, 캐러멜caramelly
- 테이스트taste : 쓰고 단맛bitter-sweet
- 애프터테이스트aftertaste : 티tea 같은 여운
- 신맛acidity : 신맛은 약간 표현된다. 고노 추출(원추형 드리퍼의 장점)에 의한 장력의 힘이다.
- 바디body : 중간 정도medium
- 촉감mouthfeel : 크리미creamy
- 단맛sweetness : 단맛은 줄어 있지만 쓴맛 뒤에 느껴진다.
- 밸런스balance : 쓴맛과 약간의 신맛 뒤의 단맛이 스파이시한 균형이 인상적이다.

❶ 뜸

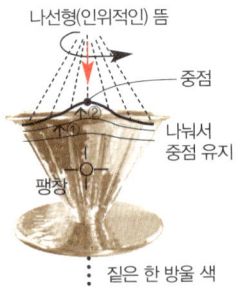

과테말라 강볶음된 커피의 뜸의 온도는 83℃ 이하로 들이는 것이 뜸의 중점을 서서히 분할해서 끌어올리기 유리하다. 하지만 온도가 낮다고 해서 뜸의 중점을 분할할 수 있는 것은 아니다. 온도가 낮으면 오히려 활성화가 약해 성분 추출이 약해진다. 하지만 쓴맛을 낮추는 데는 유리하다. 이렇듯 활성화에 대한 부분의 결과는 얼마나 중점을 유지하고 있느냐인데 한 번에 가볍게 중점을 끌어올릴 수도 있지만 입자 간 간격이 팽창해서 본 추출의 추출 여과력이 약해지기 때문에 주의해야 한다. 가장 안정적인 강볶음 숙성 상태의 뜸의 주입 방법은 점식으로 인위적인 뜸을 ①, ②씩 나눠 분할하는 것이다.

❷ 1차 추출

쓴맛이 지배적인 강볶음인 과테말라 커피를 1차 추출에서 추출 중점을 유지하면서 입자 간 성분을 섬세하게 추출하기 위해서는 정교한 물줄기와 균일한 입자 분포도가 관건이다. 물줄기가 정교하다는 것은 물의 주입양과 입자와의 접촉에 의한 성분 추출을 정교하게 컨트롤할 수 있다는 의미이다. 입자의 균형성은 미분이 적고 열발생률이 적어 분쇄되는 동안 향의 산화가 적다는 것이다.

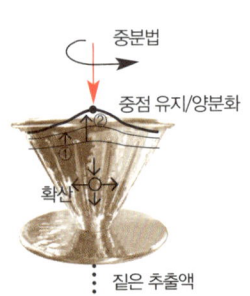

좋은 그라인더란 모터의 회전수(rpm)가 빠를수록 좋고 분쇄날의 크기가 클수록 유리하다. 플랫flat날은 다양한 볶음도에 유리하며 코니컬conical날은 향의 다양성을 표현하는 약볶음에 더 유리하다. 이렇듯 그라인더에 의한 입자의 균일성 또한 배제할 수 없는 것이 추출의 한 분야이다.

중분법 추출 주입으로 ①, ②의 추출 중점을 서서히 끌어올리는 것이 무엇보다 쓴맛을 부드럽게 조율할 수 있고, 다소 부족한 신맛을 추출할 수 있는 유일한 추출 방법이다. 정교한 물줄기로 주입을 하면서 주입 타이밍을 양분화하면 입자 간 확산 작용을 활용할 수 있다.

❸ 2차 추출

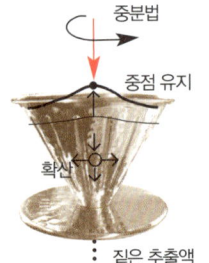

추출 중점을 유지하기 위해서는 물줄기의 주입 안배가 중요하다. 물줄기의 정교함은 추출 과정에서 고급 레벨이며 프로들의 표현이다. 물줄기를 굵게 상하로 주입을 하다 보면 입자 간 성분(여과력)을 정교하게 추출해낼 수가 없게 된다. 특히 이렇게 강볶음된 과테말라 커피의 쓴맛을 완화시키기 위해서는 더더욱 그렇다.

쓴맛이 쓴맛 같지 않고 오히려 신맛과 단맛이 느껴진다면, 또한 입안의 촉감이 상당히 오일리oily하고 마시고 난 여운aftertaste이 아주 길게 느껴지는 매력적인 커피를 만들 수 있다.

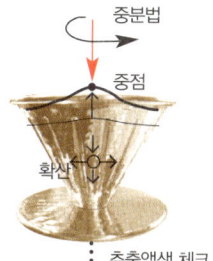

❹ 3차, 4차 추출

3차, 4차 추출 과정은 추출 마무리 시점으로 추출 밸런스 유지가 목적이지만 마지막까지 확산 작용을 활용한 중분법 추출 과정은 과테말라 커피 특유의 스모키smoky한 향미flavor를 표현하고자 하는 데 목적이 있다. 다시 말해 강력한 향미의 표현인데 하부층의 추출액 색이 흐려지는 시점이 마무리 시점이다.

❺ 평가 결과

- 아로마aroma : 블랙베리류 향미black berry flavor, 밀크초콜릿milk chocolate, 캐러멜 스파이시caramel-spice, 송진향raisin, 블랙 후추black pepper, 스모키smoky
- 테이스트taste : 스모키한 쓴맛smoky-bitter
- 애프터테이스트aftertaste : 쓴맛 단맛 스모키한 여운bitter sweet smoky finish
- 신맛acidity : 약간의 신맛이 느껴진다.
- 바디body : 무거운heavy 바디감
- 촉감mouthfeel : 거친 듯한 촉감
- 단맛sweetness : 단맛은 쓴맛에 가려 잘 느낄 수는 없지만 첫 모금 후 신맛이 살짝 느껴진 후엔 쓴맛 뒤에 단맛의 표현이 좋다.
- 밸런스balance : 블랙베리류의 균형감과 스모키한 향이 매력적이다.

코스타리카
Costa Rica

아라비카종arabica을 100% 재배하는 곳으로 카투라catura종과 카투아이catuai종을 주로 생산하는 나라이다. 고도가 높은 산지는 카투라 종을 주로 생산하며 신맛이 강하고 향의 다양성이 복합적이며 바디감body이 있는것이 특징이다. 고도가 낮은 산지는 카투아이 종을 주로 생산하며 신맛은 적고 단맛과 균형감이 좋다. 가공처리 과정은 세미워시드semiwashed가 주를 이룬다.

등급	고도
SHB(Strictly Hard Bean)	1,200~1,650m 이상 고지대
GHB(Good Hard Bean)	1,100~1,250m
HB(Hard Bean)	800~1,100m
MHB(Medium Hard Bean)	500~1,200m
HGA(High Grown Bean)	900~1,200m
MGA(Medium Grown Bean)	600~900m
LGA(Low Grown Bean)	200~600m
P(Pacific)	400~1,000m

**스페셜티 커피는 SHB 등급의 결점두가 적은 83점 이상인 커피

- 타라주(Tarrazu)

태평양 연안에 위치한 지역으로 고도는 1,200~1,700m이며 수확 시기는 12~3월, 건기와 우기가 뚜렷하다. 고도가 높은 지역이라 생두의 조밀도가 단단하다. 강한 신맛과 풍부한 바디감과 단맛이 좋은 커피를 생산한다.

- 트레스리오(Tres Rios)

태평양 연안에 위치하며 고도가 1,200~1,650m로 코스타리카Costa Rica에서 꽤 높은 지역 중에 한 곳이다. 수확기는 12~3월이며 향의 특징이 상당히 다양하고 복합적인 특징을 가지고 있으며 균형감이 좋은 것이 특징이다. 조밀도는 강하다.

- 투리알바(Turrialba)

대서양과 동부 센트럴밸리Central Valley 사이에 위치하고 있는 지역이다. 강수량이 많아서 다른 지역에 비해 조밀도가 약한 편이며 고도는 600~900m 정도이다. 신맛과 바디감은 강하지 않고 부드러운 여운을 가지고 있다. 수확 시기는 9~2월이다.

- 오로시(Orosi)

대서양과 동부 센트럴밸리 사이에 위치한 지역이며 고도는 900~1,200m 정도이고 수확 시기는 9~2월 중이다. 열매가 익어가는 시기는 천천히 익어가기 때문에 신맛과 단맛, 향과 바디의 균형이 좋다.

- 브룬카(Brunca)

태평양 연안에 가까운 지역으로 고도가 800~1,200m 정도이며 수확 시기는 8~1월 중이다. 체리의 익는 정도가 다른 지역에 비해 빨라서 신맛과 바디감이 균형적인 것이 특징이며 튀지 않는 향미를 가지고 있다. 조밀도는 중간 정도 이상이다.

- 발레 옥시덴탈(Valle Occidental)

고도가 1,000~1,600m로 바디와 산도가 조화롭고 향의 다양성이 매력적인 지역이다. 수확 시기는 10월이다. 조밀도는 강하다.

- 발레 센트랄(Valle Central)

고도가 1,200~1,600m로 신맛이 강하고 균형잡힌 바디감이 좋다. 수확 시기는 12~3월 중순이다. 조밀도는 강하다.

코스타리카 타라주 Costa Rica Tarrazu

로스팅 그래프

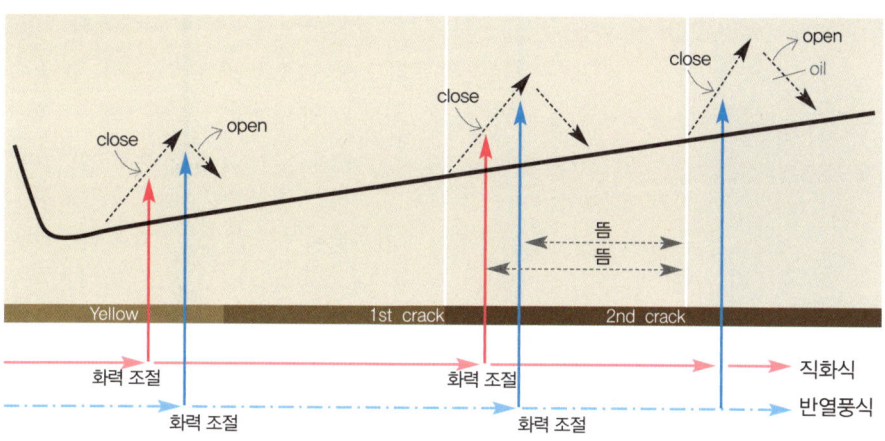

코스타리카 타라주 지역의 카투라 종자는 조밀도가 강한 빈이기 때문에 200℃ 이상에서 투입하는 것이 안정적인 중점 유지와 열량 공급에 의한 균일한 로스팅 프로파일을 만들 수 있는 투입 온도이다.

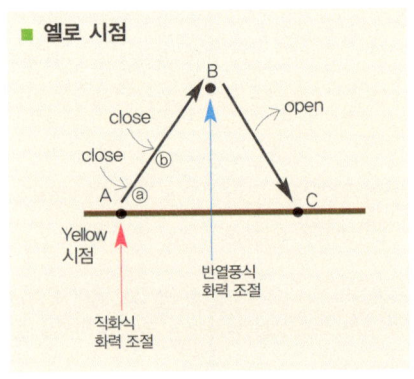

■ 옐로 시점

직화식 로스터기의 옐로 시점에서 화력 조절은 A 시점에 미리하는 것이 조밀도 강한 카투라 종자의 열량보완을 미리 확보할 수 있는 방법이다. 드럼 내 열량이 부족한 직화식 로스터기의 단점을 보완할 수 있는 화력 조절 방법이며 ⓐ 시점에서 미리 댐퍼를 닫아 줌으로써 드럼 내 공기흐름을 유지하면서 단 향 시점을 미리 확보하는 로스팅 테크닉이다. 직화식 로스터기의 단 향의 시점이 시작하자마자 드럼 내 열량을 확보하는 것이 1차 크랙이 시작되는 발열의 시점을 충분히 발열할 수 있게 만드는 흡열 시점인데, 이 시점부터 충분한 열량을 공급하지 못하면 1차 크랙 시점에서 빈의 주름의 펴짐이 약해지고 1차 크랙 시점 또한 늦게 시작되는 현상이 발생된다. 1차 크랙 시점이 늦게 시작되는 프로파일은 신맛은 적고 쓴맛과 짠맛이 증가하며 단맛 또한 감소하게 되기 때문에 화력 보완을 해 주어야 어느 정도 보완할 수도 있다. 즉 1차 크랙 시점의 화력 조절 시점을 늦추는 방법인데 사실 100% 완성된 프로파일이 아닌 대처하는 방법으로 완성도는 떨어진다.

반열풍식 로스터기의 옐로 시점의 화력 조절은 B 시점에서 하는 것이 안정적이다. 단 향의 최고점에서 화력을 조절하는 것이 드럼 내 안정된 열량을 유지할 수 있다. 다시 말해 A 시점에서 미리 확보하게 되면 과다열량이 돼서 1차 크랙 시점이 너무 빨리 도달하게 된다. 이 결과의 맛은 신맛이 너무 과도해지고 단맛이 상대적으로 줄어들어 짠맛이 증가하게 된다. 반대로 C 시점에서 너무 늦게 화력을 조절하게 되면 1차 크랙 시점이 너무 늦게 도달해서 신맛은 감소하고 쓴맛이 증가하게 된다. 상대적으로 단맛 또한 약해 짠맛이 증가하게 되는데 이렇듯 짠맛은 단맛이 형성되지 못하면 상대적으로 증가하게 된다. 단맛은 충분한 100%의 열량을 확보했을 경우에만 형성이 된다. 커피 테스팅할 때 커핑 또는 컵테스팅의 경우 너무 신맛이 나거나 너무 짠맛이 나는 경우, 쓴맛이 나면서 신맛 또한 약한 경우는 단맛이 전부 부족하기 때문에 발생하는 것이다. 이는 충분한 열량이 공급되지 못했다는 것이다.

ⓑ 시점에서 댐퍼를 미리 닫아 주기 때문에 드럼 내 공기흐름을 미리 확보할 수 있어 조밀도 강한 빈이든 약한 빈이든 반열풍식은 열량확보와 드럼 내 공기흐름인 대류열의 흐름을 안정적으로 유지할 수 있다.

조밀도가 강한 코스타리카 카투라 종은 주름의 펴짐의 체크가 쉽지 않다. 이유는 주름의 펴짐과 색의 변화가 다른 빈에 비해 변화 속도가 빠른데 주름의 펴짐은 늦어지기 때문에 포인트 잡기가 쉽지 않다는 것이다. 자칫 주름의 완전한 펴짐을 확인하면 색상의 변화가 어두워지고 상쾌한 맛보다는 쓴맛이 튀는 현상이 발생된다. 다른 지역의 종자보다 유독 로스팅 포인트의 범위가 좁다. 이렇듯 코스타리카의 포인트와 조밀도 강한 카투라 종의 주름과 색의 변화의 포인트가 까다롭기 때문에 많은 경험(테스팅)이 필요하다.

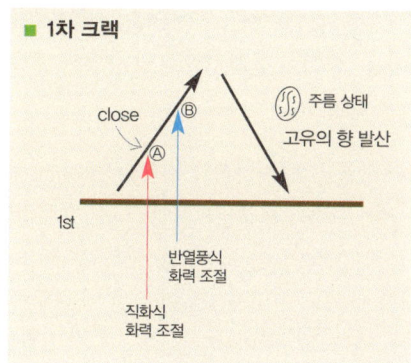

직화식 로스터기는 Ⓐ 시점에서 화력 조절과 댐퍼 조절을 미리 해주어야 드럼 내 열량확보와 주름의 펴짐, 내외부의 균일한 로스팅을 할 수 있다. 드럼 내 열량공급을 미리 해주기 위해서는 댐퍼 조절이 필요한데 직화식 로스터기는 열량확보가 무엇보다 중요하다. 그래야 내부의 균일한 로스팅과 외부의 주름의 펴짐이 안정적이며 공기의 흐름의 균일성을 위해 댐퍼를 미리 Ⓐ 시점에서 닫아 주어야 한다.

반열풍식 로스터기는 Ⓑ 시점에서 화력 조절을 하는데 주름의 펴짐 정도와 고유 향의 발산 정도를 체크하면서 화력을 조절해야 안정적인 로스팅 포인트를 찾을 수 있다. 댐퍼 조절 또한 같은 시점에서 하는 것이 드럼 내 공기흐름의 상황을 안정화시킬 수 있다. 너무 빨리 Ⓐ 시점에서 화력 조절을 하면 주름의 펴짐이 늦어지고 단맛이 감소하게 된다. 즉 열량 부족 현상이 발생된다는 의미인데 산뜻한 신맛과 단맛이 감소하고 짠맛이 길게 여운이 남아 열량 부족 현상이 발생된다. 반열풍식 로스터기의 화력 조절은 내부부터 로스팅되는 장점과 댐퍼 닫는 시점을 고려해서 주름의 펴짐 정도, 색의 변화, 확인봉을 통한 고유의 향 체크가 무엇보다 중요하다.

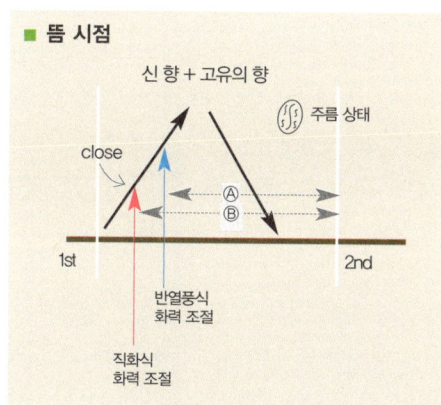

Ⓑ 시점에서 화력 조절을 하는 직화식 로스터기는 내부까지 균일하게 볶고자 뜸을 미리 들이는 것인데 댐퍼 조절 시점 또한 함께 해서 드럼 내 공기흐름을 안정적으로 해주어야 외부조직의 주름의 펴짐을 안정적으로 균일하게 할 수 있다. 직화식 로스터기는 화력 조절 후 뜸을 들이는 시점에서 온도 상승폭을 유의 주시하면서 뜸의 시점을 조율해야 한다. 너무 길게 뜸이 진행되면 주름의 펴짐이 실주름처럼 남아 있게 되고 빈의 색상은 어두운 색을 띠게 된다. 이런 상황의 맛은 상쾌하지 않고 탁한 느낌의 신맛과 쓴맛 같은 짠맛이 표현되는데 이는 단맛이 결여되어 있다는 의미로 열량이 부족한 결과이다. 항상 로스터는 이런 약볶음 품질 평가 시점에서 코스타리카의 신맛과 단맛의 조화와 중후하고 밝은 향의 여운을 체크해야 한다. 반대로 너무 빨리 뜸이 들여지고 2차 크랙이 시작된다면 빈의 주름의 상태는 깊게 남아 있고 내부가 균일하게 로스팅되지 못해서 풋내와 볏짚 냄새, 시큼한 맛과 떫은맛, 텁텁한 맛이 지배적이게 된다.

Ⓐ 시점에서 화력 조절을 하는 반열풍식 로스터기의 댐퍼는 직화식 로스터기와 동일하게 미리 닫아 드럼 내 공기흐름을 안정적으로 유지하면서 신 향의 정점과 고유의 향의 변화, 무엇보다 중요한 주름의 펴짐을 체크하면서 화력 조절 시점의 뜸의 시점을 만들면 내외부의 균일한 로스팅 프로파일이 만들어지도록 해야 한다. 단 여기서 주의해야 할 점은 빈의 내부와

외부의 색의 편차(색상)가 조금 나게 되면 맛에 영향(시큼, 떫은, 아린, 날카로운, 텁텁한, 짠 맛)이 없는 한 색의 편차는 향의 다양성의 포인트이다. 반대로 빈의 내외부의 균일한 색상(색의 편차)은 향미의 균일성이며 맛에 대한 부분의 포인트이다.

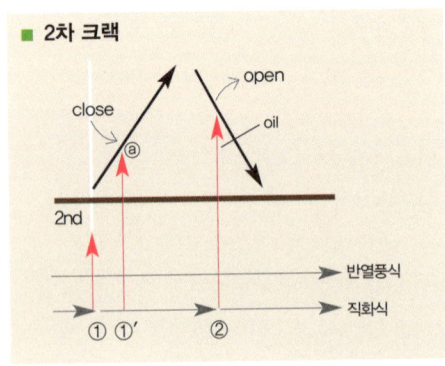

2차 크랙 시점의 중볶음 코스타리카 카투라 종자는 베스트 포인트에서 점점 멀어지는 포인트이다. 다시 말해 코스타리카로서는 매력이 줄어드는 포인트로 향의 다양성도 줄어들고 맛에 대한 부분도 쓴맛이 개입이 되기 때문에 아쉬운 부분의 시작이 되는 포인트이다.

또한 카투라 종은 조밀도가 강한 빈이고 직화식 로스터기로 2차 크랙 시점 이후의 포인트를 찾기 위한다면 2차 크랙이 시작되는 동시에 화력 ①을 보강해 주는 것이 직화식 로스터기의 사용에 다소 안정적이다. 만일 뜸의 시점 이후 2차 크랙이 시작되는 부분이 빨리 진행이 되었다면 ① 화력을 보강하지 않고 ①´에서 보강할 수도 있지만 정상적인 프로파일의 직화식 로스터기의 사용은 2차 크랙 시작과 동시에 보강하는 것이 좋다. 댐퍼 또한 2차 크랙이 시작되고 연음이 시작될 때 드럼 내 압력 증가 정도를 보고 닫아 주는 것이 드럼 내 열량의 보존에 유리하다.

오일이 발생하는 강볶음 시점에서는 오일이 타지 않게 화력 조절을 해야 하는데 연기 발생이 더 많이 나는 시점이기 때문에 오일이 발생하기 전에 댐퍼를 열어서 탁하지 않게 로스팅해야 하지만 드럼 내 온도 상승에 영향이 발생한다면 ② 시점에서 다소 조금 화력을 보강하는 것이 안정적인 로스팅 프로파일을 만들 수 있다. 항상 로스터는 로스팅 포인트와 드럼 내 압력, 로스팅 시간, 온도, 빈의 향, 주름, 소리 등의 다양한 변화를 체크하면서 로스팅을 해야한다.

2차 크랙 시점의 반열풍식 로스터기의 화력 조절과 댐퍼 조절은 드럼 내 균일한 열량과 공기흐름에 의해 특별히 화력을 보강할 필요는 없다. 하지만 댐퍼 조절은 압력이 증가하는 정도와 온도 상승 정도를 고려해서 댐퍼의 닫는 정도, 즉 댐퍼 중점을 체크하면서 드럼 내 압력 조절을 하는 것이 로스팅 시간이 너무 빨리 진행되지 않게 하는 방법이다. 또한 오일이 발생하는 강볶음 시점에는 댐퍼를 미리 열어 드럼 내 텁텁한 향이 배지 않도록 체크하면서 드럼 내 온도 상승 정도와 강볶음 포인트를 찾는 것이 중요하다.

> 코스타리카, 탄자니아 커피 같은 특유의 커피들은 약볶음의 포인트가 가장 잘어울리는 경향이 있다. 물론 수많은 로스터마다 자기만의 로스팅 세계가 있지만 말이다. 요즘 스페셜티 커피들이 약볶음 포인트를 두는 이유는 그저 신맛만 표현하려고 하는 것이 아니라 신맛과 단맛, 중후함, 깔끔함, 촉감, 향의 다양성 등 생두가 가지고 있는 고유의 향의 다양성을 표현하는 데 목적을 두고 있는 것이다.

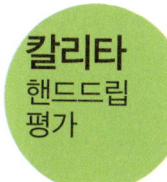

Costa Rica Tarrazu

칼리타 핸드드립 평가

약 볶음

❶ 뜸

약볶음 코스타리카는 90℃ 이상으로 뜸을 들이는 것이 뜸 팽창 정도가 안정적이나 문제는 뜸의 중점이 물의 온도에 의해 다소 높게 형성될 수도 있기 때문에 뜸의 주입양의 안배와 CO_2의 제거 정도(숙성 정도)를 파악해야 균일한 뜸(안정적인 뜸)을 완성할 수 있다. CO_2 함량이 많으면 즉, 갓볶은 상태에서 뜸을 들이면 마치 빵떡처럼 부풀어 오르는 현상을 볼 수 있다. 이런 CO_2가 제거되지 않은 상태에서는 풋내와 볏짚 냄새 등 당분 추출이 어려워 깊이 있는 커피 성분을 추출하기가 어렵다. CO_2의 제거는 안정된 추출 여과력을 형성하는 데 도움이 된다. 단, 주의해야 할 점은 적당한 CO_2 제거와 커피의 향기 성분은 함께 줄어들기 때문에 CO_2 제거의 숙성 시기를 찾아야 향과 안정된 추출 상태에 따른 커피 성분을 표현할 수 있다. 입자 간 팽창과 하부층의 짙은 색이 한 방울씩 떨어지게 안정된 뜸을 들여야 본 추출에서 추출 성분을 효율적으로 추출할 수 있다.

❷ 1차 추출

나선형으로 주입을 하면 주입양이 많아서 추출 중점이 높아질 수 있다. 추출 중점이 높아지면 추출 여과력이 떨어지게 돼서 단맛의 추출이 약해진다. 코스타리카의 단맛의 성분이 추출 과정에서는 상당히 중요한 부분인데 1차 추출에서 추출액의 색이 짙을수록 신맛과 단맛의 성분이 잘 추출되는 것을 알 수 있다. 그러나 추출 과정상 부드럽게 추출하고자 나선형 추출인 주입양이 많은 주입법과 세정 작용을 활용하기 위해 주입 타이밍을 물질이동의 원리를 이용한다면 드리퍼 안의 추출 주입양이 하부층의 배출되는 속도에 비해 많아지기 때문에 자연교반 작용이 발생할 수 있다. 물론 주입양이 많아지면 미분이 자연스럽게 입자와 입자 사이의 틈을 타고 하부층으로 이동하는 미분이동의 현상이 발생하게 된다. 미분이동에 의한 교반 작용은 잡미 성분이 추출되며 추출 효율이 떨어지는 막힘 현상이 발생한다. 이럴 경우 입자의 굵기를 체크한다든지 그라인더 날의 교체 시기 또는 물의 주입양의 안배, 물줄기의 굵기 안배가 중요하다. 코스타리카의 약볶음은 신맛과 단맛의 성분이 많기 때문에 1차 추출에서 신맛을 다소 부드럽게 추출하기 위해 세정화시키는 주입 타이밍을 활용한다면 부드러운 신맛과 단맛을 표현할 수 있다.

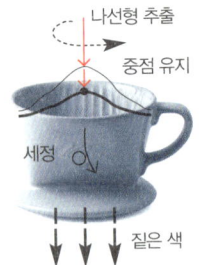

❸ 2차 추출

나선형 칼리타 추출의 중요한 추출 안배 시점이다. 상부층의 주입양과 하부층의 배출 굵기가 일정해야 중부층에서 교반 작용이 발생하지 않으므로 주입 물줄기의 굵기와 하부층 추출액의 색과 굵기를 고려해서 주입을 하는 것이 중요하다.

또한 칼리타 기구에서 3개의 추출구에 균일하게 추출이 될 수 있도록 균일한 주입 방법이 요구된다. 신맛보다는 부드러운 단맛이 추출이 되는 시점이기 때문에 교반 작용만 발생하지 않게 주의하면서 주입하면 된다.

❹ 3차, 4차 추출

마무리 시점의 추출 단계이기 때문에 추출 시간의 안배가 무엇보다 중요하다. 1차와 2차 추출에서 커피 성분을 얼마나 조화 있게 마무리하느냐가 문제인데 3차와 4차 추출에서 마무리를 잘못하면 결국 잡미가 많은 커피가 표현된다. 이런 문제가 발생하지 않기 위해서는 추출액의 색을 체크하여 하부층의 색이 흐려지기 시작하면 추출 마무리를 하는 것이 중요하다.

❺ 평가 결과

- 아로마aroma : 구운 아몬드Toasted almond, 오렌지orange, 꿀honey, 사과red apple, 감귤계citrus, 초콜릿chocolate, 야생화, 들꽃wild flower
- 테이스트taste : 신맛과 단맛의 조화로운 단맛nippy
- 애프터테이스트aftertaste : 과일류의 향과 긴여운
- 신맛acidity : 신맛이 강한 편이다.
- 바디body : 풍부한 바디감rich body
- 촉감mouthfeel : 실크 같은 촉감
- 단맛sweetness : 초콜릿 같은 단맛
- 클리어니스clearness : 품질이 상당히 좋은 깔끔함이다.
- 밸런스balance : 신맛과 단맛, 중후함, 여운의 균형감이 상당히 좋은 커피이다.

❶ 뜸

중볶음은 안정적인 뜸의 중점을 유지할 수 있는 볶음도이기 때문에 85℃ 이상에서 뜸을 들이는 것이 쓴맛의 개입을 안정화시킬 수 있고 뜸의 활성화면에서도 안정화시킬 수 있다. 그렇다고 굵은 물줄기나 수구의 높이를 너무 높게 해서 주입을 하면 뜸의 중점이 높아질 수 있기 때문에 주

의해야 한다.

상부층과 중부층, 하부층에 고르게 주입하되 하부층에 한 방울씩 짙은 색이 방울방울 떨어지게 주입해야 하고 3개의 추출구에 균일하게 떨어질 수 있도록 해야 한다.

❷ 1차 추출

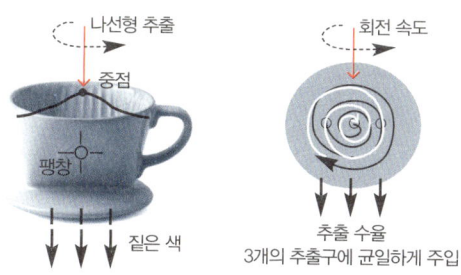

반침지법의 기본 개념을 갖고 있는 칼리타 기구의 추출 스윙 속도에 따라 커피 성분 정도가 달라진다. 커피의 양과 물과의 접촉 정도, 물을 주입하는 속도에 따라 추출 수율 정도가 달라지게 된다는 것이다. 그러나 칼리타 기구의 특징상 물과의 접촉이 투과식 기구인 고노 기구와 다르게 접촉에 의한 잡미와 미분이동, 그 영향에 따른 교반 작용에 주의해야 한다는 점을 명시해야 한다.

나선형으로 주입을 하면서 균일한 추출액을 추출하기 위해서는 3개의 추출구에 균일하게 추출이 될 수 있도록 추출 중점을 유지해야 하고 주입 속도를 일정하게 유지해야 3개의 추출구에 균일한 속도로 추출할 수 있다.

만일 상하로 주입을 하게 되면 추출 과정상 편추출이 될 확률이 높게 되어 과소 추출이 될 확률이 높고 밋밋한 맛이 추출된다. 마치 에스프레소 탬핑tamping 과정상 균일한 탬핑을 하지 못해서 추출되는 현상과 같다.

추출 중점을 유지하면서 주입 타이밍을 양분화시키면 입자 간 확산 작용을 활용할 수 있게 된다. 신맛이 적은 중볶음이기 때문에 신맛의 추출로 쓴맛의 성분을 낮출 수 있다. 그러나 코스타리카 커피의 중볶음도 어찌보면 본연의 코스타리카의 느낌이 아닌 쓴맛만 느낄 수 있는 아쉬운 포인트이기 때문에 베스트 포인트로 표현하기엔 미흡하다.

❸ 2차 추출

쓴맛이 지나치게 증가할 수 있는 중볶음 포인트이기 때문에 쓴맛을 완화시킬 수 있도록 세정화시키는 것이 좋다. 주의할 점은 추출 중점이 높아질 수도 있다는 점인데, 주입양과 배출되는 하부층의 속도를 잘 계산해야 안정된 추출 밸런스를 만들 수 있다. 만일 주입 타이밍이 빠르거나 주입양이 많게 되면 자연교반 작용이 발생할 수 있어 칼리타 기구를 사용할 때는 드리퍼의 주변 가장자리에 물이 차오르는 현상이 발생하지 않도록 주의하면서 추출해야 된다.

❹ 3차, 4차 추출

　농도를 조절하는 마무리 시점으로 추출 시간 안배가 무엇보다 중요하다. 잡미가 포함되면서 추출되는 원리를 갖고 있는 칼리타 기구이기 때문에 부드럽게 추출 주입을 하되 주입양과 추출액 양과의 조화를 이룰 수 있도록 추출양의 밸런스를 맞추는 것이 관건이다. 추출 마무리 시점은 하부층의 추출액의 색이 흐려지면 추출을 마무리한다.

❺ 평가 결과
- 아로마aroma : 스파이시한 향spice, 자두plum, 다크브라운 슈거dark brown sugar, 코코아cocoa
- 테이스트taste : 쓴맛과 단맛bitter-sweet
- 애프터테이스트aftertaste : 스파이시한 긴 여운
- 신맛acidity : 신맛은 많이 줄어들었다lower acidity.
- 바디body : 무게감은 증가했다more body.
- 촉감mouthfeel : 칼리타 추출이라 촉감은 그리 많지는 않다.
- 단맛sweetness : 많이 감소한 단맛
- 클리어니스clearness : 쓴맛에 가려 약간 탁한 느낌
- 밸런스balance : 다소 무거운 균형감

❶ 뜸

　1차 중점과 2차 중점을 유지하면서 주입양을 안배하는 뜸방식을 이중 뜸 방식이라 한다. 중점의 높이가 낮기 때문에 강제성을 두면 입자 간 지탱력이 무너지는 현상이 발생한다. 다시 말해 강볶음된 코스타리카 커피를 굵은 물줄기나 너무 높은 물의 온도로 강제성을 두면 오히려 굵은 물줄기에 의해 입자 간 틈이 발생해서 본 추출에서 추출 여과력을 상실하게 된다. 추출 여과력이 상실된 커피의 맛은 밋밋하면서 쓴맛의 여운이 길게 된다는 점인데 이는 과소 추출의 결과물이다. 또한 너무 높은 온도로 뜸을 들여 추출하면 강볶음 시 가장 많이 함유된 쓴맛이 지나치게 추출이 진행될 수 있어 기분 나쁜 쓴맛이 증가한다. 이렇듯 강볶음된 커피를 뜸을 들이는 온도는 83℃ 이하로 안정된 쓴맛의 성분 추출과 뜸의 중점 유지를 위한 이중 뜸 방식이 보다 효율적이다.

❷ 1차 추출

　쓴맛이 강한 볶음도이기 때문에 상대적으로 쓴맛을 부드럽게 추출하는 세정화 작용을 활용하는 주입법이다. 이런 추출법은 신맛을 싫어하거나 너무 가벼운 커피를 싫어하는 사람들이 마시기에 적당한 커피인데, 신맛과 단맛이 결여되어 있고 입안에 오래 남는 점성 또한

결여되어 있는 커피이다. 단지 부드럽게 쓴맛을 즐길 수 있게 추출하는 방법인데 주의해야 할 점은 추출 중점을 한 번에 올리는 것이 아니라 ①, ②로 나눠서 추출 중점을 유지하는 것이 교반 작용 발생을 최소화하는 방법이다.

"물줄기의 컨트롤 또한 섬세할수록 더 부드러운 쓴맛을 세정화시킬 수 있다."

❸ 2차 추출 응용

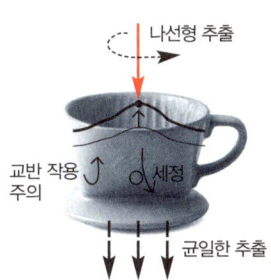

계속해서 세정화 작용을 활용하기 위해 나선형 추출을 하면 교반 작용이 발생하기 쉬운 칼리타 기구이므로 물줄기의 컨트롤이 중요하다. 다시 말해 쓴맛을 부드럽게 표현하고자 추출하는 추출 응용방법인데 주입양이 많은 추출 방법(나선형 추출법)이므로 입자의 굵기와 물줄기의 굵기 조절이 중요하다. 쓴맛의 완화, 교반 작용의 주의, 추출 중점 유지, 3개의 추출구의 균일한 추출이 중요하다.

❹ 3차, 4차 추출 응용

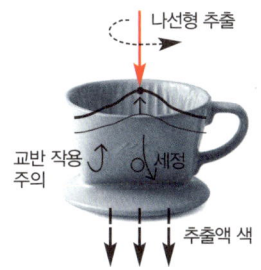

추출 마무리 시점으로 잡미가 섞이지 않게 추출하는 것이 관건이다. 하부층의 추출액 색이 흐려지기 시작하면 추출을 마무리한다. 주입양이 많고 입자 간 수압의 지탱력이 약해지므로 물줄기 컨트롤이 중요하다. 주입 타이밍이 빨라서 물이 가장자리 주변에 차오르는 현상인 교반 작용이 발생하지 않게 주의하면서 추출해야 한다.

❺ 평가 결과

- 아로마aroma : 다크 초콜릿dark chocolate, 카카오cacao, 블랙베리류black berry, 송진향raisin
- 테이스트taste : 쏘는 쓴맛pungent-bitter
- 애프터테이스트aftertaste : 파워풀한 긴 여운
- 신맛acidity : 감소된 신맛
- 바디body : 파워 있는 무게감heavy
- 촉감mouthfeel : 오일리oily한 촉감
- 단맛sweetness : 단맛이 약하고 오일리하다.
- 밸런스balance : 칼리타 추출이라 다소 부드러운 균형감 속에 쓴맛의 여운이 길다.
- 클리어니스clearness : 강볶음치고는 깔끔한 스모키함

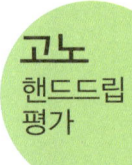

Costa Rica Tarrazu

❶ 뜸

원추형 드리퍼인 고노 기구를 많은 사람들이 어려운(프로들이 사용하는 기구) 기구라고 말하곤 하는데 모든 드리퍼(kalita, melita, kono, hario, 동드리퍼, 융 등)들은 기구의 모양과 물과의 접촉 정도의 차이 외에는 물과 분쇄 입자의 접촉 정도에 성분을 추출해 내는 추출 여과력은 같은 원리이다. 다시 말해 핸드드립은 추출 여과력이다. 기구의 모양을 잘 활용하면서 잡미가 섞이지 않고 좋은 성분만 추출할 수 있는 고도의 추출 기술인 것이다. 그냥 막 물을 붓거나 커피 진액에 물을 희석하는, 누구나 할 수 있는 그런 추출이 아닌 정교하고 섬세한 커피의 입자 속에 있는 고유의 성분들 중 양질의 성분을 추출할 수 있는 기술이다. 그래서 커피 추출은 뜸에서 모든 것이 좌우된다고 해도 과언이 아니다.

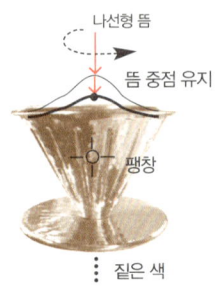

뜸은 커피를 추출하기 위한 준비 작업이다. 뜸을 얼마나 잘들이느냐에 따라 추출의 성공에 승패를 나눌 수 있다. 가장 완벽한 뜸은 볶음도에 따라 온도를 정하고 뜸의 중점을 유지하면서 입자 간 팽창의 정도를 일정하게 유지하고 과도한 주입양에 의한 뜸의 중점과 수로현상이 발생하지 않게 하부층에 한 방울씩 짙은 색이 떨어지게 뜸을 들이는 것이 완벽한 뜸이라 할 수 있다.

❷ 1차 추출

약볶음이기 때문에 추출 중점을 유지하는 것이 중요하다. 추출 중점이 높아지면 과소 추출이 될 우려가 있다. 과소 추출 현상은 추출 여과력이 부족한 현상으로 1차 추출의 진액 성분을 추출하지 못하는 현상을 말한다. 약볶음된 코스타리카의 진액 성분은 다양한 향 속에 짙은 신맛과 단맛, 점성이 함께 어우러져 있어 상당히 강력한 맛과 향을 표현한다. 중분법 추출 주입법으로 불필요한 미분이동을 주의하면서(분리하면서) 중앙의 입자층의 성분을 디테일하게 추출하되 진액의 성분을 추출하기 위해서는 주입 타이밍을 양분화시키는 주입 방법이 입자 간 성분을 확산시키는 데 유리한 추출 주입 방법이다.

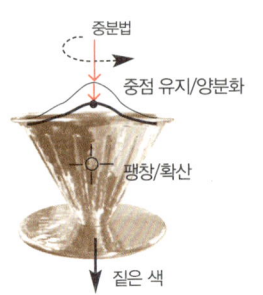

"주입 타이밍의 양분화는 추출 중점 유지 및 확산 작용에 의한 추출 성분을 집약하는 데 있다."

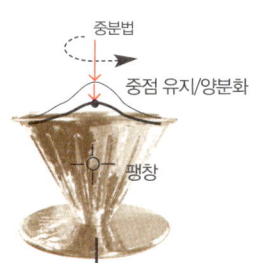

❸ 2차 추출

코스타리카의 강력한 향미의 표현 방법으로 신맛과 단맛의 조화로움이 지속되는 단맛의 증가를 표현하기 위한 추출 방법이다. 이런 단맛은 "니피nippy하다" 표현하는데 약볶음 커피 중에 신맛과 단맛의 조화가 특별한 커피가 바로 코스타리카 커피이다. 물론 다양한 향미 중 과일류의 아로마로 일품이다.

진한 커피의 성분은 추출 수율이 얼마나 많이 추출되었나(커피 양이 물에 녹아 낸 비율)하는 것이다. 다시 말해 진한 커피는 그린빈의 품질이 좋아야 하고 로스팅의 기술과 추출력이 우수해야 한다. 주입 타이밍을 양분화시키기 때문에 추출 중점을 유지하기는 어렵지 않다.

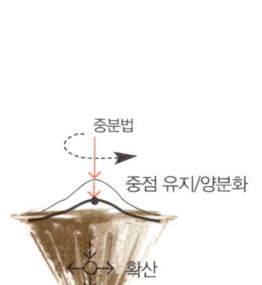

❹ 3차, 4차 추출

확산 작용의 마무리 시점이기 때문에 자칫 잡미 성분까지 진하게 추출될 수도 있으므로 추출 마무리를 잘해야 한다.

잡미 성분의 개입은 하부층의 추출액의 색으로 판단하는 것이 안정적이다.

확산 작용의 핵심은 추출 중점 유지와 추출 타이밍의 양분화, 주입 물줄기의 섬세함이 중요하며 로스팅에서는 풍부한 당분이 만들어져 있어야 확산 작용에 유리하다. 로스팅에서의 풍부한 당분이란 충분한 열량을 의미한다.

❺ 평가 결과

- 아로마aroma : 구운 아몬드toasted almond, 오렌지orange, 꿀honey, 사과red apple, 감귤계citrus, 밀키 초콜릿milky chocolate
- 테이스트taste : 신맛과 단맛의 조화로운 단맛nippy
- 애프터테이스트aftertaste : 과일류의 긴 여운
- 신맛acidity : 신맛이 단맛과 조화롭다(과일류의 신맛).
- 바디body : 풍부한 바디감rich body
- 촉감mouthfeel : 실키한 촉감silky-mouthfeel
- 단맛sweetness : 단맛의 깊이가 깊다.
- 클리어니스clearness : 품질이 우수한 타라주Tarrazu 지역의 커피이다.
- 밸런스balance : 신맛과 단맛의 균형감이 좋다. 과일류의 여운과 중후함이 좋다.

❶ 뜸

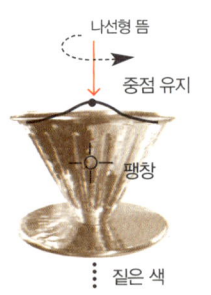

중점을 유지하기에 안정적인 볶음도이므로 뜸을 들이기가 수월하다. 그러나 주입 물줄기가 너무 굵거나 스윙을 너무 빨리하면 부력에 의해 중점이 높아질 수도 있으므로 주의해야 한다. 중점이 높아지는 것이 신선함을 표현하는 것처럼 보이지만 실은 깊이가 없는 커피의 표현이다. 중점이 너무 높다는 것은 입자 간 여과력의 상실을 의미하는 것이기 때문에 입자의 성분을 추출하기 위해서는 섬세함과 중점 유지가 무엇보다 선행되어야 한다. 또한 너무 높은 온도로 뜸을 들이면 중점이 높아지기도 하기 때문에 주의해야 한다. 높은 온도는 중볶음에서 지나친 쓴맛의 원인이 된다. 85℃ 정도의 온도로 뜸을 들이는 것이 너무 낮은 온도로 뜸을 들이는 것보다 활성화시키는 데에는 적당한 온도이다.

❷ 1차 추출

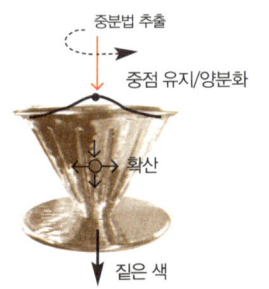

쓴맛이 개입된 코스타리카 중볶음 커피는 사실 코스타리카로서는 아쉬운 포인트이다. 쓴맛이 난다는 것은 다양한 향의 부족과 단맛의 감소를 의미한다. 이런 중볶음 포인트의 커피를 추출할 때는 쓴맛을 최소화하는 것이 중요하다. 주입 타이밍을 양분화시키는 이유는 쓴맛을 최소화하기 위함인데 양분화에 의한 주입 타이밍이 입자 간 확산 작용을 활용할 수 있기 때문에 감소되어 있는 신맛을 조금이라도 추출할 수 있게 된다. 결국 쓴맛은 신맛에 의해 조율되는 것이다.

❸ 2차 추출

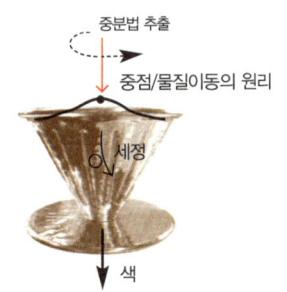

1차 추출에서 진액과 2차 추출부터의 부드러운 성분의 조화를 이루는 시점이다. 2차 추출에서 세정화시키면 쓴맛이 증가되는 추출 시점을 완화시킬 수 있다. 다시 말해 쓴맛의 개입은 단맛과 신맛의 감소를 의미하기 때문에 쓴맛을 부드럽게 추출하는 것이 1차의 쓴맛 속의 신맛과 조화를 이루는 데 유리하다. 단 향의 다양성은 결여되어 있는 볶음도이기 때문에 다양한 향의 표현은 아쉬운 포인트이다. 주입 시 주의해야 할 점은 주입양의 안배인데 추출 중점을 유지하면서 부드럽게 쓴맛의 성분을 추출해 내는 것이 추출의 목적이다.

❹ 3차, 4차 추출

추출 마무리 단계로서 하부층의 추출액의 색을 체크하면서 추출 밸런스와 추출 시간의 안배가 필요하다. 가장 중요한 점은 주입양이 너무 많지 않도록 해야 한다는 것인데, 사실 세정화시키지만 약간의 확산 작용도 병행하는 점을 잊지 말아야 한다. 즉, 추출 여과력도 계산해야 한다는 것이다. 너무 많은 양의 주입은 미분이동과 교반의 원인이 되기 때문에 주입 타이밍의 안배와 추출 시간의 안배가 중요하다.

❺ 평가 결과

- 아로마aroma : 스파이시한 향spice, 자두plum, 다크브라운 슈거dark brown sugar, 코코아cocoa
- 테이스트taste : 쓴맛과 단맛bitter-sweet
- 애프터테이스트aftertaste : 스파이시한 긴 여운
- 신맛acidity : 신맛은 감소
- 바디body : 파워 있는 무게감
- 촉감mouthfeel : 크리미creamy한 촉감
- 단맛sweetness : 단맛은 다소 감소했다.
- 클리어니스clearness : 약간 크리미한 단맛
- 밸런스balance : 무거운 균형감

❶ 뜸

인위적인 뜸 방식(분사식 뜸)은 특히 강볶음된 커피의 뜸을 들일 때 유리하다. 83℃ 이하의 낮은 온도이기 때문에 쓴맛을 낮출 수는 있어도 뜸의 활성화가 약해서 오히려 본 추출에 추출 활성화가 약해질 수 있다. 그래서 분사식 뜸 방식이 뜸 중점 유지에 유리한 면이 있는데 입자 간 팽창 정도의 안정성과 상·중·하부층의 균일한 뜸, 하부층에 짙은 색의 떨어짐을 만드는 데도 유리하다. 단점으로 뜸의 시간이 조금 길어질 수는 있지만 그래도 쓴맛의 감소와 안정적인 중점을 유지하기에는 좋다. 인위적인 뜸 방식의 주입법은 중점을 서서히 ①, ②번 나눠서 끌어올린다.

❷ 1차 추출 응용

지금까지와는 다소 다른 강볶음 추출 응용 방법으로 점식 추출 방식이다. 강볶음의 쓴맛을 최소화하면서 점성의 극치를 표현하는 방법이다.
주로 융드립에 많이 사용하지만 어떤 드리퍼에도 사용해도 무관하다. 점식으로 주입을 하는 방식은 두 가지가 있다.

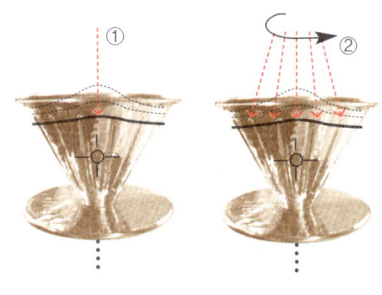

①번 방식은 가장 일반적인 방식으로 시간이 많이 걸려 텁텁한 맛이 동반된다.

②번 방식은 스윙을 하면서 분사하는 방식으로 점성과 깔끔함을 병행할 수 있고 추출 시간 안배에 유리하다.

아주 강력한 커피를 추출할 수 있는 핸드드립 추출방식으로 점성을 뽑아내는 데는 유리하다. 점성은 곧 쓴맛을 감소시킬 수 있기 때문에 코스타리카 강볶음의 쓴맛이 지배적인 포인트에 적절하다.

❸ 2차 추출 응용

2차 추출까지만 추출하면서 짙은 점성의 성분을 추출하는 방식으로 송진 같은 초콜릿, 카카오의 향미를 느끼는 커피이다. 여기서 주입 타이밍은 지속적으로 한 방울씩 주입해야 한다.

❹ 평가 결과
- 아로마aroma : 다크초콜릿dark chocolate, 카카오cacao, 블랙베리류black berry, 송진향raisin
- 테이스트taste : 쏘는 신맛pungent-bitter
- 애프터테이스트aftertaste : 파워가 있는 긴 여운
- 신맛acidity : 신맛은 많이 감소되어 있다.
- 바디body : 무거운heavy 바디감
- 촉감mouthfeel : 분사식 추출에 의한 강볶음 특유의 점성이 일품이다.
- 단맛sweetness : 단맛은 적고 촉감과 바디감이 더 좋다.
- 밸런스balance : 전체적인 깊은 여운과 풍부함의 균형이 좋다.
- 클리어니스clearness : 강볶음이면서 깔끔함

Colombia Narino

적도에 가까우며 재배고도는 800~1,900m이며 커피 재배종은 아라비카종인 티피카typica, 버본bourbon, 카투라catura, 콜롬비아 베리에다드colombia variedad 종을 주로 재배하고 지금은 카투라 종과 콜롬비아 종을 주종으로 생산한다. 콜롬비아 종은 병충해에 강하고 생산량이 많아서 많이 재배한다.

주요 수확기는 3~6월이나 9~12월 60% 수확하며 2차 수확은 10~11월, 다음해 4~5월에 40% 수확한다. 북부 지역보다 남부 지역이 고도가 높아서 조밀도가 강하다.

가공처리 과정은 워시드washed방식이며 12시간에서 24시간 정도 발효시간을 갖는다. 건조방식은 파치먼트 상태로 천일건조한다.

조밀도	강한 밀도
종자	티피카typica, 버본bourbon, 카투라catura, 콜롬비아colombia
수확	1차: 3~6월, 9~12월 2차: 10~11월, 4~5월
가공처리	워시드washed방식
건조방식	천일건조방식
등급	생두의 크기에 따라 나눈다

등급	크기
Supremo	스크린 사이즈 17 이상
Excelso	스크린 사이즈 15~17
U.G.O(Usual Good Quality) 이하	스크린 사이즈 14 이하

특징	콜롬비아 북부 지역은 해발 고도가 낮으며 기온은 높은 지역이며 생산량이 많은 지역이다. 주요 지역은 메데린, 마니잘레스, 아르메니아지역이다. 중부 지역은 고급 스페셜티 커피 생산보다 커머셜티 생산 지역이다. 남부 지역은 해발 고도가 높고 스페셜티 커피가 주로 많이 생산되는 지역으로 나리뇨, 카우카, 후일라 지역이 대표적이다. 복합적인 향미와 신맛이 강하며 개성 있는 특징이 있는 커피들이 많이 생산되는 우수한 지역이다.

콜롬비아 나리뇨 Colombia Narino

○ 로스팅 그래프

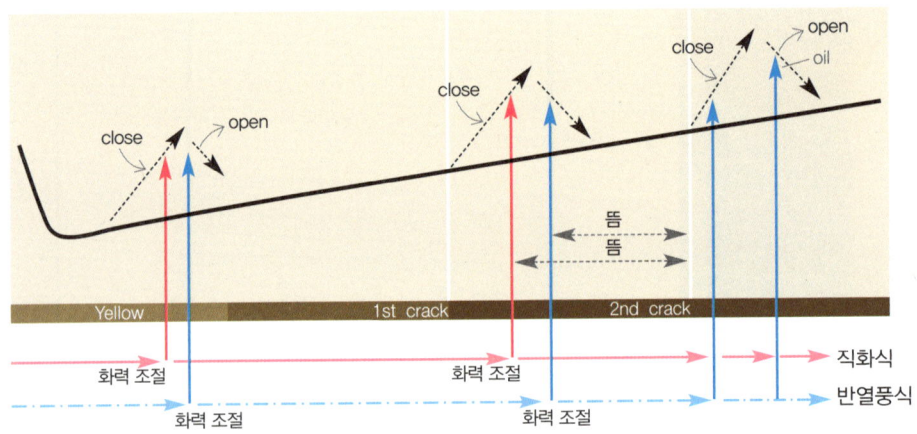

콜롬비아의 주력 종자 중 콜롬비아 베리에다드colombia variedad 종자는 카티모르catimor 종과 카투라catura 종의 교배종으로 생산성과 병충해에 강한 종자이다. 콜롬비아에서는 카투라 종과 함께 주력 종자로 많이 생산하는 종자이며 조밀도가 강해서 화력을 충분히 공급해야 균일한 로스팅 프로파일을 완성할 수 있다. 투입온도는 200℃ 이상에서 투입하는 것이 안정된 중점을 유지할 수 있다.

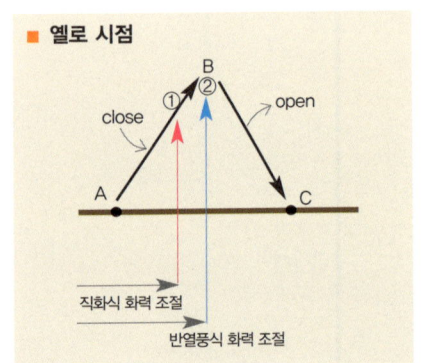

■ 옐로 시점

조밀도가 강한 콜롬비아 베리에다드 종은 수분함량과 밀도가 많고 강하기 때문에 직화식으로 로스팅할 경우 댐퍼를 미리 닫아 주는 것이 드럼 내 열량을 확보하는 데 유리하다. 또한 옐로 시점까지의 화력 또한 조금 더 강하게 줌으로써 ① 시점의 직화식 화력 조절 시점까지 끌고 가는 것이 생두의 수분과 옐로 단 향 시작 이후의 드럼 내 공기흐름의 안정화를 기하는 데 유리하다. 같은 밀도라도 수분함량과 밀도의 차이가 로스팅에 많은 영향을 주기 때문에 드럼 내 화력과 공기흐름의 상황을 로스터는 항시 체크하여 안정된 로스팅 프로파일을 만들어야 한다. 안정된 로스팅 프로파일이란 1차 크랙에 도달하는 화력과 시간, 온도가 일정하게 진행될 수 있도록 해야 하는데 각기 다른 산지와 다양한 종자들을 일정하게 만든다는 것은 밀도와 수분함량 파악과 투입양과 화력 조절, 댐퍼 조절에 따른 드럼 내 공기흐름의 상황, 드럼 내 압력 등을 체크하면서 로스팅을 해야 한다는 것이다.

반열풍 로스터기의 옐로 시점은 댐퍼를 미리 닫아 드럼 내 공기흐름을 안정화시켜 놓고 단 향의 정점인 B 시점에서 ② 화력 조절을 하여야 수분 제거와 단 향의 최고 정점에서 필요한 단 향과 공기흐름의 안정화를 만들 수 있다.

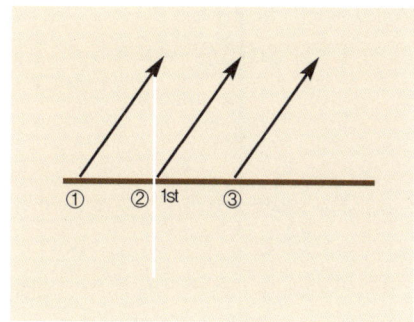

만약 반열풍 로스터기의 화력 조절을 A 시점에 진행하면 1차 크랙 시점이 ① 시점으로 너무 빨리 1차 크랙이 시작된다. 그 결과 신맛은 증가하고 단맛은 약하며 풀내와 아린 맛, 시큼한 맛과 짠맛이 증가하기 때문에 화력 조절 시점을 조율해야 한다. 반대로 C 시점에서 화력 조절이 진행되면 1차 크랙 시점이 ③ 시점으로 진행되어 신맛과 단맛이 감소하고 쓴맛과 짠맛이 증가하게 된다. 즉, 완벽한 로스팅 프로파일을 만들지 못하게 되면 단맛이 줄어든다.

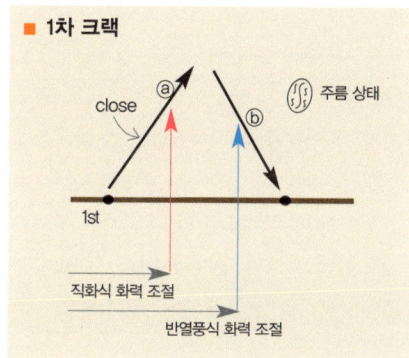

1차 크랙이 시작이 되는 직화식 로스터기는 ⓐ 시점까지 화력을 주면서 주름의 펴짐 상태를 체크해야 한다. 외부부터 익어 들어오는 방식이기 때문에 너무 늦게 화력 조절하는 것보다 내외부 균일한 로스팅이 진행될 수 있도록 화력 조절 시점을 찾아야 한다. 댐퍼 조절은 1차 크랙이 진행이 되면서 신 향의 발산 정도가 점점 강해지기 시작할 무렵부터 닫아 주는 것이 직화식 로스터기의 드럼 내 공기흐름과 열량 공급을 미리 충분히 보장할 수 있다. 조밀도가 강하고 수분함량이 많은 콜롬비아의 콜롬비아 베리에다드 종이기 때문에 내부까지 충분히 로스팅되기 위해서는 뜸을 들이는 시점 또한 다소 길게 주는 것이 균일한 로스팅을 할 수 있다. 또한 주름의 펴짐이 직화식에서는 다소 빠를 수 있지만 확인봉을 통해 향을 맡아보면 고유 향의 진행 정도가 다소 늦게 진행됨을 알수 있다. 이런 상황은 아직 충분한 열량이 공급되지 않고 있음을 알 수 있고 약볶음의 로스팅 포인트인 콜롬비아 고유의 향(품질평가 포인트)의 포인트에 도달하지 않았음을 알 수 있다. 색의 변화 정도 또한 조금 어두운 브라운 brown 컬러를 띠는데 만일 밝은 브라운 컬러를 포인트로 잡는다면 청사과나 청포도 계열의 아로마를 표현할 수 있다. 다소 무거운 콜롬비아다운 포인트는 주름의 펴짐과 약간 짙은 브라운컬러가 단맛과 바디감, 신맛의 과일류(초콜릿, 자몽, 자두)의 안정된 균형감이 좋은 포인트가 된다. 품질 평가 포인트로서도 좋은 포인트이다.

1차 크랙이 시작되는 반열풍 로스터기는 ⓑ 시점까지 화력을 보강해 주는 것이 화력이 안정적이기 때문에 직화식과 같이 너무 빨리 화력 조절을 하게 되면 단맛이 조금 약해진다. ⓑ 시점에서 화력을 조절하는 이유는 내부부터 익어가는 방식이므로 내외부의 균일한 로스팅이 가능하며 조밀도와 수분이 많은 콜롬비아 종이므로 다소 열량을 충분히 주면서 공급을 하는 것이 안정적이다. 여기서 댐퍼 조절은 직화식 로스터기의 닫는 정도보다는 조금 열어 주면서 닫는 것이 드럼 내 공기흐름을 안정화시킬 수 있다. 다시 말해 댐퍼를 너무 많이 닫지 말라는 점인데, 드럼 내 열량(공기흐름)이 안정적이기 때문에 댐퍼를 너무 많이 닫으면 온도 상승폭이 높아질 수 있다. 그렇게 되면 로스팅의 진행 속도 또한 너무 빠르게 진행될 수 있으므로 화력과 댐퍼 조절의 조율이 필요하다. 로스팅의 진행 속도가 빠르면 건초향이나 풀냄새가 난다. 허브 계열의 향과는 다른 것이다.

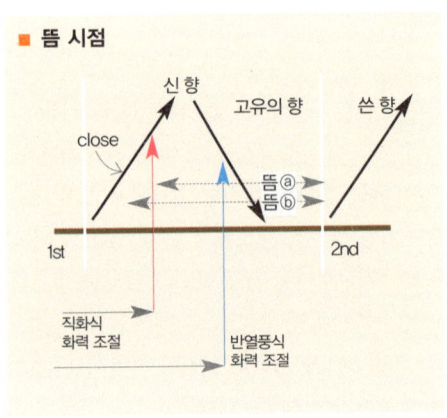
■ 뜸 시점

직화식 로스터기의 뜸을 들이는 ⓑ 시점을 다소 길게 들이는 이유는 외부부터 익어 들어오는 방식이므로 화력의 안배와 내부까지 균일하게 로스팅이 될 수 있도록 하기 위해서다. 즉 외부의 색과 주름, 내부의 색의 차이가 심할수록 향(aroma)은 좋을 수 있지만 경계선을 넘지 못하면(내부까지 로스팅되는 시점을 찾지 못하면) 좋은 향 속에 풋내와 볏짚 냄새가 나게 된다. 또한 신맛이 너무 강하게 발산되어 콜롬비아 답지 않게 가벼운 바디body감을 표현하는데 만일 티피카 종일 경우는 매력이 있다. 단 주의해야 할 풋내와 볏짚 냄새가 나지 않도록 내외부의 안정적인 포인트를 찾아야 청사과나 청포도 같은 밝은 향이 나는 콜롬비아 티피카 종을 표현할 수 있게 된다. 만일 콜롬비아 카투라, 콜롬비아 베리에다드 종일 경우 다양한 범위가 있기 때문에 유리하다.

댐퍼 또한 직화식 로스터기에서 중요한 역할 중 하나인데 미리 댐퍼를 닫는 것이 드럼 내 공기흐름과 열량 확보를 위해서도 유리하다. 만일 화력 조절과 댐퍼 조절 중 화력을 강하게 하고 댐퍼를 늦게 닫거나 반 정도만 닫게 된다면 빈의 열량이 과해져서 외부의 조직이 손상을 입게 되거나 은피의 조직이 타게 되는 현상이 발생한다. 그러므로 댐퍼의 활용이 무엇보다 중요하며 댐퍼를 미리 닫아 공기흐름을 유지하고 드럼 내 열량의 확보가 중요하다. 그 다음 화력의 안정화가 빈의 손상을 줄이고 내외부 균일하게 로스팅할 수 있는 고도의 기술이다.

반열풍 로스터기의 뜸을 들이는 ⓐ 시점은 드럼 내 화력 공급이 안정적이고 공기흐름이 안정적이기 때문에 균일한 로스팅이 가능하다. 또한 주름의 펴짐과 내부부터 로스팅되는 장점과 균일한 색상이 조밀도가 강한 빈이든 혼합된 빈이든 균일하게 로스팅할 수 있는 장점이 있다. 무엇보다 주름의 펴짐이 안정적이고 내외부 균일성이 좋다. 고유의 향의 발산 시점이며 품질 평가의 시점이기 때문에 생두를 구매하기 위한 중요한 포인트이다.

반열풍 로스터기의 댐퍼 또한 너무 많이 닫는 것보다는 드럼 내 열량의 공급(온도 상승 정도)과 주름의 퍼짐의 정도를 체크하면서 조절하는 것이 안정적이다. 너무 빨리 댐퍼를 닫거나 너무 과한 열량을 공급하면 로스팅 프로파일이 달라지기 때문에 균일한 포인트와 맛을 만들 수 없다. 무엇보다 화력 조절에 의한 주름과 색, 향의 변화를 체크하는 것이 중요하며 약볶음 포인트이기 때문에 다양한 과일류의 향이 나는 포인트를 찾아야 한다.

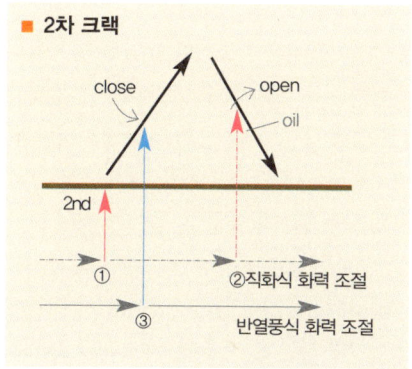

직화식 로스터기로 2차 크랙 시점 이후를 로스팅할 경우 조밀도가 강한 콜롬비아 베리에다드 종은 2차 크랙이 시작되자마자 ①번 시점에서 화력 조절을 해주는 것이 드럼 내 공기흐름을 안정화 시킬 수 있다. 다시 말해 드럼 내 압력이 팽창하기 때문에 댐퍼의 시점 또한 조율해야 하는데 조금 열면서 댐퍼를 닫는 시점이지만 압력 증가에 따라서 다소 열어 주면서 닫는 시점이다. 압력의 팽창과 열량의 흐름, 화력의 보완을 고려해서 조율해야 하는 것이 직화식 로스팅의 핵심이다.

드럼 내 열량의 상승곡선과 상승폭을 고려해야 한다.

쓴맛이 개입이 되는 중볶음이기 때문에 열량이 부족하지 않게 조금 더 공급하면서 댐퍼 조절을 하는 것이 너무 텁텁하지 않게 하는 방법이다.

오일이 발생하는 강볶음 시점에는 오일이 발생하기 전에 댐퍼를 열어 주는 것이 텁텁하지 않게 만드는 방법으로 직화식 로스터기는 댐퍼를 여는 시점에 열량의 부족 현상이 발생하므로 화력 조절을 ②번 시점에서 미리 해주는 것이 드럼 내 공기흐름과 열량 확보에 유리하다. 또한 너무 과하지 않게 화력을 공급해야 오일을 태우지 않게 할 수 있다.

반열풍 로스터기는 2차 크랙 시점에서 화력 조절을 해야 할지, 하지 말아야 할지를 판단해야 한다. 조밀도가 강한 콜롬비아 베리에다드 종은 댐퍼를 조금 열어 주면서 로스팅 프로파일의 시간과 온도의 상승폭을 보면서 화력 조절 ③ 시점을 결정해야 중볶음 이상 강볶음의 열량 공급에 유리하다. 만일 단맛의 형성이 적고 쓴맛의 개입이 강하다면 ③번 시점에서 조금더 화력을 보강하는 것이 로스팅 시간이 길어지지 않게 하는 방법이다. 만약 조밀도가 강한 빈의 로스팅 시간이 길어지게 되면 쓴맛이 너무 과도해지기 때문에 ③번 시점에서 화력을 조절하는 것이 유리하다. 오일이 발생하는 강볶음 시점에서는 미리 댐퍼를 열어 주어 텁텁하지 않도록 해주는 것이 좋다. 화력 조절은 ③번 시점에서 보강이 되어 있기 때문에 따로 보강할 필요는 없다.

칼리타 핸드드립 평가

Colombia Narino

❶ 뜸

조직이 단단한 약볶음이기 때문에 뜸의 온도가 90℃ 이상이어야 조직이 단단한 입자들의 성분을 충분히 팽창시킬 수 있다. 상부층의 뜸의 중점이 너무 높아질 수 있기 때문에 주입양의 굵기와 속도를 계산해서 주입을 해야 뜸의 중점을 안정화시킬 수 있다. 뜸의 중점 유지(안정화)는 본 추출의 균일화와 같기 때문이다.

하부층의 짙은 방울이 한 방울씩 떨어지게 뜸을 들이는 것이 무엇보다 중요하다. 주의해야 할 수로현상은 주입양이 많거나 물줄기의 굵기가 굵게 되면 팽창이 진행되면서 물길이 생기는 현상이기 때문에 주의해야 한다. 한번 물길이 생기게 되면 본 추출에서는 그 길로만 추출이 되려 하기 때문이다.

❷ 1차 추출

신맛과 단맛이 많은 콜롬비아 나리노 약볶음 커피를 나선형으로 주입을 하면서 추출중점을 유지해야 하는데, 물질이동의 원리를 이용한 주입 타이밍은 주입양이 많기 때문에 자칫 추출 중점이 높아질 수도 있다. 이런 경우 주입양의 컨트롤이 무엇보다 중요한데 물줄기의 굵기를 가늘게 하면서 추출 중점을 유지해야 한다. 만일 그래도 중점의 높이가 높다면 분쇄입자 조절이 필요하다.

주입양이 많은 나선형 추출법과 주입 타이밍이기 때문에 세정 작용화 시키는 부분에서 중점 유지는 입자 간 성분 추출에 무엇보다 중요한 요소이다. 또한 주입양이 많아지게 되면 미분이동이 심해져서 자연교반 및 잡미가 발생할 수 있다.

❸ 2차 추출

추출양이 다소 많게 주입하기 위한 추출방법으로 전체적인 커피의 부드러운 맛을 표현하기 위한 주입방법이다. 주입양이 많아지는 시점으로 교반 작용 또한 주의해야 한다. 칼리타 기구의 특징이 반침지식이다. 반침지식이란 드리퍼에 주입된 물이 반 정도 차오르면서 추출이 되는 기구로 물과 커피의 접촉이 많기 때문에 초보자들에게 많이 권하는 경우가 있지만 커피를 알기 시작하면 추출하는 데 많은 문제를 발생시킨다는 점을 알게 된다. 물과 커피의

접촉은 미분이동 및 교반 작용의 발생이 생겨 잡미의 원인이 된다. 그런데 왜 초보자들에게 많이 권하고 연습시키는 걸까? 그 이유는 초보자들은 추출할 때 일정하게 주입하는 방법을 모르기 때문에 물과 커피의 접촉이 많은 것이 오히려 커피 성분 추출에 유리한 경우가 될 수도 있기 때문이다. 하지만 잘 분석해 보면 역시 깔끔하지 못한 텁텁한 맛과 함께 표현되는 경우가 많다.

반대로 원추형 드리퍼인 고노 기구는 프로들이 쓰는 기구이며 점식으로 내리기 때문에 어렵다고들 하지만 모든 기구는 단지 추출도구이기 때문에 고노 기구만 점식으로 내리는 것은 아니다. 단지 고노 기구를 가지고 주입을 할 때 주의해야 할 점은 주입 속도가 빨라지기 때문에 약간 밋밋해질 수도 있다는 점이다. 이런 부분을 해결하기 위해서는 추출 여과력과 주입 타이밍을 조율하면 된다.

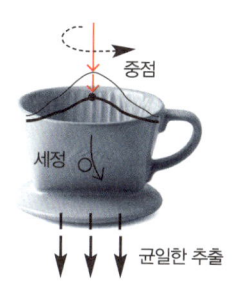

❹ 3차, 4차 추출

중점 유지가 무엇보다 중요하다. 주입양의 안배를 못 하면 중점이 높아지고 잡미도 발생하기 때문에 주의해야 한다. 또한 하부층의 추출액의 색이 흐려지면 추출을 마무리하는 것이 좋다. 색이 흐려지게 되면 잡미 성분 증가 및 짠맛과 쓴맛, 떫은맛 등 추출 과다가 되기 때문이다.

❺ 평가 결과

- 아로마aroma : 밀크초콜릿milk chocolate, 과자cookies, 아몬드almond, 사과red apple, 과일류fruity, 포도grape, 하비스쿠스hibiscus 꽃향floral
- 테이스트taste : 상쾌한 신맛과 단맛의 조화acidity
- 애프터테이스트aftertaste : 과일류의 긴 여운
- 신맛acidity : 부드러운mild
- 바디body : 둥글둥글한 미디엄 바디rounded-medium body
- 촉감mouthfeel : 밀키한 텍스처milky texture
- 단맛sweetness : 꿀 같은 단맛honey sweetness
- 클리어니스clearness : 고급스러운 깔끔함
- 밸런스balance : 향의 다양성과 긴여운이 인상적이고 무엇보다 단맛과 촉감이 좋다.

❶ 뜸

뜸의 중점이 안정적인 볶음도이기 때문에 중점을 유지하기가 다소 원활하다. 85℃ 이상에서 뜸을 들이면서 중부층의 입자 간 팽창을 균일하게 만들기 위해서 주입양의 조율이 무엇보다 필요하다.

뜸의 중점이 안정적인 중볶음이지만 주입양과 물줄기의 굵기가 너무 굵지 않게 주입을 해야 중점 유지 및 입자 간 팽창 정도를 활성화시킬 수 있다. 만일 주입양이 많거나 물줄기의 굵기가 너무 굵게 되면 수로현상의 원인이 되기 때문에 주의해야 한다. 하부층의 추출액의 색은 짙은 방울방울 떨어지는 것이 충분히 뜸을 들인 결과물이다.

❷ 1차 추출

커피와 물과의 접촉이 많은 칼리타 기구의 특징상 중볶음 이상이 되면 쓴맛이 개입된다. 중볶음에서는 얼마나 쓴맛을 낮출 수 있느냐가 관건인데 쓴맛을 낮추기 위해서는 신맛 추출을 많이 해서 쓴맛을 낮추든가, 신맛을 부드럽게 추출하든가 해서 전체적으로 부드럽게 농도를 조율해야 중볶음에서의 쓴맛을 완화시킬 수 있다.

쓴맛을 완화시키기 위해서 신맛과 점성, 단맛을 표현해야 하는데 나선형 추출 주입법으로 주입하면서 추출 타이밍을 양분화시키면 신맛과 점성과 단맛을 추출할 수 있지만 칼리타 기구의 특징상 점성을 표현하기가 쉽지 않다. 양분법 주입 타이밍으로 주입을 하면서 중부층의 입자 간 확산 작용을 활용하면 농도 짙은 신맛과 단맛이 표현된다.

❸ 2차 추출

중점을 유지하면서 입자 간 성분을 세정화시키면 쓴맛의 성분은 부드러워진다. 1차 추출에서의 신맛과 단맛 성분과의 조화를 이루는 시점으로 쓴맛의 성분을 완전 배제할 수는 없지만 균형을 유지하는 시점이다. 향의 다양성은 약하지만 캐러멜 같은 향과 구운 견과류의 느낌이 좋은 포인트이다. 단지 중점 유지가 원활하긴 하지만 주입 타이밍이 많은 물질이동의 원리 주입 타이밍이기 때문에 미분이동 및 교반 작용 또한 주의해야 한다. 자칫 미분이동에 의해 쓴맛과 떫은맛이 표현되지 않도록 주의해야 한다. 교반 작용은 주입을 할 때 입자 가장자리 쪽에서 물이 차오르는 경우인데 대처 방법은 물의 주입양의 안배와 굵기 조절, 입자의 굵기 정도 조율이 필요하다.

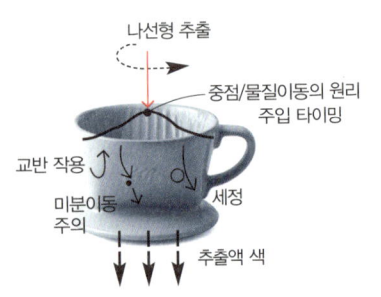

❹ 3차와 4차 추출

하부층 추출액의 색 체크가 무엇보다 중요하다. 1, 2, 3차까지 추출을 잘해도 마지막 마무리 시점에서 잡미 성분이 개입되면 결국 좋지 못한 커피의 맛이 표현되기 때문이다. 중점을 유지하고 주입양의 안배와 추출 스윙 속도를 고려하면서 가장자리로 차오를 수 있는 교반 작용 현상을 주의해야 한다. 주입양이 많고 입자가 너무 가늘고 신선하지 않은 재료이고 과다 추출하면 교반 작용이 발생하게 되기 때문에 주입 타이밍 조율이 중요하다. 마무리 시점은 하부층의 추출액의 색이 흐려지면 추출을 끝내야 한다.

❺ 평가 결과

- 아로마aroma : 블랙 후추back pepper, 다크 브라운 슈거dark brown sugar, 송진향raisin, 캐러멜caramelly, 토바코tobacco, 자몽grapefruit, 자두plum, 스파이시spice
- 테이스트taste : 다크 과일의 단맛darked fruity sweet
- 애프터테이스트aftertaste : 드라이하고 스모키한 과일류의 여운dry smoky fruity
- 신맛acidity : 약한 신맛
- 바디body : 중후한 바디감medium-heavy
- 촉감mouthfeel : 약간 크리미한 느낌
- 단맛sweetness : 다크 과일류의 단맛
- 클리어니스clearness : 약간 스모키한 느낌이지만 깔끔하다.
- 밸런스balance : 블랙 과일류의 균형감

❶ 뜸

강볶음된 콜롬비아 커피를 뜸을 들일 때 온도를 83℃ 이하로 낮게 하는 것이 열에 의해 많이 손상된 강볶음 입자들을 안정되게 뜸을 들일 수 있는 온도인데, 온도가 낮기 때문에 뜸의 활성화가 약할 수가 있다. 뜸의 활성화가 늦게 되면 뜸의 시간이 길어질 수 있어 상부층, 중부층, 하부층에 고르게 뜸을 들이는 상황이 늦어진다. 다시 말해 뜸을 들이고 기다리는 경우 상부층의 수분이 마르기 때문에 본 추출에서 강제성을 두고 추출에 들어가야 하기 때문이다. 강제성을 두고 본(1차) 추출에 들어가면 추출 여과력이 약해지고 여과력이 떨어지기 때문에 뜸에서 상·중·하부층의 수분 유지 및 본 추출의 추출 타이밍을 놓쳐서는 안 된다. 또한 볶음 정도(약·중·강)나 숙성 정도에 따라 뜸의 상황이 다 달라지기 때문에 뜸의 시간을 정하는 것은 뜸의 타이밍을 놓칠 수 있으므로 주의해야 한다. 또한 강볶음은 한번에 뜸을 들이면 입자 간 수분 유지(지탱력)가 약해 무너지는 현상이 발생한다. 그래서 뜸의 주입은 나선형으로 할 경우 가는 물줄기로 ①, ②회 정도 분리해서 주입을 하거나 분사식(점식)으로 주입을 해서 뜸의 중점을 끌어올려야 한다.

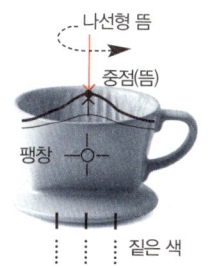

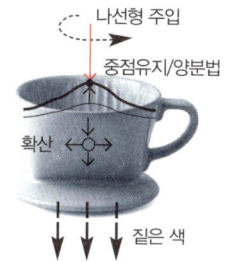

❷ 1차 추출

쓴맛이 많은 강볶음 콜롬비아 커피를 칼리타 기구로 추출할 때 1차 추출에서 중요한 커피 성분을 추출해야 하는데 받침지법인 칼리타 기구는

침지법인 멜리타melita에 비해 장력의 힘이 약하기 때문에 신맛을 추출하는 데 다소 아쉬움이 있다. 하지만 쓴맛을 조금 부드럽게 균형을 유지하게 만들 수는 있지만 균형감 중 촉감은 다소 부족하다. 신맛을 추출하기 위해 주입 타이밍을 양분화시키면서 확산 작용을 활용하면 쓴맛을 낮출 수 있는 신맛과 단맛을 추출할 수 있다. 주의해야 할 점은 중점을 유지해야 하는데 중점의 유지는 주입양의 안배와 주입 속도, 물줄기의 정교함이 필요하다. 1차 추출의 핵심 중 하부층의 추출액 색이 짙어야 하고 3개의 추출구에서 균일한 추출이 이뤄져야 한다.

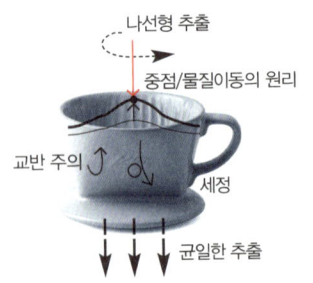

❸ 2차 추출 응용

1차 추출의 진액과 조화를 이루는 추출 밸런스 시점인데 강하게 볶은 커피를 다소 부드럽게 마시게 하기 위한 추출 응용 패턴이다. 2차 추출에서 쓴맛을 완화시키는 주입방법으로 세정화시키는 방법이다. 주의해야 할 점은 주입양이 갑자기 많아질 수 있기 때문에 2, 3, 4차에서 주입양을 조금씩 늘려 무리한 교반 작용이 발생하지 않게 주입해야 한다. 칼리타 기구의 가장 큰 단점이 물과 커피의 접촉이 많기 때문에 원하지 않는 잡미 성분이 추출이 될 확률이 많다는 점이다. 이런 점은 추출해서 컵테스팅을 하면 분별할 수 있다.

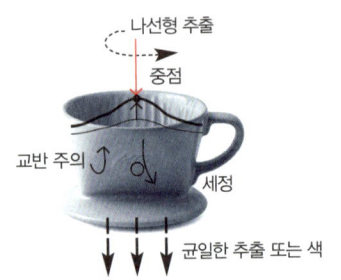

❹ 3차, 4차 추출 응용

강볶음 콜롬비아 커피를 다소 부드럽게 마시는 추출 응용방법이다. 주의해야 할 점은 주입양이 점점 많아지고 주입 시간이 점점 길어지면 미분이동 및 교반 작용이 발생할 수도 있기 때문에 주의해야 잡미가 개입이 안 된다. 추출액의 색이 흐려지면 추출 마무리 시점이다.

❺ 평가 결과
- 아로마aroma : 바닐라 캐러멜 향vanilla-caramel, 다크베리류dark berry, 송진향raisin, 민트향mint, 쏘는 스파이시향spicy-pungent, 밀크 초콜릿milky chocolate
- 테이스트taste : 쏘는 맛pungent
- 애프터테이스트aftertaste : 스파이시한 긴 여운
- 신맛acidity : 감소된 신맛
- 바디body : 중후함heavy
- 촉감mouthfeel : 거친 촉감thicker mouthfeel
- 단맛sweetness : 쓴맛 속에 약간의 부드러운 단맛
- 밸런스balance : 쓴맛이 다소 부드러운 균형감
- 클리어니스clearness : 깔끔함과 스모키함

Colombia Narino

고노 핸드드립 평가

약 볶음

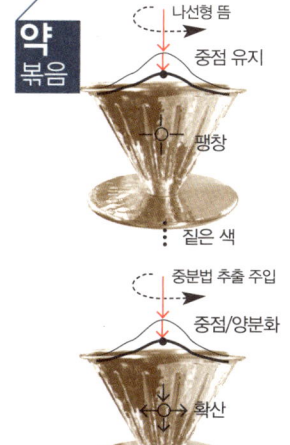

❶ 뜸

뜸의 중점이 높아질 수 있는 약볶음이기 때문에 뜸의 중점 유지가 무엇보다 중요하다. 뜸의 중점이 너무 높아지면 본 추출 시 추출 여과력이 약해지기 때문에 주의해야 한다. 단단한 분쇄 입자이기 때문에 90℃ 이상에서 뜸을 들이면 입자 간 팽창이 원활해진다.

❷ 1차 추출

중분법 추출 주입의 장점은 미분이동을 최소화시킬 수 있다는 점인데 미분이동 제한과 입자 간 팽창인 확산 작용을 활용하기 위해 주입 타이밍을 양분화시키면 하부층 추출액은 짙은 진액이 추출된다. 주의할 점은 주입양과 중점 유지, 상부층, 중부층, 하부층 균일한 주입 안배이다.

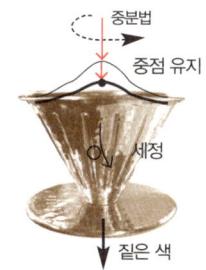

❸ 2차 추출 응용

세정 작용을 활용한 중분법 주입방법으로 주입하되 주입양의 안배가 무엇보다 중요한 포인트인데 자칫 중점이 너무 높아질 수도 있기 때문에 주의해서 주입을 해야 여과력을 유지하면서 맛과 향의 표현 및 전체적인 균형감이 좋아지게 된다.

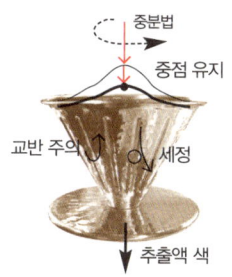

❹ 3차, 4차 추출 응용

3차, 4차 추출이 진행되면 드리퍼 안에 주입양이 다소 많아질 수 있는데 주입양과 추출양의 안배가 핵심이다. 드리퍼 안의 주입양이 추출양보다 많아지면 원추형 드리퍼의 특징이 투과법이지만 교반 작용이 발생할 수도 있게 된다. 잡미의 발생 원인이 교반 작용이기 때문에 주의해서 주입양의 안배와 중점 유지, 하부층의 추출액의 색을 체크하면서 마무리해야 한다.

❺ 평가 결과

- 아로마aroma : 밀크초콜릿milky chocolate, 과자cookies, 아몬드almond, 사과red apple, 과일류fruity, 포도향

grape, 야생들국화 꽃향hibiscus floral
- 테이스트taste : 상쾌한 신맛과 단맛의 조화acidity
- 애프터테이스트aftertaste : 과일류의 긴 여운
- 신맛acidity : 고노 추출에 의해 신맛이 강도가 강하다.
- 바디body : 중간적인 중후함medium body
- 촉감mouthfeel : 밀키milky, 실키silky한 촉감
- 단맛sweetness : 과일류의 꿀 같은 단맛fruity-heavy
- 클리어니스clearness : 스페셜한 깔끔함
- 밸런스balance : 단맛과 향의 다양성의 촉감이 인상적이다.

❶ 뜸

나선형 주입뜸의 주의할 점은 주입양이 많아질 수 있다는 점이다. 뜸 중점을 유지하지 못하고 너무 높게 중점이 올라가면 뜸 입자 간 팽창이 약해져서 수로현상이 발생할 수 있어 주입양의 안배와 중점 유지가 무엇보다 선행되야 한다. 안정된 뜸의 결과는 하부층에서 방울방울 짙은 색이 떨어지게 하는 것이다. 85℃ 이상에서 뜸을 들이는 것이 중점 유지와 뜸의 활성화에 안정적이다.

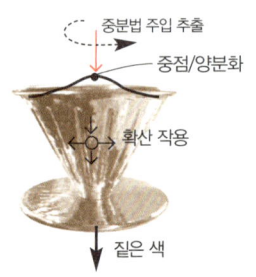

❷ 1차 추출 응용

중볶음 콜롬비아 커피를 진하게 추출하는 응용방법으로 쓴맛이 느껴지지만 신맛과 단맛, 점성의 균형을 함께 표현하는 것이다. 주의해야 할 점은 주입 타이밍을 얼마나 균일하게 양분화시킬 수 있느냐인데 양분화의 비율은 주입양과 추출 중점을 유지하면서 표면장력의 힘과 주입양의 중점, 주입 속도를 고려하여 진한 진액(신맛, 단맛, 쓴맛, 점성 등)을 균등하게 추출하는 것이다.

❸ 2차 추출 응용

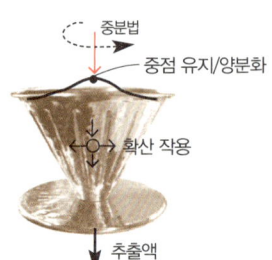

1차와 2차 추출의 진액의 추출 응용 시점이다. 2차 추출에서 확산 작용에 의한 성분 추출은 쓴맛의 성분을 최소화하기 위한 방법으로 캐러멜 같은 향과 균형감 좋은 맛(신맛, 단맛, 쓴맛)을 추출하고자 하는 추출이다. 다소 커피의 농도가 진하기 때문에 쓴맛만 느껴지는 부분이 덜하게 된다. 사실 개인적으로 가장 맛있는 중볶음의 추출 마무리 시점이다.

3차와 4차 추출에서 자칫 틀어질 수도 있는 부분이 있는데 진한 중볶음 커피를 마신다면 1차와 2차 추출에서의 균형감이 좋다.

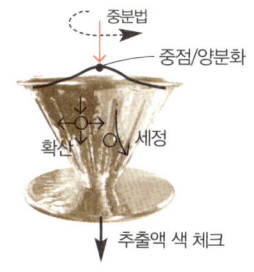

❹ 3차, 4차 추출 응용

진하면서 다소 부드러운 커피를 추출하는 방법으로 1차, 2차의 진액과 3차, 4차의 추출 밸런스의 조화를 이루는 시점이다. 확산 작용과 세정 작용을 병행하는 추출 응용법으로 3차 추출까지는 확산 작용을 활용하고 마지막 4차 추출에서 세정화시키면서 1, 2, 3차와 4차의 밸런스를 유지하는 방법이다. 세정화시킬 때는 주입양의 안배와 교반 작용을 주의해야 한다.

❺ 평가 결과

- 아로마aroma : 블랙후추black pepper, 다크브라운 슈거dark brown sugar, 송진향raisin, 캐러멜caramelly, 토바코tobacco, 자몽grapefruit, 자두plum, 스윗스파이시spice-sweet
- 테이스트taste : 다크 과일류의 단맛dark fruity sweet
- 애프터테이스트aftertaste : 드라이한 스모키한 과일류dry smoky fruity
- 신맛acidity : 낮은 신맛
- 바디body : 풍부한 무게감full body
- 촉감mouthfeel : 오일리oily한 촉감
- 단맛sweetness : 다크과일류의 단맛
- 클리어니스clearness : 약간 스모키하면서 깔끔하다.
- 밸런스balance : 과일류와 여운 촉감이 인상적이다.

❶ 뜸

강볶음 콜롬비아 커피를 뜸을 들이는 두 가지 방법을 소개하면 다음과 같다.

① 분사식 뜸 방식은 강볶음 커피이거나 숙성이 많이 진행된 커피, 진하게 추출하고자 하는 커피나 반대로 숙성이 많이 진행되지 않아 CO_2를 제거하면서 뜸을 들여야 하는 커피 등이다. 다시 말해 안정적인 뜸의 유지와 본 추출의 안정화를 이루기 위한 고급 뜸 방식이다.

② 나선형 뜸 방식은 일반적인 뜸 방식이지만 2중뜸, 3중뜸을 들이는 응용 방식이다. 숙성이 많이 진행되지 않아 어느 정도 CO_2가 함유하고 있는 커피에 사용한다. 단, 수로현상이 발생하지 않게 주입양을 안배해야 한다.

이런 다양한 뜸은 일반적으로 한 번에 뜸을 주면 본 추출에서 여과력이 떨어지게 되므로 뜸의 안정화, 즉 본 추출의 여과력을 활성화시키는 것이다. 또한 뜸을 들이고 30초든 40초든 1분이든 무조건 기다리면 상부층의 수분이 말라 본 추출에서 강제성을 주고 주입을 하게 되어 추출 여과력이 약해진다.

뜸을 들이는 온도는 83℃ 이하로 ①, ②번 방식 중 선택해서 뜸 중점을 유지하고 주입을 해야 안정적인 뜸을 들일 수 있다.

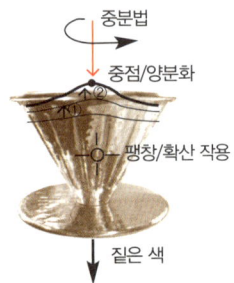

❷ 1차 추출

강볶음의 중점 분할(①, ②) 유지 방법은 주입양의 안배가 핵심이다. 주입 타이밍의 안배인 양분화는 입자간 팽창 확산 작용을 활용하면서 중점 분할 유지로 중점을 안정화시킬 수 있고 확산 작용에 의해 쓴맛을 가감시킬 수 있는 신맛을 추출할 수 있다. 즉 신맛과 점성은 쓴맛의 여운을 포장해 주는 역할을 하기 때문에 상부층은 가는 물줄기의 중분법 주입법으로 중점 유지와 입자 간 확산 작용을 활용하기 위해, 중부층은 양분화(중점 분할 유지) 주입 타이밍으로, 하부층은 장력의 힘에 의해 짙은 색의 진액을 추출하는 것이다.

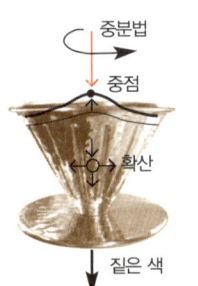

❸ 2차 추출

장력의 힘이 강한 원추형 드리퍼의 장점을 잘 활용하면 쓴맛이 강한 강볶음 커피에서 신맛과 단맛, 점성을 추출할 수 있다. 기구적 특징을 활용하면서 2차 추출에서 쓴맛을 조율할 수 있는 점성을 조금 더 추출할 수 있다면 입안에서 느낄 수 있는 촉감의 점성이 쓴맛을 부드럽게 완화시킬 수 있다. 2차 추출에서도 중점 유지와 확산 작용이 관건이다.

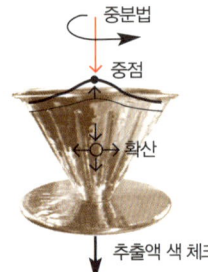

❹ 3차, 4차 추출

진하게 볶아서 강하게 느끼기 위해 진하게 마시는 추출법이다. 하부층 추출액의 색이 흐려지기 전에 추출 마무리가 중요한데, 전체적으로 1차와 2차, 3차, 4차의 추출 균형이 가장 중요하다. 자칫 밸런스를 맞추지 못하면 쓴맛과 짠맛이 더 느껴지기도 한다.

강볶음의 추출 밸런스는 쓴맛이 느껴지면서 신맛과 단맛, 점성이 이어지는 균형감이 중요하다.

❺ 평가 결과

- 아로마aroma : 바닐라 캐러멜 향vanilla-caramel, 다크베리류dark berry, 송진향raisin, 민트향mint, 밀크초콜릿milky-chocolate, 쏘는 스파이시향spice-pungent
- 테이스트taste : 쏘는 맛pungent
- 애프터테이스트aftertaste : 스파이시한 과일류의 긴 여운
- 신맛acidity : 감소된 신맛이지만 고노 추출에의 신맛을 약간 느낄 수 있다.
- 바디body : 장력 힘이 좋은 고노 기구의 하부층에서 짙은 색으로 무거운heavy 느낌이다.
- 촉감mouthfeel : 캐러멜리하고 크리미creamy한 촉감
- 단맛sweetness : 약간의 쓴맛과 단맛, 코코아 같다.
- 밸런스balance : 전체적으로 파워 있고 농도 짙은 균형감
- 클리어니스clearness : 다크 과일류의 깔끔함

Brazil Cerrado Natural

대부분 산지는 1,500m를 넘지 않고 신맛이 적은 특징을 갖고 있다. 고지대에서 생산하면 기온 변화가 많아 커피 열매가 잘자라지 않아서 생산성이 떨어진다. 가공처리 과정은 다양하다. 태양에 말리는 내추럴natural 처리 과정과 점액질 상태로 말리는 펄프드 내추럴pulped natural 처리 과정, 점액질을 제거하고 말리는 세미 워시드semi-washed 처리 과정, 발효 탱크에서 발효 과정을 거치는 워시드 처리 과정으로 다양하게 가공처리한다. 브라질에서의 내추럴이나 펄프드 내추럴 처리 과정은 단맛과 바디감이 좋다. 세미 워시드나 워시드 처리 과정은 향과 신맛이 좋은 처리 과정이다. 종자는 카투아이catuai, 문도노보mundo novo, 버본bourbon 종을 주로 생산한다.

수확시기는 5~8월이다. 세하도Cerrado 지역은 기계수확이 많고 슬디미니스는 핸드피킹hand picking 작업을 많이 해서 우수한 커피들이 많이 생산된다.

건조 과정은 천일건조하는 경우가 대부분이고 10일 이상 정도 소요가 된다. 생산량이 많은 농장은 기계건조 과정도 병행한다.

조밀도	약함(라이트)
종자	카투아이catuai, 문도노보mundo novo, 버본bourbon
수확	5~8월
가공처리	내추럴natural, 워시드washed, 펄프드 내추럴pulped natural, 세미 워시드semi-washed
건조방식	천일건조, 기계건조

생산지별 특징

- 바이아 주Bahia

북쪽에 위치한 바이아 주는 브라질에서 생산량 5위를 자랑하는 지역이다. 처리는 펄프드 내추럴 처리과정과 워시드 처리 과정을 겸비하고 있다. 가뭄이 잦은 지역으로 농장에서 관개수로 시스템을 구비해서 수확가공 시기에 보완하고 있다.

- 미나스 제라이스 주Minas Gerais

브라질 커피 생산의 50% 이상을 차지하고 있다. 스페셜티 커피를 생산하는 지역으로 유명한 곳이다. 고도가 1,200m 이상에서 생산되는 지역 농장도 많기 때문에 고급 스페셜티 지역이며 펄프드 내추럴 처리 과정과 버본 종자의 재배로 고급 커피를 많이 생산한다.

- 이스피리투 산투 주Espirito Santo

브라질에서 생산량 20% 생산하는 생산량 2위를 자랑하는 지역이다. 로부스타(코닐론) 재배가 70% 이상이며 소규모 농장이 많은 지역이다.

- 상파울루 주Sao Paulo

브라질에서 생산량 3위를 차지하는 지역이다. 아라비카 재배가 이상적인 토양과 기후 조건을 갖추고 있는 지역이다. 모지아나Mogiana 지역은 고도가 800~1,200m이고 20℃ 정도의 온난한 기후여서 커피 재배가 좋은 지역이다. 스페셜티 커피 재배를 많이 하는 지역 중에 한 곳이다.

- 파라나 주Parana

생산량이 다소 감소되었던 지역으로 최근 커피 품질 개선 및 유기농 커피 재배 등으로 품질 개선을 위해 노력하고 있는 지역이다.

커피의 등급

① 결점두 수의 분류

No2	결점 4
No2/3	결점 8
No3	결점 12
No3/4	결점 19
No4	결점 26

② 생두의 크기 분류

Screen 20	Very Large Bean
Screen 19	Extra Large Bean
Screen 18	Large Bean
Screen 17	Bold Bean
Screen 16	Good Bean

③ 생두의 색의 분류

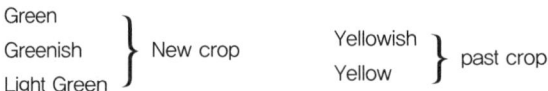

④ 맛에 의한 분류

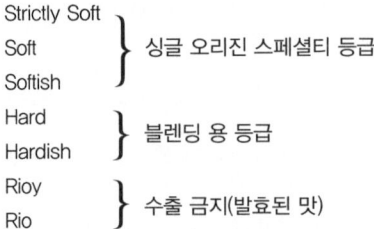

로스팅 그래프

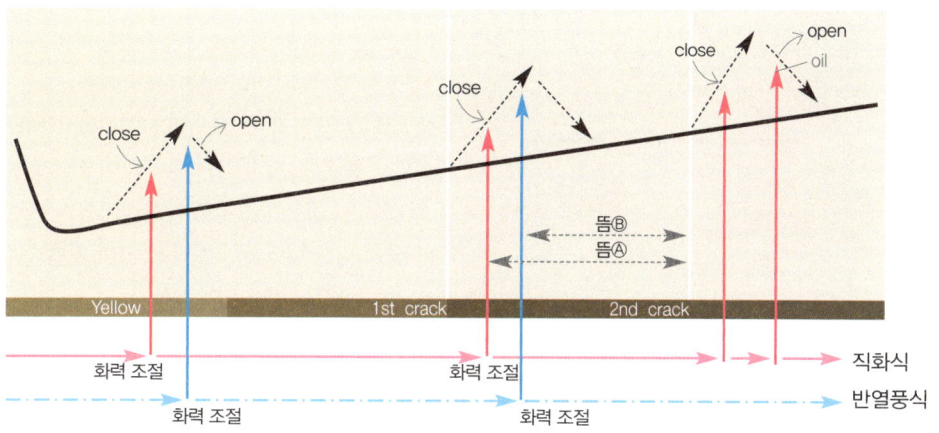

브라질 세하도 내추럴 문도노보 Brazil Cerrado natural mundo novo 종자 커피는 조밀도가 약한 빈이므로 투입 온도 설정을 190℃ 이상에서 하는 것이 안정적인 로스팅 프로파일을 만들 수 있다.

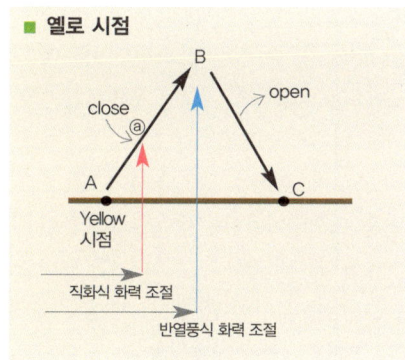

■ 옐로 시점

직화식 로스터기는 옐로(단 향)시점이 시작이 되는 ⓐ 부분부터 미리 댐퍼와 화력을 조절하는 것이 전체적인 흡열 반응에 유리하다. 댐퍼 조절을 해주는 것은 드럼 내 공기흐름과 열량 확보를 목적으로 하는 것이고 단 향을 확보하기 위한 방법이다. 화력 조절 또한 미리 해주는 것이 직화식 로스터기의 열량 확보를 위한 방법이다. 브라질 지역의 종자들은 조밀도가 약하기 때문에 열량을 흡열하는 부분이 다소 유리하다. 하지만 밀도가 약하다고 해서 화력을 너무 약하게 공급하거나 너무 늦게 공급을 하면 향의 다양성과 맛의 안정감이 떨어지므로 주의해야 한다.

반열풍식 로스터기는 옐로(단 향) 시점의 최고정점인 B시점에서 화력 조절을 해주는 것이 안정적인 로스팅 프로파일을 완성할 수 있는 방법이다. 단 향의 최고점을 찾는 방법은 사실 경험이 필요한 부분이기 때문에 후각적인 부분과 색의 변화 또한 경험을 하다 보면 발전할 수도 있다. 이런 전체적인 여러 경우의 결과는 항상 커핑 또는 컵테스팅에 의해 경험을 갖는 것이 무엇보다 중요하다. 댐퍼의 사용 또한 직화식 로스터기처럼 미리 닫아 주는 것이 단 향의 확보에 유리하며 드럼 내 안정적인 공기흐름과 열량 확보에도 유리하다.

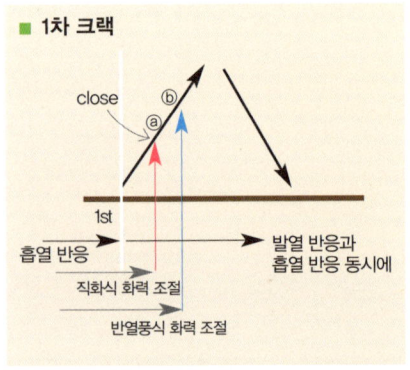

1차 크랙 시점에서 직화식 로스터기는 댐퍼를 미리 닫고 화력 조절 시점을 체크해야 한다. 열량이 많이 부족한 직화식 로스터이므로 댐퍼의 조절이 드럼 내 공기흐름의 안정화를 만들 수 있기 때문이다. 빈의 외부부터 로스팅되는 특징이 있기 때문에 내외부 균일하게 로스팅하기 위해서는 1차 크랙 이후 ⓐ 시점부터 뜸을 길게 들이는것이 내외부를 균일하게 로스팅하는 방법이다. 댐퍼의 조절도 직화식에서는 아주 중요한데 너무 많이 닫게 되면 텁텁해지고 너무 많이 열면 열량이 부족해져서 온도 상승곡선이 떨어진다. 즉 직화식의 댐퍼 조절은 아주 민감하기 때문에 로스팅할 때 향과 색의 변화, 주름의 퍼짐 정도를 잘 체크해야 한다. 브라질의 종자들은 고도에 상관 없이 조밀도가 약하기 때문에 1차 크랙의 흡열과 발열의 시점에 안정적으로 로스팅할 수 있다. 물본 주름이 잘 퍼지긴 하지만 로스팅 포인트의 완벽성을 만들기란 그리 만만한 커피는 아니다. 또한 크랙 소리가 작기 때문에 소리는 참고로 하고 색과 향, 주름의 퍼짐을 보면서 약볶음(품질 평가 부분)의 베스트 포인트best point를 찾아야 한다.

반열풍 로스터기는 1차 크랙 시점 이후 ⓑ 시점에서 화력 조절을 해주는 것이 내외부의 균일한 로스팅을 할 수 있는 방법이다. 뜸의 시점을 너무 길게 주면 내부의 색이 외부의 색보다 더 많이 변하기 때문에 향이 줄어든다. 생각보다 단조로운 향이 발산되며 맛은 단맛보다는 쓴맛이 더 많이 느끼게 된다. 다시 말해 브라질 커피의 단맛은 밋밋bland한 맛보다 더 스윗하고 소프트soft한 맛이 일품인데 내외부의 로스팅되는 시점의 차이가 향의 감소뿐만 아니라 맛의 단조로움 또한 발생하기 때문에 화력 조절 이후 브라질 약볶음의 베스트 포인트를 찾는 것이 품질 평가뿐만 아니라 브라질 커피의 고유의 향을 표현하는 방법이다.

댐퍼 조절 또한 직화식 로스터기와 같은 시점에서 조절하는 것이 드럼 내 공기흐름과 열량확보에 안정적이다. 참고로 댐퍼 조절 시점은 반열풍 로스터기에서는 대류열의 흐름이 안정적이기 때문에 댐퍼 조절 시점을 정확히 찾는 부분이 유리한데 직화식 로스터기는 댐퍼 조절 시점이 대류열의 보완 시점이며 열량 공급의 일원이기 때문에 향의 발산 시점보다 먼저 행하는 것이 전체적인 로스팅 프로파일에 더 유리하다. 그만큼 직화식 로스터기는 화력 조절과 댐퍼 조절이 민감하다. 심지어 주변 환경의 영향 또한 많이 받기 때문에 주의해야 한다.

그래서 전 세계적으로 직화식보다는 반열풍식이 더 많은 시장점유율을 차지하는 듯하다. 직화식 기계는 일본에서 주로 사용하지만 요즘 일본에서도 반열풍식이 더 많이 사용되는 추세이며 젊은 로스터들이 더 많이 사용한다. 유럽이나 미국 등은 반열풍이나 열풍식을 더 많이 사용하고 있다. 우리나라는 초반에 로스터기의 수입이 직화식이 먼저 수입되고 반열풍식(독일, 미국 등) 기계가 초반에 소개되지 않았기 때문에 직화식을 쓸 수밖에 없었다.

그러나 지금은 로스터기의 많은 정보와 다양성에 많은 로스터들은 반열풍식 로스터기를 사용할 수 있는 기회가 주어진 것이다.

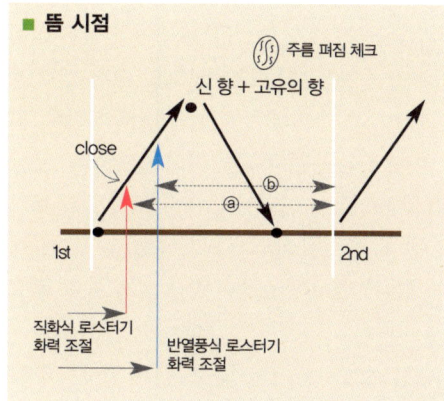

직화식 로스터기는 ⓐ 시점에서 미리 뜸을 들여 내외부가 균일하게 로스팅 될 수 있도록 한다. 조밀도가 약한 브라질 커피는 내부의 주름은 잘 펴지지만 색의 변화에 대한 부분이 너무 빠르게 진행하기 때문에 약볶음 고유의 향인 품질평가 포인트를 찾기가 쉽지많은 않다.

그냥 밋밋하고 쓰기만한 텁텁한 느낌의 브라질 커피의 표현이 아닌 고소하고 바닐라향, 오렌지향, 심지어는 꽃향까지, 버터리buttery한 촉감까지 있는 다양한 스페셜티 브라질 커피도 많이 있기 때문이다.

직화식 로스터기의 댐퍼 또한 미리 닫아 주는 것이 드럼 내 안정적인 열량과 신 향, 고유의 향을 확보할 수 있는 방법이다. 직화식 로스터기를 사용할 때 뜸의 시점이 갈수록 내외부의 안정적인 균일한 로스팅을 만들 수 있다. 지연되는 느낌이 나는 긴 뜸 방식은 잘못된 방식인데 긴 뜸 방식이란 미리 뜸을 들이는 것이다. 뜸시 2차 크랙이 너무 늦은 긴 뜸은 화력 조절이 부족함을 의미하기 때문에 주의해야 한다. 이 결과 커피맛은 단맛은 감소하고 짠맛과 쓴맛, 텁텁한 맛이 난다.

반열풍 로스터기의 뜸 시점인 ⓑ 시점에서 주름의 펴짐과 신 향의 발산, 고유의 향의 발산 정도를 체크하면서 화력 조절 및 뜸의 시점을 미리 확보해야 한다. 댐퍼 또한 미리 닫아 주면 드럼 내 공기흐름(대류열)을 확보할 수 있어 내외부의 균일한 로스팅이 가능하다. 주름 펴짐이 쉬운 빈 중에 하나인 브라질 커피는 색의 변화와 주름의 펴짐이 빠르기 때문에 반열풍 로스터기의 로스팅 방식이 안정적이고 균일한 로스팅을 할 수 있다.

브라질 약볶음의 베스트 포인트(종자, 가공처리 방식에 따른 차이)

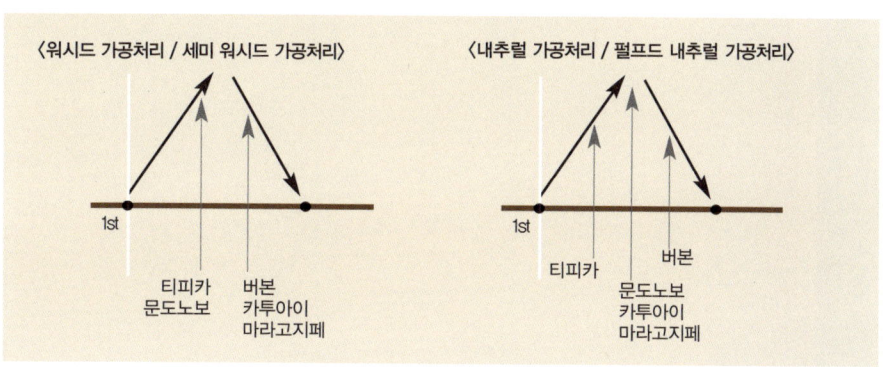

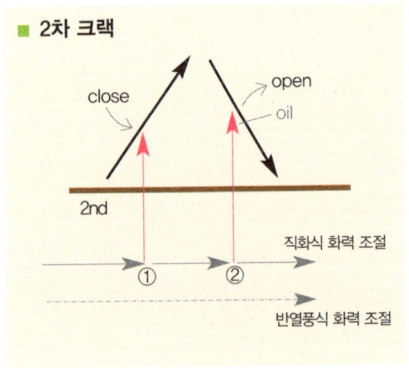

2차 크랙 시점에서 직화식 로스터기의 화력 조절은 ①, ②번에서 조율하는 것이 드럼 내 열량 공급을 안정화시킬 수 있다. 댐퍼 조절 또한 미리 닫아 주는 것이 드럼 내 압력과 향을 보완할 수도 있다. 댐퍼 닫는 정도가 중요한 부분인데 너무 많이 닫으면 드럼 내 압력이 증가하여 텁텁해질 수도 있다. 댐퍼 조절은 압력 상황을 체크하면서 빈의 부피 변화와 색의 변화, 연기의 발생 정도에 따라 조금씩 열어 주는 것이 필요하다. 조금 열면 화력을 조절하여 드럼 내 열량이 부족하지 않도록 보완해 주는 것이 필요하다. 쓴맛이 개입이 되는 중볶음 포인트이고 연기가 제법 많이 발생하는 시기이기 때문에 댐퍼 조절이 필요하며 화력 조절 또한 중요한 시점이다.

오일이 발생하기 전에 댐퍼를 열어 주는 시점에서 직화식 로스터기는 드럼 내 열량이 부족해질 수도 있기 때문에 화력 조절이 필요하다. 오일이 발생하는 시점에서는 연기가 더 많이 발생하므로 댐퍼 조절이 필요하며 직화식은 열량이 부족하지 않게 화력 조절이 필요하다.

반열풍 로스터기는 2차 크랙이 시작되는 시점에 따로 열량을 공급할 필요가 없다. 조밀도가 약한 브라질 커피는 드럼 내 열량(공기흐름)과 댐퍼 조절만으로도 충분히 안정적으로 로스팅할 수 있다.

칼리타 핸드드립 평가

Brazil Cerrado Natural

약 볶음

❶ 뜸

뜸의 중점이 다소 높아질 수 있는 약볶음이기 때문에 중점의 높이를 안정적으로 낮출 수 있어야 한다. 물줄기가 너무 굵으면 중점이 높아지게 돼서 본 추출(1차) 이후 추출 여과력이 약해지므로 주의해야 하고 조직이 단단하므로 90℃ 이상으로 뜸을 들이는 것이 입자 간 팽창시키기에 유리하다. 뜸의 온도가 높기 때문에 뜸의 중점이 높아질 수 있으므로 주의해야 한다. 또한 하부층 3개 추출구에 균일하게 한 방울씩 떨어지도록 뜸을 들이는 것이 좋다. 자칫 주입양이 많게되면 물길이 생길 수 있는 수로현상의 원인이 되므로 주의해야 한다. 수로현상은 한 번 발생하면 그 길로만 움직이려는 습성이 있어 풍부하고 균일한 추출력을 완성할 수 없다.

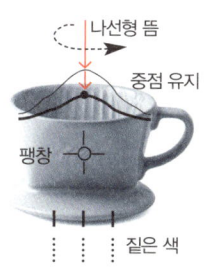

❷ 1차 추출

약볶음이지만 신맛이 적은 브라질 커피를 1차 추출에서 신맛을 정교하게 추출하는 추출방법이다. 칼리타 추출 기구로 추출 타이밍을 양분화시키면 입자 간 성분 추출을 확산시킬 수 있다. 칼리타 기구는 반침지법이기 때문에 확산 작용을 활용할 때 물줄기의 굵기 정도의 타이밍을 잘 활용하는 것이 성분 추출이 원활해진다. 내추럴 처리된 문도노보 종자는 신맛보다는 단맛이 더 많기 때문에 1차, 2차 추출에서 신맛 추출을 잘해 줄수록 향의 다양성이 잘 표현될 수 있다. 물론 브라질 커피는 다른 산지의 커피들에 비해 향이 다양하지는 않지만 신맛 속의 다양한 향의 표현이 필요하다. 하부층의 3개의 추출구에 균일하게 추출될 수 있도록 주입을 해야 하고 주입 타이밍을 양분화하면서 나선형으로 주입해야 중부층의 입자 간 확산 작용을 활용할 수 있다.

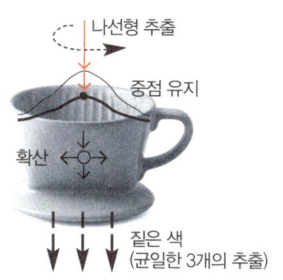

❸ 2차 추출

2차 추출에서 신맛은 더 줄어 있기 때문에 확산 작용으로 신맛과 단맛을 추출해 주는 것이 고유의 향인 품질 평가를 할 수 있는 추출 테크닉이다. 칼리타 기구인 반침지식 특징의 주의해야 할 교반 작용을 어떻게 조율할 것인가가 핵심이다. 주입양의 조절이 관건인데 나선형 주입과 반침지식 특징인 추출 시간과의 관계를 해결해야 잡미 발생과 미분이동을 줄일 수 있다.

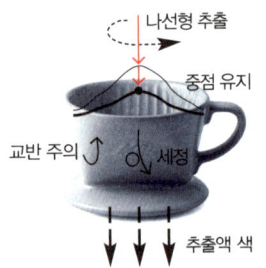

❹ 3차, 4차 추출

추출의 마무리 시점이기 때문에 추출 시간의 안배가 중요하다. 또한 주입양이 은근히 많은 세정 작용을 활용한 1차, 2차 추출과의 농도 조절 시점이므로 주입양이 많은 물의 양에 의한 교반 작용을 주의해야 한다. 1, 2차의 진액과 3, 4차의 밸런스의 조화이기 때문에 추출 시간 안배가 무엇보다 중요하다. 하부층의 추출액의 색이 흐려지면 추출 마무리 시점이다.

❺ 평가 결과

- 아로마aroma : 고소한 향nutty, 바닐라향vanilla, 구운 땅콩roasted peanut, 헤이즐럿hazelnut, 달콤한 파이프 토바코향sweet pipe tobacco, 구운 아몬드향toasted almond
- 테이스트taste : 스윗한 단맛bland-soft
- 애프터테이스트aftertaste : 견과류의 달콤한 느낌과 드라이한 여운
- 신맛acidity : 낮은 신맛low acidity
- 바디body : 크리미한 바디감creamy body
- 촉감mouthfeel : 버터리한 촉감buttery mouthfeel
- 단맛sweetness : 토바코 같은 단맛
- 클리어니스clearness : 내추럴 처리 과정이라 드라이dry한 느낌이 강하다.
- 밸런스balance : 신맛은 적지만 전체적인 촉감과 향미의 균형과 여운이 좋다.

❶ 뜸

다른 볶음도에 비해 뜸의 중점 유지가 유리한 볶음도이다. 뜸의 온도 또한 85℃ 이상에서 뜸을 들이는 것이 뜸의 팽창과 뜸의 중점을 유지하기가 유리하다. 너무 굵은 물줄기로 뜸을 들이지 않으면 뜸의 중점을 유지하기가 쉬워진다. 하부층의 3개의 추출구에 짙은 색이 한 방울씩 떨어지게 뜸을 들이면 된다.

❷ 1차 추출

신맛이 적고 쓴맛이 개입이 되어 있는 중볶음 브라질 커피의 부족한 신맛을 조금이라도 추출하기 위해서는 나선형으로 추출할 때 가는 물줄기로 주입을 하면 중점 유지 및 입자 간 확산 작용을 활용할 수 있다. 단, 주의해야 할 점은 주입양의 문제인데 나선형 추출에서의

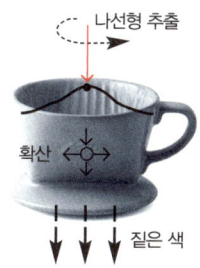

주입이 많을 수 있기 때문에 물줄기 컨트롤이 중요하다. 가는 물줄기로 나선형으로 주입하면서 중부층의 입자 간 확산 작용을 활용해야만 쓴맛이 개입되어 있는 중볶음 브라질 커피에서 기분 좋은 쓴맛을 느낄 수 있는 신맛이 추출되는데 여기서 신맛은 약볶음에서 느끼는 그런 신맛은 아니다. 물론 브라질 종자는 문도노보보다 버본 종이 신맛의 발산이 더 좋다. 물론 커피를 약하게 볶으면 신맛이 많지만 그에 못지않은 단맛도 함께 형성해야 시큼하지 않게 된다.

❸ 2차 추출

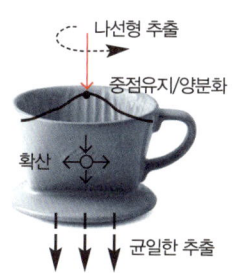

쓴맛의 개입이 브라질 커피의 매력을 가감시킬 수도 있기 때문에 중볶음에서의 쓴맛을 최소화할 수 있는 추출이 필요하다. 물론 중볶음의 브라질 커피의 표현은 쓴맛이지만 이 쓴맛이 양질의 쓴맛이어야 한다. 또한 중볶음의 매력은 중후함(body)과 촉감(mouthfeel) 속의 긴 여운(aftertaste)이다. 이런 매력을 조금 더 상승시키기 위해서는 부족한 신맛을 얼마나 잘 추출해 내느냐가 관건이며 핵심이다. 가는 물줄기와 양분화 타이밍 속의 확산 작용이 신맛을 추출해 낼 수 있게 되는데 문제는 칼리타 기구는 촉감이 고노 기구보다 약하기 때문에 이른바 감기는 느낌(촉감의 실키함)이 덜해서 쓴맛이 여운이 길다. 그러나 칼리타 기구의 특징이 부드럽기 때문에 쓴맛이 부드러워진다.

2차 추출에는 쓴맛이 조금 더 개입이 되기 때문에 신맛과 단맛을 얼마나 잘 추출하느냐가 핵심이며 주입양의 안배와 물줄기의 정교함이 커피 성분 중 쓴맛과 짠맛을 배제하고 조율할 수 있는 방법이다.

❹ 3차, 4차 추출

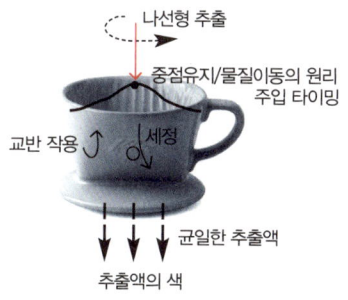

추출 균형을 유지하기 위한 마무리 시점으로 농도 조절과 추출 시간 안배 시점이기도 하다. 주입양이 많아지기 때문에 추출 중점 유지와 하부층의 추출액의 색과 3개의 추출구에 균일한 추출이 이루어질 수 있는 주입 분배양을 일정하게 유지해야 한다. 또한 받침지식 기구의 단점인 교반 작용의 주의가 요구되는 시점이기도 하다.

❺ 평가 결과

- 아로마aroma : 코코아향cocoa powder, 고소한 향nutty, 꿀향honey, 밀크캐러멜milk caramelly
- 테이스트taste : 쓴맛과 단맛bitter sweet
- 애프터테이스트aftertaste : 중후한 여운과 스파이시한 향
- 신맛acidity : 신맛은 거의 감소된 맛

- 바디body : 거친 느낌의 미디엄 바디감
- 촉감mouthfeel : 약간 크리미한 느낌인데 칼리타 추출에 의해 다소 미약하다.
- 단맛sweetness : 약간의 쓴맛 뒤의 단맛이 좋다.
- 클리어니스clearness : 드라이한 탁한 느낌으로 깔끔하지는 않다.
- 밸런스balance : 신맛은 적지만 쓴맛과 단맛, 바디감에 의한 여운이 좋다.

강
볶음

❶ 뜸

강볶음된 브라질 커피의 뜸의 중점이 높지 않기 때문에 서서히 끌어올려 주어야 안정적인 뜸을 유지할 수 있는데 만일 주입양이 많으면 뜸의 중점이 무너져서 본 추출에서 추출 여과력이 약해질 수도 있다. 뜸의 온도는 강볶음이기 때문에 83℃ 이하로 뜸을 주는 것이 커피 성분을 뜸을 들이기 위한 뜸의 팽창에 유리해지는데, 쓴맛에 대한 조율과 중점 유지의 어려움 또한 함께 갖고 있다. 다시 말해 강제적인 뜸 방식은 높은 온도로 뜸을 들이는 방식으로 중점이 높아질 수는 있지만 갓볶은 커피로서 어느 정도 CO_2를 함유하고 있는 강볶음 커피일 경우이다. 이 경우 쓴맛의 노출이 심해 본 추출에서 쓴맛의 여운이 강해진다. 두 번째 낮은 온도로 뜸을 들이면 쓴맛을 완화시킬 수는 있지만 뜸의 활성화 부분이 약해져 뜸 중점 유지를 만들기가 어려워진다. 이때는 주입양의 안배와 타이밍이 중요한데, 가는 물줄기와 속도, 표면장력의 힘을 이용해서 상부층과 중부층, 하부층에 고르게 주입해야 한다. 그 결과 하부층의 3개의 추출구에 균일한 짙은 색이 한 방울씩 떨어지게 만드는 것이 베스트 뜸 방식이다.

❷ 1차 추출

쓴맛이 많은 강볶음 브라질 커피를 쓰지 않고 깊이 있게 추출하고자 할 때 추출하는 확산 작용 방법인데 주입양의 안배와 물줄기의 정교함이 중요하다. 균일한 물줄기는 균일한 추출력을 표현한다. 추출 중점을 서서히 끌어올릴수록 중부층 입자 간 확산 작용을 활용할 수 있는데 반침지법인 칼리타 기구이기 때문에 점성에 대한 부분은 기대하기란 어렵다.

신맛이 적은 강볶음 커피를 추출하기란 쉽지 않기 때문에 주입 타이밍을 양분화해야만 신맛의 성분을 추출해 낼 수 있다. 쓴맛을 부드럽게 조율해 줄 수 있는 유일한 신맛이 마시고 난 여운에서 단맛을 표현하게 만드는 핵심이다.

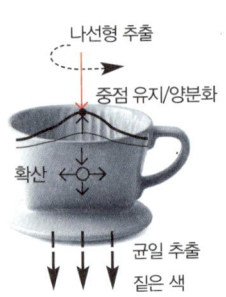

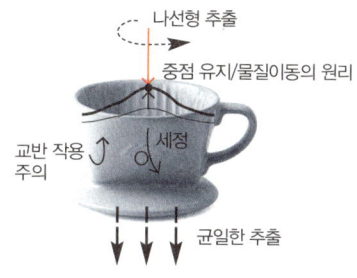

❸ 2차 추출

쓴맛이 더 증가되는 시점이기 때문에 쓴맛을 부드럽게 조율할 수 있는 세정 작용을 활용하는 추출 주입 방식이다. 여기서 주의해야 할 점이 과도해질 수도 있는 추출 중점인데, 사실 강볶음에서는 추출 중점이 너무 높아지지는 않지만 교반 작용이 발생할 수도 있다. 다시 말해 주입양이 많아지면 3개의 추출구에 빠져나가는 시간적인 부분의 한계에 도달하기 때문에 추출 중점 유지가 필요하다. 또한 미분이동을 제한해야 3개의 추출구가 균일한 추출을 만들 수 있다.

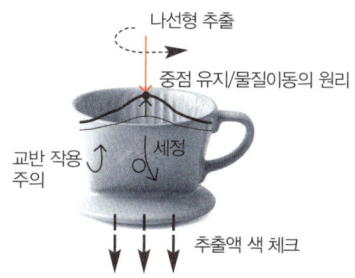

❹ 3차와 4차 추출

쓴맛을 부드럽게 추출하는 마무리 시점으로 추출 균형과 추출 시간 안배가 중요하다. 하부층의 균일한 3개의 추출구의 추출력과 추출액의 색이 흐려지면 마무리해야 한다.

❺ 평가 결과

- 아로마aroma : 카카오cacao, 초콜릿dark chocolate, 송진향raisin, 정향clove, 후추향pepper, 하시초콜릿harsh chocolate, 연필향cedar
- 테이스트taste : 쏘는 듯한 쓴맛bitter-pungent
- 애프터테이스트aftertaste : 스파이시spicy한 여운이 길다.
- 신맛acidity : 감소되어 있다.
- 바디body : 미디엄 바디감medium body
- 촉감mouthfeel : 약간의 촉감이 있다.
- 단맛sweetness : 거친 송진 같은 쓴맛으로 단맛을 느끼기 쉽지 않다.
- 밸런스balance : 스파이시한 향과 쓴맛 속의 쏘는 듯한 매운맛이 튄다.

Brazil Cerrado Natural

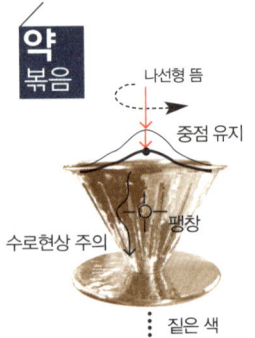

❶ 뜸

약볶음된 브라질 커피의 뜸의 중점이 다소 높아질 수 있기 때문에 뜸의 중점 유지가 무엇보다 중요하다. 또한 주입양의 안배가 많아지면 자칫 수로현상이 발생할 수도 있기 때문에 주의해야 한다. 뜸의 주입은 되도록 적은 양을 주입하는 것이 상부층, 중부층, 하부층에 고르게 주입할 수 있는 방법인데, 물줄기 컨트롤이 중요하다. 하부층의 짙은 방울방울 색과 상부층의 뜸의 중점 유지가 뜸을 잘 들이는 방법이며 약볶음의 뜸의 온도는 90℃ 이상이 단단한 조직의 성분을 충분히 팽창시킬 수 있는 온도이다.

❷ 1차 추출

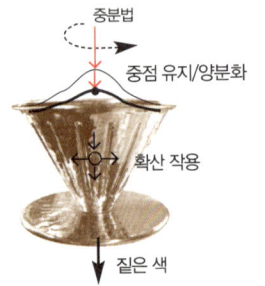

신맛이 적은 브라질 커피에서 신맛과 다양한 향을 추출하기 위해 확산 작용을 활용하는 여과방법인데 중분법 추출 주입방법으로 주입을 하면서 주입 타이밍을 양분화하면 입자 간 성분인 신맛, 단맛, 점성이 추출이 된다. 여기서 다양한 고유의 향까지 추출이 되는데 신맛이 적은 브라질 약볶음에서 신맛을 추출하게 되면 밋밋한bland 맛보다 고급스런 신맛과 단맛soft이 표현된다. 물론 품질이 좋아야 가능한 일이다.

다시 말해 브라질 커피의 신맛은 다른 지역의 신맛보다 적기 때문에 어떻게 추출하느냐에 따라 산뜻한 느낌을 표현할 수 있다. 그러나 브라질 내추럴 처리된 가공처리이기 때문에 다소 드라이dry한 부분이 있으므로 신맛과 단맛, 점성, 드라이한 여운의 매력을 참고하는 것이 내추럴 프로세스natural process의 장점이기도 하다.

❸ 2차 추출

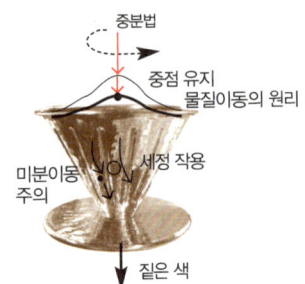

중분법 추출의 핵심은 중앙분리 추출법으로 미분이동을 제한하기 위한 주입법이다. 미분을 분리하기 위한 주입 타이밍 조절이 중요한데, 2차 추출에서 1차 추출의 진액과 조화를 이루기 위해 세정화 방법을 활용한다. 주입양이 많아지기 때문에 우선 주의해야 할 방법이 추출 중점 유지와 미분이동을 제한하는 것이다. 주입 타이밍을 물질이동의 원리를 이용

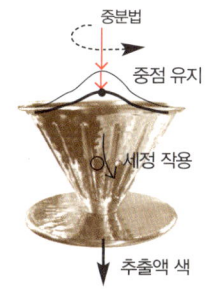

하기 때문에 세정화되는 입자 간 성분들을 부드럽게 추출하고자 주입하는 추출방법이다.

❹ 3차, 4차 추출

주입양이 많은 시점으로 미분이동과 교반 작용이 발생하지 않도록 주의해야 잡미가 발생하지 않는다. 추출 밸런스를 유지하기 위한 마무리 단계이기 때문에 추출 시간 안배가 중요하다.

❺ 평가 결과

- 아로마aroma : <u>고소한 향</u>nutty, 바닐라향vanilla, 구운 땅콩roasted peanut, 헤이즐럿hazelnut, 달콤한 파이프 토바코향sweet pipe tabaco, 구운 아몬드향toasted almond
- 테이스트taste : 부드러운 단맛soft-mellow
- 애프터테이스트aftertaste : 견과류의 드라이한 여운이 길다.
- 신맛acidity : 낮은 신맛low acidity
- 바디body : 실크 같은 바디감silky-body과 거친 느낌thick
- 촉감mouthfeel : 실키함silky
- 단맛sweetness : 달콤한 토바코향sweet tobacco
- 클리어니스clearness : 드라이dry한 느낌
- 밸런스balance : 드라이한 느낌과 단맛의 표현과 바디감이 좋다.

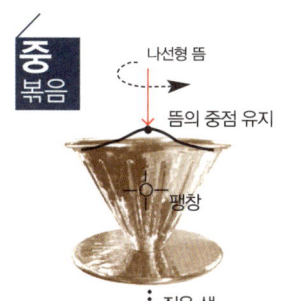

❶ 뜸

뜸의 중점 유지가 안정적인 중볶음이지만 뜸을 들일 때 물줄기나 주입양이 너무 굵거나 많지 않게 해야 안정적인 뜸을 들일 수 있다. 또한 85℃ 이상으로 뜸을 들이는 것이 보다 안정적인 뜸의 팽창 및 중점을 유지할 수 있다. 너무 높은 온도로 뜸을 들이면 높은 온도에 의한 뜸의 중점이 다소 높아질 수 있고 쓴맛이 개입될 수 있기 때문에 주의해야 한다.

❷ 1차 추출

쓴맛이 개입되어 있는 중볶음 브라질 커피의 쓴맛을 부드럽게 추출하기 위해서는 신맛과 점성의 추출이 쓴맛을 다소 완화시킬 수 있기 때문에 여운에서 단맛을 느낄 수 있게 되는 추출방법은 주입방법의 정교함이 요구되는 중분법 추출방법이다. 중점 유지가 유리한 중볶음이지만 중부층에서 입자들의 성분을 확산시키기 위해서는 주입 타이밍을 양분화시키는 것이 무엇보다 필요하다. 입자 간 확산 작용은 커피 성분의 여과력을 섬

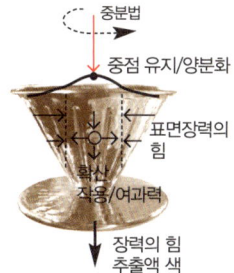

세하게 추출하는 방법으로 신맛을 추구하는 탁월한 주입방법이다. 중분법 추출의 핵심인 중앙집중 주입방법은 입자 간 수분을 흡수하는 표면장력의 힘을 활용하면서 불필요한 성분(미분, 은피) 등을 분리하는 추출 주입방법이다. 원추형 드리퍼의 장점인 장력의 힘을 활용하면 농후한 진액의 신맛과 단맛, 점성까지 추출할 수 있다.

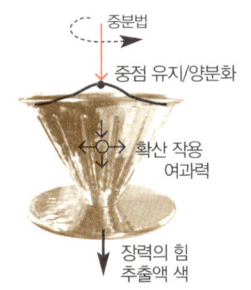

❸ 2차 추출

신맛이 많이 감소되어 있는 2차 추출 시점이지만 확산 작용을 활용하면 단맛의 성분을 조금 더 추출할 수 있다. 1차와 2차 추출의 진액을 조합하는 단계이기 때문에 쓴맛이 개입되어 있는 시점을 조금 더 부드럽게 조율할 수 있다. 무엇보다 주입 타이밍과 물줄기의 굵기 조율이 입자 간 성분을 여과할 수 있는 확산 작용을 활용할 수 있다.

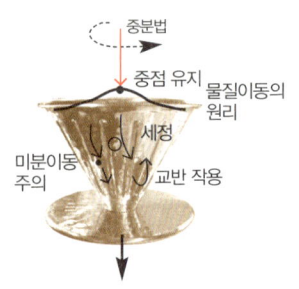

❹ 3차, 4차 추출

주입양이 다소 많아지는 시점으로 쓴맛을 부드럽게 추출하고자 하는 주입 방식이며 1차, 2차의 진액과 밸런스를 맞추기 위한 시점이다. 주입양이 많아지면 추출 중점이 높아지게 돼서 미분이동이 발생할 수 있다. 주입양에 비해 추출양이 적으면 교반 작용이 발생할 수도 있으므로 주의해서 주입 타이밍을 안배해야 추출 균형을 유지할 수 있다. 무엇보다 주입양의 핵심은 물줄기의 굵기이다.

❺ 평가 결과

- 아로마aroma : 코코아향cocoa powder, 고소한 향nutty, 꿀honey, 밀크 캐러멜향milk caramelly
- 테이스트taste : 쓰고 단맛bitter-sweet
- 애프터테이스트aftertaste : 스파이시한 여운
- 신맛acidity : 신맛을 약간 느낄 수 있다.
- 바디body : 미디엄 바디감
- 촉감mouthfeel : 크리미한 촉감
- 단맛sweetness : 쓴맛과 단맛의 조화가 좋다.
- 클리어니스clearness : 드라이한 느낌
- 밸런스balance : 균형감이 좋다. 약간의 신맛이 쓴맛을 낮추는 단맛과 바디감이 좋다.

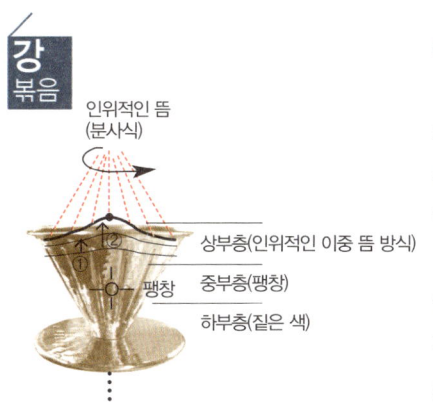

❶ 뜸

뜸의 중점이 낮기 때문에 중점을 유지하기 위해서는 주입양의 안배가 필요하다. 강볶음된 브라질 커피의 CO_2 함량과 수분량이 적기 때문에 주입되는 수분을 지탱하는 지탱력인 여과력이 떨어지게 된다.

이런 상황을 균형 있게 중점을 끌어올리기 위해서는 인위적인 뜸 방식으로 ①② 주입을 나눠 주는 것이 강볶음의 뜸의 중점을 유지하는 핵심이다. 쓴맛을 낮추기 위해 뜸의 온도를 83℃ 이하로 정하기 때문에 뜸의 중점 유지 또한 쉽지 않다.

❷ 1차 추출

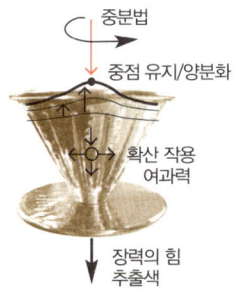

쓴맛이 강한 강볶음 브라질 커피를 양질의 쓴맛처럼 느낄 수 있게 추출하기 위해서는 얼마나 정교한 신맛을 추출할 수 있느냐가 관건이다. 이 신맛은 사실 강볶음에서는 많이 감소되어 있는 성분으로 드리핑으로 추출하기가 쉬운 일이 아니다. 주입 타이밍과 물줄기의 컨트롤이 부족한 신맛과 점성을 추출할 수 있게 된다. 입자에 붙어 있는 성분을 정교하게 추출하기 위해서는 확산 작용을 활용해야 양질의 단맛을 표현할 수 있다. 주입타이밍의 양분화와 물줄기의 정교함이 상부층에서 이루어지면 중부층의 입자 간 팽창에 따른 커피 성분 추출인 여과력을 활성화시킬 수 있다. 그 결과 하부층에서 짙은 엿물 같은 농후한 커피액이 추출되는 현상을 발견할 수 있다.

❸ 2차 추출

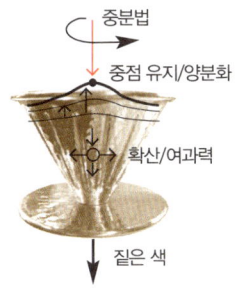

쓴맛이 더 많이 추출되는 시점으로 부족한 신맛과 단맛, 점성을 더 추출할 수 있다면 1차 추출의 진액과 조율할 수 있는 시점이다. 이런 결과를 만들기 위해서는 주입양과 주입 타이밍이 중요하다. 결과적으로 주입양이 많아서는 신맛과 단맛, 점성을 추출할 수 없기 때문이다. 만일 주입양이 많으면 부드러운 쓴맛을 만들 수는 있지만 신맛과 단맛, 점성을 추출할 수는 없게 된다.

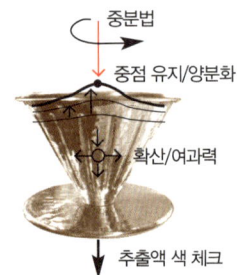

❹ **3차, 4차 추출**

　내추럴 처리된 브라질 커피는 강볶음에서 진한 농도로 추출해서 마셔도 상당히 드라이한 단맛을 느낄 수 있기 때문에 3차, 4차 추출에서 확산 작용을 활용하면 진한 농도를 추출할 수 있다.

　드라이한 단맛이 마치 스파이시한 카카오 같지만 진한 커피를 즐기기 위해서는 3차, 4차 추출에서 확산 작용을 활용하는 것이 매력이 있다. 마무리 시점이기 때문에 하부층의 추출액의 색을 체크하면서 마무리하는 것이 중요하다.

❺ **평가 결과**

- 아로마aroma : 카카오cacao, 다크초콜릿dark chocolate, 송진향raisin, 정향clove, 후추향pepper, 하시초콜릿harsh chocolate, 연필향cedar
- 테이스트taste : 쏘는 쓴맛pungent-bitter
- 애프터테이스트aftertaste : 스파이시한 여운이 길다.
- 신맛acidity : 거의 느끼기 힘들지만 고노 추출에 의한 장력의 힘으로 약간 느껴짐
- 바디body : 풍부한 느낌medium-rich body
- 촉감mouthfeel : 버터리buttery한 촉감
- 단맛sweetness : 버터리한 단맛
- 밸런스balance : 강렬한 스파이시한 쓴맛과 여운이 강하다.

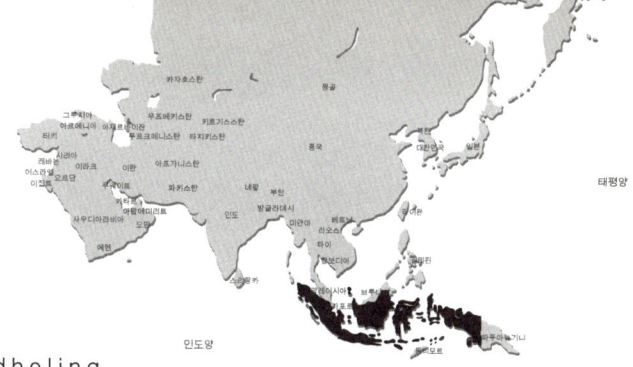

인도네시아

Indonesia Sumatra Medan Mandheling

아라비카arabica종은 전체 생산량의 10% 정도이다. 1696년 자바 섬에서 재배되기 시작된 커피농사가 스리랑카와 인도네시아까지 전염된 커피 곰팡이병에 의해 아라비카 생산이 감소하고 로부스타 종(카네포카 종)이 90% 이상 생산되고 있다. 재래품종인 수마트라 Sumatra (typica) 종과 카투라catura와 HDT 교배종인 카티모르catimor 종이 주종이다.

재배지역

- 수마트라 섬Sumatra 린통만델링Lintong Mandeling

만델링은 부족명이며(옛날 만델링 부족이 커피를 재배했다), 수마트라 북부에서 생산되는 커피이고 토바블루 호수 근처 남서쪽에 생산되는 린통Lintong 만델링과 토바블루 호수 북쪽뿐만 아니라 그 외곽 지역에서 생산되는 커피들을 만델링커피라고 한다. 그늘재배는 아니고 소작농들에 의해 유기농재배를 한다. 가공처리 과정은 수마트라식(Gilling Bashi)으로 웨트-헐링wet-hulling이라는 인도네시아 전통방식이다. 가공방식은 커피체리의 과육을 제거하고 파치먼트 상태로 몇 시간 건조시킨 후 파치먼트를 탈곡hulling해서 생두 상태에서 천일건조해서 13% 이하로 건조하는 방식으로 비가 많이 오는 수마트라에서 건조를 빨리하기 위한 수마트라식 건조방식이다.

- 아체Aceh

그늘재배와 유기농법으로 재배하며 가장 북쪽에 위치해 있다. 체리가공 방식은 수마트라식을 사용하기도 하고 워시드washed 방식과 세미-워시드semi-washed 방식을 병행하기도 한다. 아체 지역의 생산된 커피는 가요마운틴Gayo Mountain 커피라는 상표로 판매된다.

- 자바Java

녹병으로 인해 로부스타(카네포라) 종으로 대체되어 생산되는 지역으로 소규모 농장에서는 아라비카 종 수마트라 티피카sumatra typica 종을 재배하는 곳도 있다. 가공처리 과정은 워시드 방식을 사용한다.

- 술라웨시Sulawesi

토라자 카로시로 유명한 커피 생산지이다. 고도가 높은 1,500m 이상에서 생산되며 상당히 부드러운 향미를 갖고 있어 수마트라 커피와 비교되기도 한다. 재배지의 대부분은 적도의 남쪽에 있기 때문에 수확시기는 4월에서 10월에 이루어지고 수마트라 지역은 적도 북쪽이기 때문에 10월에서 4월에 수확이 진행된다.

커피 등급

등급	결점두 수
Grade 1	11
Grade 2	12~25
Grade 3	26~44
Grade 4	45~60

로스팅 그래프

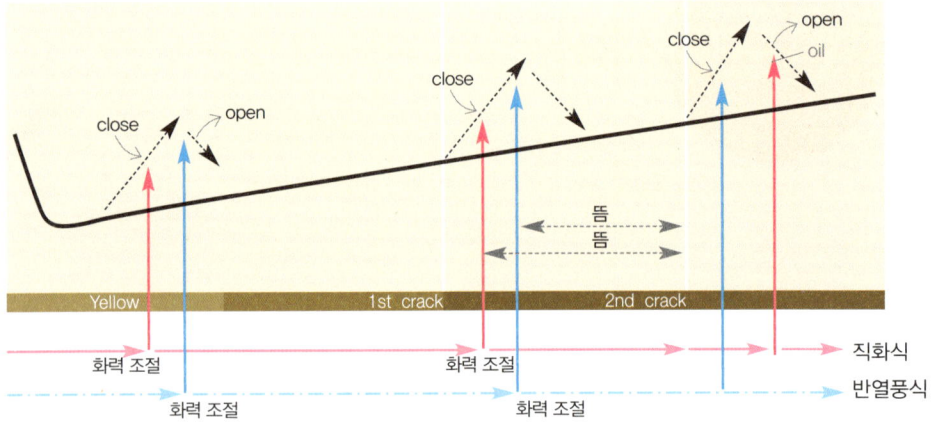

인도네시아Indonesia의 수마트라Sumatra섬의 메단Medan 지역의 카티모르catimor 종자는 카투라catura와 하이브리드 티모르hibrid de timor(HDT)의 교배종으로 아라비카arabica 종자 중에서는 가장 강한 조밀도를 가지고 있기 때문에 투입 온도의 설정 또한 200℃ 이상에서 투입하는 것이 안정적인 중점 유지와 안정적인 로스팅 프로파일을 완성할 수 있다.

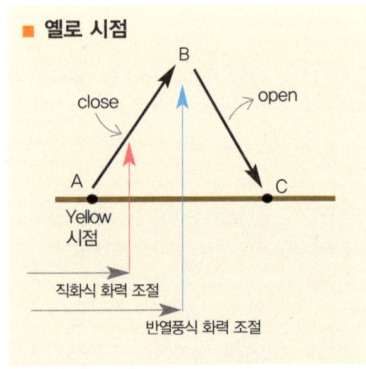

■ 옐로 시점

조밀도가 강한 카티모르catimor 종자를 직화식으로 로스팅할 때 옐로시점에서 단 향의 정점이 되기 전에 단 향이 시작되기 시작하면 댐퍼와 화력 조절을 동시에 하는 것이 드럼 내 열량 공급과 대류열의 공기흐름을 확보하는 데 유리하다. 단 향의 발산은 조밀도가 약한 티피카typica, 아라비카 오리진arabica origin, 저지대(typica, bourbon 등)빈에 비해 단 향의 발산 시기와 정점에 도달하는 시기가 다소 늦게 된다. 그래서 직화식 로스터기로 로스팅할 경우 미리 댐퍼와 화력 조절을 해줌으로써 단 향과 드럼 내 열량 확보를 미리 확보하는 것이 드럼 내에 열균형 유지에 안정적이게 된다.

색의 변화와 반열풍식 보다는 다소 빠르게 변화하지만 단 향의 발산의 깊이는 발열풍식이 더 깊게 느낄수 있다.

옐로 시점에서의 반열풍식 로스터기는 단 향의 정점인 B 시점에서 화력을 조절하는 것이 드럼 내 공기흐름의 안정적인 대류열을 확보할 수 있다. 댐퍼 조절은 직화식 로스터기와 동일하게 미리 확보하는 것이 공기흐름에 유리하다.

단 향의 발산은 직화식보다 빠르게 진행되지만 인도네시아 카티모르Indonesia catimor 종자의 조밀도가 강하기 때문에 단 향의 발산은 평상시 로스팅 시간보다 다소 늦게 발산됨을 알 수 있다.

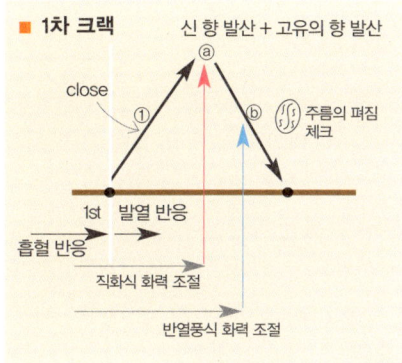

그린빈의 품질 평가 단계인 약볶음의 시점인 1차 크랙 시점에서 인도네시아 카티모르 종의 흡열 반응의 크랙 소리가 다른 종자들에 비해 약하고 더 많은 흡열을 요하는 상황을 느끼게 된다. 그만큼 조밀도가 강하기 때문에 1차 크랙에서의 발산에서 더 많은 흡열 반응을 보이는 특이한 종자이기 때문에 로스터는 자칫 화력 조절을 너무 빨리 서둘러서는 안 된다. 가장 중요한 화력 조절 시점은 크랙 소리의 정점도 아니고 센터컷center cut의 벌어짐이 어느 정도인지도 아니다. 고유의 향의 발산에서 주름의 펴짐의 정도를 체크하는 것이 가장 안정적인 화력 조절인 것이다. 많은 로스터들이 1차 크랙 소리만 나면 화력 조절을 하려고 한다. 빈의 변화되는 색과 고유의 향(품질 평가 시점)의 다양한 변화 시점을 확인봉을 통해서 체크하는 일을 게을리해서는 안 된다. 물론 댐퍼 조절을 미리 확보하는 것이 안정적이다.

직화식 로스터기는 ⓐ 시점인 고유의 향의 발산과 신 향의 정점에서 화력 조절을 하게 되는데 주름 펴짐이 반열풍식보다 다소 빠르기 때문에 뜸(화력 조절) 시점 또한 길게 주는 것이 내외부의 균일한 로스팅 프로파일을 완성할 수 있게 된다. 댐퍼 조절 역시 ① 시점에서 미리 닫아 주는 것이 드럼 내 열량 확보에 유리하다.

반열풍식 로스터기의 화력 조절 시점은 신 향의 정점을 지나 ⓑ 시점인 고유의 향의 발산 시점 가까이서 조절하게 되는데 내부부터 로스팅되는 반열풍식 로스팅 방식이기 때문에 내외부 균일하게 로스팅되는 ⓑ 시점과 주름의 펴지는 시점인 ⓑ 시점에서 화력 조절을 해주는 것이 다소 안정적인 로스팅 프로파일을 완성할 수 있다. 댐퍼 조절 역시 직화식 로스터기 방식과 동일하게 미리 닫아 주는 것이 드럼 내 안정적인 공기흐름에 더욱 유리한 열량과 향의 안정적인 확보에 유리한 방법이다.

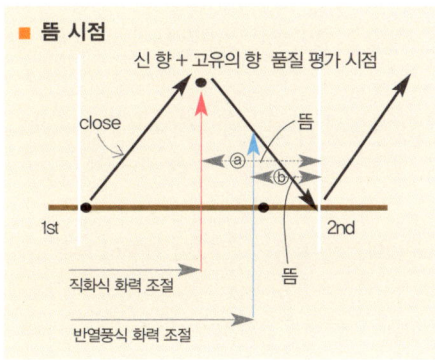

조밀도가 강한 카티모르 종자를 직화식 로스터기로 뜸을 들이는 ⓐ 시점은 주름의 펴짐이 완전히 다 펴지는 단계는 아니지만 뜸을 다소 길게 들이는 것이 필요하다. 내외부 균일하게 로스팅이 이뤄져야 하기 때문에 조금 미리 화력 조절을 하면서 뜸을 들이는 것이 외부부터 로스팅되는 직화식 로스터기 방식에 균형적인 로스팅 안정화를 만들 수 있다.

반열풍식 로스터기는 ⓑ 시점에 뜸을 들이는 것이 내외부 균일하게 뜸을 들일 수 있는 시점이다. 빈의 상태를 보면 깊은 주름에서 실주름으로 변해 가는 시점이고 고유의 향이 발산되는 시점이다.

인도네시아 카티모르 종의 커핑cupping 포인트가 품질 평가 포인트이다. 물론 드리핑이나 에스프레소espresso 추출에 의해 컵테이스팅도 할 수 있는 포인트이다.

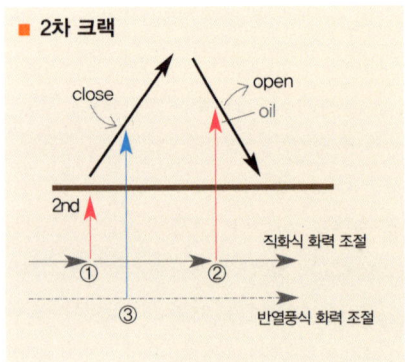

직화식 로스터기는 2차 크랙이 시작되는 시점부터 드럼 내 압력에 의한 온도상승 정도와 댐퍼 조절 시점, 화력 조절 시점을 체크해야 하는데 조밀도가 강한 카티모르 종자를 로스팅할 때 직화식에서 실수할 수 있는 상황이다. 2차 크랙의 시작점과 댐퍼의 닫는closing 시점은 완전 닫는 시점이 아닌 압력 팽창을 고려해서 열리는 시점을 고려한 닫는 시점이기 때문에 화력 보강 시점 또한 고려해야 되는 시점이다.

압력 팽창과 화력 보강, 댐퍼 조절은 2차 크랙 시점부터 개입이 되는 쓴맛을 조율할 수 있는 신맛과 단맛을 유지해야 한다. 중볶음 이상 로스팅이 진행이 되면 특히 수마트라(typica)종과 로부스타robusta의 교배종인 하이브리드 티모르(HDT) 종과 버본의 돌연변이인 카투라 종의 교배종인 카티모르 종을 로스팅할 때 쓴맛의 개입이 강해지기 때문에 화력의 유지가 단맛, 신맛의 완성도에 지대한 영향을 미치는 결과를 분석할 수 있다. 다시 말해 2차 크랙 이후 쓴맛의 개입은 신맛이 줄어드는 시점이므로 중볶음에서 유일하게 생성할 수 있는 방법이 드럼 내 열량 공급과 댐퍼 조절에 의한 유지이다. 이런 로스팅 테크닉이 바로 중볶음과 강볶음의 당분을 유지하는 핵심이다. 어려울지는 모르지만 쓴맛은 신맛과 단맛, 점성에 의해 고급스러워지기 때문에 중볶음과 강볶음의 매력을 십분 발휘하는 이유이다.

직화식 로스터기는 드럼이 구멍이 뚫려 있기 때문에 열량 손실을 안고 있다. 로스팅이 진행되면서 화력과 댐퍼의 테크닉이 직화식 로스터기를 잘 다룰 수 있는 기술이다.

또한 오일oil이 발생하는 강볶음 시점에서 드럼 내 연기가 많이 발생하기 때문에 댐퍼를 조금 열어 주어야 하는데 이 상황에서도 ② 시점의 화력 조절이 필요하고 온도 상승 정도와 로스팅 시간과 오일 발생 정도, 색의 변화에 대한 움직임을 체크해야 강볶음의 핵심인 레드 브라운red brown을 표현할 수 있다.

2차 크랙이 시작되는 반열풍식 로스터기는 드럼 내 열량 유지가 탁월하기 때문에 댐퍼 조절 시점과 ③ 시점의 화력 조절 시점을 보완해야 되는지를 로스터가 빈의 색과 향, 로스팅 시간, 온도의 상승폭을 고려해서 체크해야 한다.

오일이 발생하는 강볶음 시점에서의 반열풍식은 댐퍼를 열어도 드럼 내 열량이 부족하지 않기 때문에 로스팅하기가 원활하다.

Indonesia Sumatra Medan Mandheling

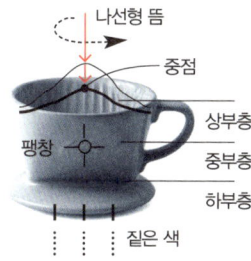

❶ 뜸

조직이 단단한 약볶음 입자들의 뜸의 중점, 팽창을 알맞게 유지하기 위해서는 90℃ 이상의 온도로 뜸을 들이는 것이 입자들을 충분히 팽창시킬 수 있다. 뜸의 주입양이 너무 많으면 드리퍼 안에 수분이 많게 되어 뜸의 중점이 높아지고 입자 간 팽창이 넓어져서 본(1차) 추출에서 추출 여과력(확산 작용)이 약해진다. 또한 뜸을 들일 때 상부층, 중부층, 하부층에 고르게 뜸을 들이는 것이 중점 유지및 하부층에 고르게 뜸의 현상을 만들 수 있는 상황이며 3개의 추출구의 균일한 짙은 방울이 한 방울씩 떨어져야 완벽한 뜸을 형성하는 방법이다.

❷ 1차 추출

인도네시아 카티모르 종의 약볶음의 향미 프로파일은 생각보다 신맛에 대한 부분이 강하지는 않다. 신맛보다는 단맛과 짠맛의 구성이 조화를 이룬다는 점이다. 그렇다고 짠맛에 대한 부분이 노골적으로 짙게 표현되는 것도 아닌 단맛에 대한 균형감이 신맛과의 적절한 조화를 이루는 멜로mellow한 맛이다. 칼리타 기구로 확산 작용을 활용해야 1차 추출에서 신맛과 단맛의 조화를 찾는 추출 에센스를 표현할 수 있다. 이 추출 에센스가 멜로한 맛의 핵심이다. 다양한 향을 가지고 있는 인도네시아 수마트라Indomesia Sumatura 메단Medan 지역의 카티모르 종자의 아로마 중 메이플 시럽향과 버터스카치 캔디향의 매력을 잘 표현하기 위해서는 1차 추출에서의 확산 작용이 추출 핵심이다. 또한 로스팅 포인트에서 약볶음(고유의 품질 평가) 포인트를 찾아야 한다. 상부층의 추출 중점이 너무 높지 않게 주입해야 중부층의 입자 간 확산 작용을 활용할 수 있기 때문에 나선형 추출 주입양의 안배가 무엇보다 요구된다. (주입양이 많아지면 확산 작용이 안 되고 추출 중점 또한 높아지고 미분이동이 진행되며 교반 작용 또한 발생해서 추출이 잘 안 되는 하부층에 막힘 현상이 발생해 추출구 3개가 일정한 추출이 되지 않게 된다.)

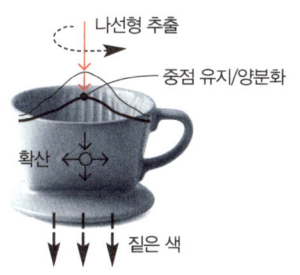

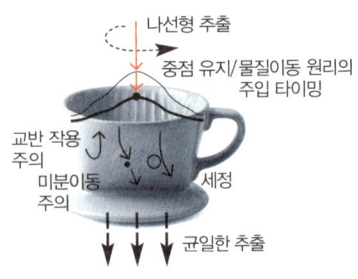

❸ 2차 추출
1차 추출의 추출 에센스와의 조화를 만들기 위한 추출 주입방법이다. 단점은 주입양이 많아질 수 있기 때문에 주입양의 안배가 필요하다. 물질이동 원리의 주입 타이밍이란 진한 곳에서 연한 곳으로 진행되는 현상으로 주입양이 많아지면 농도 또한 연해지는 현상을 활용한 추출 주입 타이밍으로 입자 간 세정화로 부드럽게 추출하고자 주입하는 방법이다. 자칫 주입양이 많아 추출 중점이 높아질 수도 있고 미분이동 발생으로 하부층에 막힘 현상이 발생할 수도 있어 그 영향으로 교반 작용이 발생할 수 있으므로 주입양의 안배가 중요하다.

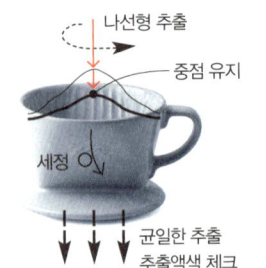

❹ 3차, 4차 추출
추출 마무리 시점으로 추출액의 색을 체크하면서 마무리 해야 되는 시점이다. 농도의 밸런스를 유지하는 시점으로 추출 시간 안배와 추출 중점 유지, 주입 타이밍의 조율과 회전수를 고려하면서 마무리해야 한다.

❺ 평가 결과
- 아로마aroma : 버터스카치 캔디향butter scotch candy, 안개 낀 듯foresty, 연필향cedar, 메이플 시럽향mayple syrup, 캐러멜향caramel, 송진향resinous, 망고mango, 복숭아peach, 초콜릿chocolate
- 테이스트taste : 달콤한 신맛mellow-acdity
- 애프터테이스트aftertaste : 토바코, 가죽향의 여운tobacco and leather
- 신맛acidity : 낮은 신맛low acidity
- 촉감mouthfeel : 실크 같은silky
- 단맛sweetness : 거친 단맛rustic sweetness
- 밸런스balance : 중후한 바디감과 독특한 여운이 매력이다.
- 클리어니스clearness : 스파이시한 부분 때문에 깔끔함이 가죽 느낌이 난다.

중볶음

❶ 뜸
뜸의 중점 유지가 원활한 중볶음이기 때문에 주입양이 너무 많거나 주입 물줄기가 너무 굵지만 않는다면 뜸의 중점을 유지하는 데는 안정적이다. 85℃ 이상으로 뜸을 들이는 것이 입자 간 팽창 정도를 안정화시킬 수 있다.

❷ 1차 추출
쓴맛이 개입이 되어 있는 중볶음 포인트이기 때문에 신맛을 섬세하게 추출해 주어야 쓴맛을 낮출 수 있다. 또한 카티모르 종자는 로부스타 성향이 있는 HDT와 카투라의 교배종이기 때문에 더욱 쓴맛을 갖고 있다. 이런 카티모르 종과 중볶음 포인트에서 쓴맛을 낮춘다는 것은 추출 과정에서의 디테일한 부분이 있어야 한다. 첫째 물줄기의 굵기가 정교해야 하고 둘째, 상부층의 추출 중점이 높지 않아야 중부층의 입자 간 확산 작용을 활용할 수 있다. 좀 더 디테일한 커피의 성분과 농도를 추출하기 위해서는 주입 타이밍을 양분화하는 양분법을 사용하면 커피 성분을 섬세하게 표현하게 되고 1차 추출에서의 신맛 성분을 조율할 수 있다. 그 결과는 하부층의 추출액의 색이 짙게 추출되는 것을 관찰해야 한다. 또한 3개의 추출구에 균일한 추출이 되어야 추출 밸런스를 표현한 것이다.

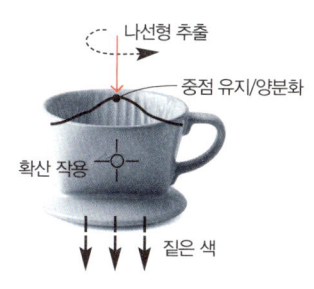

❸ 2차 추출

쓴맛의 성분이 더 많이 추출되는 시점으로 쓴맛을 부드럽게 추출해 주는 시점이다. 1차 추출의 신맛과 쓴맛 뒤의 단맛이 추출되는 시점과 조화되는 시점으로 진한 에센스와 부드럽게 추출된 성분과 조화를 이루는 시점이다. 주의해야 할 점은 갑자기 주입양이 많아져서 중점이 높아질 수도 있고 하부층의 추출액의 배출 시간보다 주입되는 추출 주입양이 많게 되면 교반 작용이 발생할 수 있다. 교반 작용의 상황은 주변 가장자리에 물이 차오르는 현상으로 중부층의 커피 입자들의 추출 여과력을 상실시킨다.

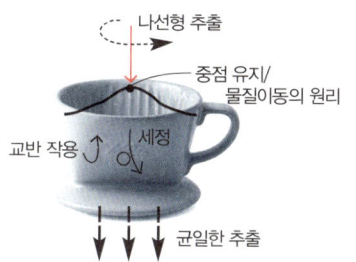

❹ 3차, 4차 추출

추출 마무리 시점으로 중점 유지와 교반 작용 발생을 주의하면서 추출 시간의 안배가 중요하다. 추출 시간이 빠른데 짠맛이 나는 경우가 있고 추출 시간이 긴데 짠맛이 나는 경우가 있다.

첫 번째 경우는 신맛을 추출하기 위한 섬세한 부분이 너무 과도해서 뒤따라오는 2차 추출에서의 단맛을 미처 추출해 내지 못한 결과이다. 단맛을 2차 추출에서 형성하지 못하면 3차, 4차 추출에서 짠맛과 쓴맛이 개입이 되어 신맛과 짠맛, 쓴맛, 텁텁한, 농후한 커피가 추출이 된다. 다시 말해 추출 밸런스를 분배하지 못했다는 것이다.

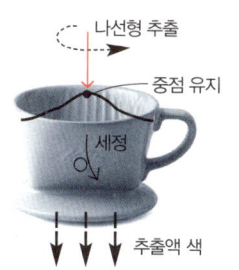

두 번째 경우는 신맛을 추출하고 단맛도 추출해서 균형감 있는 추출을 이루었지만 주입 타이밍의 안배가 늦어 추출 시간이 지연되어 3차, 4차 추출 이후 잡미가 개입이 되는 현상이다. 여기서 잡미란 짠맛과 쓴맛, 텁텁한 맛, 아린 맛 등 잘 추출해 놓고서도 추출 안배 부족

으로 좋지 못한 결과를 만든 것이다. 이런 결과는 드립 추출뿐만 아니라 에스프레소 추출에서도 발생하는데, 에스프레소의 1차 10초간 추출 과정에서 신맛과 단맛, 점성이 형성되는데 추출액의 색이 흐리거나 흔들리거나 노란색이 발생되면 여지없이 잡미가 발생된다. 추출 시간이 빠르건 늦건 상관없이 발생하게 되기 때문에 훌륭한 로스팅 결과물도 추출 과정에서의 완벽성을 상실하게 되면 완벽한 커피 한 잔을 만드는 데 한계점에 도달하게 된다.

❺ 평가 결과
- 아로마aroma : 초콜릿(chocolate), 스파이시spice한 정향clove, 후추향pepper, 스모키smoky한 향, 치커리 향chicory
- 테이스트taste : 쓰고 단맛bitter-sweet
- 애프터테이스트aftertaste : 스파이시한 향들의 여운이 길다.
- 신맛acidity : 신맛은 적다.
- 바디body : 거친 바디감
- 촉감mouthfeel : 버터리buttery한 느낌
- 단맛sweetness : 단맛은 쓴맛과 조화를 이룬다.
- 클리어니스clearness : 스파이시spicy한 느낌이 강해 드라이dry하다.
- 밸런스balance : 긴 여운과 쓴맛의 거친 느낌이 독특한 균형을 이룬다.

❶ 뜸

뜸의 중점을 끌어올리기가 쉽지 않은 강볶음된 커피를 주입 타이밍과 주입양을 점식(분사식)으로 주입을 하면서 ①, ② 방식으로 2중 뜸을 들이면 뜸의 중점을 안정적으로 형성할 수 있다. 단, 주입 타이밍이 정교해야 상부층, 중부층, 하부층에 고르게 주입을 할 수 있다.

뜸의 중점을 섬세하게 하는 방법으로 고도의 주입 타이밍과 물줄기 안배가 요구된다. 강볶음된 인도네시아 커피의 뜸의 온도는 83℃ 이하로 뜸을 들이는 것이 쓴맛의 성분을 안정화시킬 수 있다. 뜸의 온도가 낮기 때문에 중점을 유지하기 쉽지 않으므로 뜸의 타이밍을 양분화하는 것이 뜸의 중점 유지에 유리하다.

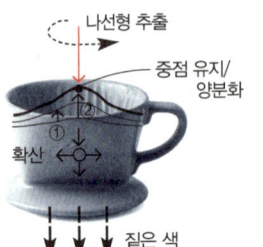

❷ 1차 추출

쓴맛을 최소화하고 부드럽게 추출하고자 주입 타이밍을 양분화하는 방법이다. 1차 추출에서 신맛을 추출하기 위한 주입 타이밍을 활용하는 방법으로 주입양을 안배해야 되는 문제가 발생한다. 다시 말해 나선형으로 주입을 하면서 주입 타이밍을 안배하려면 물줄기의 굵기 조율이 관건

이다. 주입양이 많게 되는 나선형 추출방법을 양분화하는 과정에서 주입양의 안배가 필요하게 되는 것이다.

중점을 서서히 끌어올리기 위한 방법이며 쓴맛을 낮추기 위한 방법을 병행하는 추출 기술이다.

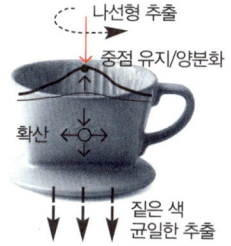

❸ 2차 추출

2차 추출에서 쓴맛의 성분이 더 많이 추출되는데 확산 작용을 활용하면 약간의 신맛도 추출이 되긴 하지만 고노 기구에 비해 하부층의 장력의 힘이 약하기 때문에 점성의 추출이 약하다. 다시 말해 쓴맛을 가감시키는 촉감의 추출이 약하기 때문에 쓴맛을 부드럽게 추출하면서 1차 추출의 에센스와의 조화를 형성하는 단계이다.

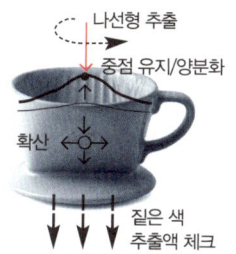

❹ 3차, 4차 추출

하부층의 추출액의 색이 흐려지는 시점은 잡미가 추출되는 시점이다. 추출액의 색과 상부층의 추출 중점을 유지하면서 입자 간 확산 작용을 하게 되면 잡미 성분이 추출되기 전에 추출 마무리 시점을 찾는 것이 강볶음 인도네시아 커피를 진하게 표현하는 방법이다.

❺ 평가 결과

- 아로마aroma : 다크초콜릿향dark chocolate, 송진향raisin, 후추향pepper, 스파이시spice한 향, 연필향cedar, 블랙베리향black berry
- 테이스트taste : 쏘는 맛pungent
- 애프터테이스트aftertaste : 스파이시한 향미flavor 긴 여운을 표현한다.
- 신맛acidity : 신맛은 거의 느낄 수 없다.
- 바디body : 무거운 바디감heavy body
- 촉감mouthfeel : 크리미creamy 촉감
- 단맛sweetness : 쓰면서 단맛이 난다bitter sweet
- 클리어니스clearness : 스파이시한 강볶음에서도 약간 스모키smoky함이 깔끔함을 약하게 한다.
- 밸런스balance : 스파이시한 파워 있는 균형이 독특하다.

고노 핸드드립 평가

Indonesia Sumatra Medan Mandheling

❶ 뜸

뜸의 중점이 높고 하부층의 추출 속도가 빨라질 수 있기 때문에 뜸의 주입양과 뜸의 중점 유지가 중요하다. 또한 수로현상이 발생하지 않도록 주의하면서 뜸을 들여야 한다. 수로현상의 발생은 주입양의 안배를 적절히 하지 못했다는 결과이고 이 결과에 의해 본 추출부터 추출 여과력을 상실하게 되는 원인이 된다. 추출 여과력의 상실이란 커피의 성분(향미)을 섬세하게 추출할 수 없게 되는 밋밋한 커피를 말하는 것이다.

❷ 1차 추출

카티모르 종자를 약볶음하면 신맛의 움직임이 강하게 되지만, 단맛과 짠맛의 조화 또한 형성되기 때문에 신맛만 강하게 표현되지 않는다. 인도네시아 약볶음의 맛이 멜로mellow한 단맛류이기 때문에 신맛에 대한 부분을 조금 더 추출해 준다면 매력적인 아로마(메이플 시럽, 버터스카치 캔디류 등 다양한 향)를 표현할 수 있다. 1차 추출에서 신맛과 단맛, 점성을 추출하는 것이 핵심인데, 주입 타이밍을 양분화하게 되면 추출 여과력을 상승시킬 수 있고 추출 중점 또한 안정화시킬 수 있어 커피 성분을 섬세하게 표현할 수 있게 된다. 또한 주입양의 안배를 위해 물줄기의 굵기를 정교하게 해야 중부층에서 입자간 확산 작용을 활용할 수 있게 된다.

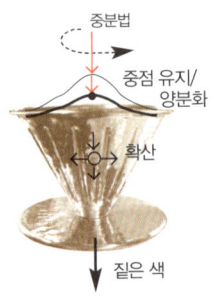

❸ 2차 추출

신맛의 성분이 가감되는 시점으로 단맛의 성분을 조금 더 추출하는 시점이다. 1차 추출의 진액과 2차 추출의 진액의 조화를 이루는 시점으로 추출 중점을 유지하면서 주입양의 안배와 물줄기의 섬세함이 필요한 시점이다. 약볶음이라서 추출 중점이 높아질 수 있기 때문에 주입양의 조절과 확산 작용을 활용하는 물줄기가 커피 성분을 추출해 낼 수 있는 핵심이다.

❹ 3차, 4차 추출

추출 중점이 높아질 수 있는 주입 시점으로 주입양의 안배는 주입 회전수

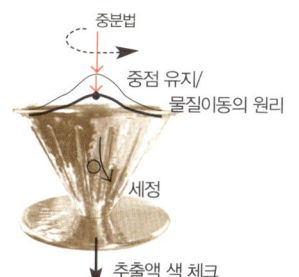

가 많기 때문에 컨트롤하기가 쉽지 않다. 주입양의 컨트롤은 물줄기의 섬세함이 핵심인데 정교한 물줄기의 주입 타이밍의 회전수가 중부층에 입자간 세정 작용을 활성화시킬 수 있고, 추출 중점 또한 유지할 수 있다. 추출 마무리 시점은 추출액의 색이 흐려지기 시작하면 마무리 시점이다.

❺ 평가 결과

- 아로마aroma : 버터스카치 캔디향butter scotch candy, 정향cedar, 숲속향foresty, 메이플 시럽mayple syrup, 캐러멜caramell, 송진향resinious, 망고mango, 복숭아peach, 초콜릿chocolate
- 테이스트taste : 단맛-신맛mellow-acidity
- 애프터테이스트aftertaste : 스파이시spicy한 긴 여운과 파워풀한 느낌
- 신맛acidity : 낮은 신맛low acidity
- 바디body : 거친 바디감thick body
- 촉감mouthfeel : 실크 같은 촉감silky
- 단맛sweetness : 거친 단맛rustic sweetness
- 밸런스balance : 복잡한 향과 거친듯한 바디감의 균형이 긴 여운과 잘 어울린다.
- 클리어니스clearness : 가죽 느낌의 깔끔함

❶ 뜸

쓴맛이 개입이되는 중볶음이기 때문에 쓴맛의 성분을 낮출 수 있는 85℃ 이상으로 정하는 것이 쓴맛의 성분과 뜸의 중점 유지에 유리한 온도이다. 낮은(80℃ 이하) 온도는 쓴맛을 낮출 순 있지만 뜸을 활성화시키기가 어렵게 된다. 반대로 너무 높은(90℃ 이상) 온도는 쓴맛의 증가와 잡미 성분까지도 추출될 수 있고 뜸의 활성화는 잘 되기 때문에 오히려 뜸의 중점 유지에 집중해서 컨트롤해야 한다.

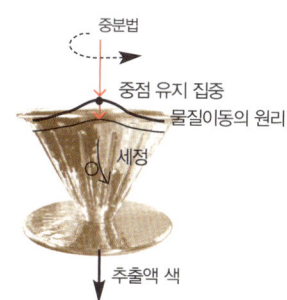

❷ 1차 추출 응용

쓴맛의 개입을 완전히 부드럽게 표현하는 추출 응용방법이다. 다시 말해 추출 밸런스를 유지하되 농후하지 않게 조율하는 추출 응용법이다. 쓴맛을 최대한 억제하고 신맛과 단맛의 성분 또한 완화시키는 추출법으로 상부층의 추출 중점이 약간 높아질 수 있기 때문에 주입 안배를 유지하기 위해서는 물줄기의 섬세함이 중요하다. 섬세한 물줄기와 주입 타이밍의 회전수가 세정화시키는 핵심이다. 만일 물줄기 컨트롤의 유지가 어렵다면 입자의 조절도 세정화시킬 수 있기 때문에 물줄기의 섬세함과 입자 조절의 변수를 고려해서 주입하는 것이 중요하다.

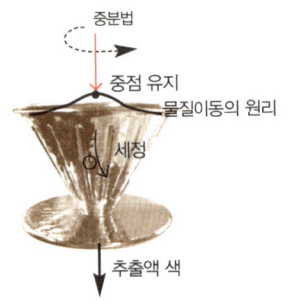

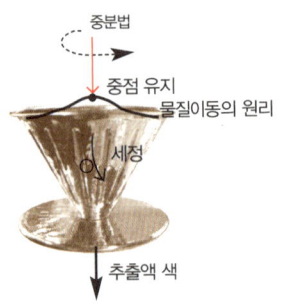

❸ 2차 추출 응용

중볶음에서도 중약볶음, 중중볶음, 중강볶음의 다양한 볶음도가 있기 때문에 쓴맛의 강도 또한 점점 증가하게 된다. 이렇듯 강해지는 쓴맛을 완화시킬 수 있는 방법 중 세정 작용을 활용하면서 주입 물줄기의 섬세함이 필요하다. 단 주의해야 할 점은 주입양의 안배인데 추출 중점 유지를 한다면 추출양 조절 또한 가능하게 된다. 만일 추출 중점이 높게 되면 주입양이 많아져서 자연교반 작용이 발생하고 미분이동 또한 발생해서 막힘 현상과 교반 작용 발생이 생긴다.

❹ 3차, 4차 추출 응용

주입 타이밍의 안배와 주입 회전수가 중요하다. 1차와 2차 추출에서 추출양이 많기 때문에 3차와 4차 추출에서는 추출양과 추출 속도의 안배가 무엇보다 요구된다. 또한 추출 중점을 유지하면서 주입하는 것이 교반 작용 및 미분이동을 제한할 수 있는 방법이다. 마무리 시점으로 하부층의 추출액색의 상황을 체크하면서 마무리해야 한다.

❺ 평가 결과

- 아로마aroma : 초콜릿chocolate, 스파이시한 후추향spice pepper, 정향clove, 스모키smoky, 치커리 뿌리향chicory root
- 테이스트taste : 쓰고 단맛bitter-sweet
- 애프터테이스트aftertaste : 스파이시한 여운
- 신맛acidity : 낮은 신맛low-acidity
- 바디body : 두툼한 무게감thick body
- 촉감mouthfeel : 버터리한 촉감buttery-mouthfeel
- 단맛sweetness : 쓴맛과 단맛이 조화롭다.
- 클리어니스clearness : 스파이시-드라이spice-dry한 느낌
- 밸런스balance : 중후함과 여운의 균형이 독특하다.

❶ 뜸

강볶음의 뜸의 온도를 83℃ 이하로 낮게 들여야 열에 의한 다공질 조직의 손상이 많은 입자들의 성분들과 쓴맛의 성분을 안정화시킬 수 있다. 그러나 뜸의 중점이 너무 낮을 수도 있기 때문에 뜸의 주입 타이밍이 다소 빠를수록 좋은데 주입양이 많으면 뜸의 중점이 지탱을 할 수 없기 때문에 본 추출에서 추출 여과력을 상실하게 되는 원인이 되어 쓴맛의 결과를 느끼게 된다. 다시 말해 뜸의 중점을 유지하면서 주입 타이밍을 빨리 하기 위해서는 인위적인 분사식 뜸 방식이 유리하다.

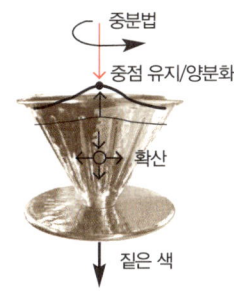

❷ 1차 추출

1차 추출에서 강한 쓴맛을 부드럽게 매력적으로 만들 수 있는 유일한 맛이 신맛이다. 강볶음에서 신맛은 너무 적은 양이기 때문에 고도의 추출 테크닉으로 추출해야 가능하다. 1차 추출에서의 신맛과 점성이 쓴맛을 완화시키는 완충역할을 하기 때문에 핵심적인 추출 시점으로 입자 간 확산 작용을 활용해야 가능한데 주입 타이밍의 양분화와 물줄기의 섬세함이 관건이다.

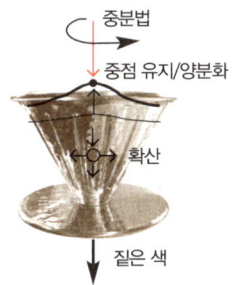

❸ 2차 추출

추출 과정이 지남에 따라 입자 간 지탱할 수 있는 CO_2함량과 수분함량이 줄어들기 때문에 주입양의 정교함이 요구된다. 자칫 주입양이 많거나 물줄기가 조금이라도 굵게 되면 결과물은 깊은 구멍이 파이는 것처럼 여과력을 상실하게 된다. 즉 수압이 너무 강하다는 결과인데 수압이 강하면 여과력을 상실하게 된다. 그 결과는 쓴맛이 지나치게 개입이 되기 때문에 1차 추출에서 양질의 진액을 변화시킬 수 있는 결과를 초래한다. 즉 쓴맛이 너무 과해질 수 있다는 점이다.

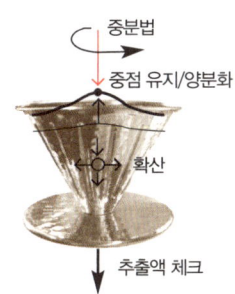

❹ 3차, 4차 추출

강볶음의 양분화란 강력함을 표현하는 것이다. 아주 강한 커피의 표현이다. 이런 깊이 있는 강볶음의 향미flavor는 결국 추출의 여과력이 핵심이다. 얼마나 정돈된 쓴맛을 마무리하느냐가 핵심이다. 다시 말해 입자 간 성분 추출의 정교함이 요구되기 때문에 상부층의 중점 유지와 물줄기와 섬세함, 주입양의 회전수를 고려해야 중부층의 입자 간 확산 작용을 활용하는 확산 작용deffusion을 성공할 수 있다. 확산 작용의 승패는 물줄기의 섬세함이 입자와 균일한 분포 속에 얼마나 정교하게 추출해 내느냐에 달렸다. 다시 말해 강볶음은 섬세함의 극치이다.

"추출의 고수가 되길 원한다면 물줄기 조절부터가 중요하다."

❺ 평가 결과

- 아로마aroma : 다크초콜릿dark chocolate, 송진향raisin, 후추향pepper, 스파이시spice, 연필향cedar, 블랙베리향black berry
- 테이스트taste : 쏘는 맛pungent
- 애프터테이스트aftertaste : 고노 추출에 의한 파워 있는 긴 여운
- 신맛acidity : 신맛은 첫 모금에서 약간 느낀다.
- 바디body : 무거운 바디감heavy body
- 촉감mouthfeel : 버터리한 촉감buttery-mouthfeel
- 단맛sweetness : 약간 느껴지는 신맛 때문에 쓴맛을 감소시키는 듯한 단맛이 매력 있다.
- 클리어니스clearness : 거친 듯한 느낌 때문에 깔끔함은 덜하다.
- 밸런스balance : 파워풀한 균형감이 매력적이다.

권대옥의 **로스팅 커피**

1판 3쇄 발행 | 2019년 2월 1일

지은이 | 권대옥
주　간 | 정재승
교　정 | 홍영숙
디자인 | 이오디자인
사　진 | 프리메라커피(이동원)
펴낸이 | 배규호
펴낸곳 | 책미래

출판등록 | 제2010-000289호
주　소 | 서울시 마포구 공덕동 463 현대하이엘 1728호
전　화 | 02-3471-8080
팩　스 | 02-6008-1965
이메일 | liveblue@hanmail.net

copyright ⓒ 권대옥, 2014

ISBN 979-11-85134-09-3 13590

*이 책에 실린 글과 그림의 무단 전재와 무단 복제를 금합니다.

국립중앙도서관 출판시도서목록(CIP)

> 권대옥의 로스팅 커피 = Kwon Daeok roasting : 핸드드립 평가 / 지은이: 권대옥. -- 서울 : 책미래, 2014
> 　　p. ; cm
> 　ISBN 979-11-85134-09-3 13590 : ₩20000
> 커피[coffee]
> 573.93-KDC5
> 663.93-DDC21　　　　CIP2014014223